北京市社会科学基金重点项目（16JDYJA019）最终成

北京高端服务业
发展与空间布局研究

谢天成 朱晓青◎著

RESEARCH ON THE DEVELOPMENT AND
SPATIAL LAYOUT OF
HIGH–CLASS SERVICE INDUSTRY IN BEIJING

经济管理出版社
ECONOMY & MANAGEMENT PUBLISHING HOUSE

图书在版编目（CIP）数据

北京高端服务业发展与空间布局研究/谢天成，朱晓青著．—北京：经济管理出版社，2021.9

ISBN 978 - 7 - 5096 - 8242 - 5

Ⅰ．①北…　Ⅱ．①谢…②朱…　Ⅲ．①服务业—经济发展—研究—北京　Ⅳ．①F726.9

中国版本图书馆 CIP 数据核字（2021）第 190325 号

组稿编辑：郭丽娟
责任编辑：郭丽娟　陈艺莹
责任印制：黄章平
责任校对：张晓燕

出版发行：经济管理出版社
　　　　　（北京市海淀区北蜂窝 8 号中雅大厦 A 座 11 层　100038）
网　　　址：www. E - mp. com. cn
电　　　话：（010）51915602
印　　　刷：唐山玺诚印务有限公司
经　　　销：新华书店
开　　　本：720mm×1000mm/16
印　　　张：16.25
字　　　数：296 千字
版　　　次：2021 年 10 月第 1 版　2021 年 10 月第 1 次印刷
书　　　号：ISBN 978 - 7 - 5096 - 8242 - 5
定　　　价：88.00 元

前　言

　　高端服务业是中国提出的特定范畴，理论界定的内涵，不仅具有高智力性、知识密集性、高技术导向和应用性、高诚信性、差异性、创新性、集聚性、新兴性的投入特征，而且具有高收益性、高产业带动性和绿色环保性的产出特征；理论界定的外延，较为科学的方法是，以高端产业的内涵为依据，结合国民经济行业标准分类，按门类划分只包括金融业、科技服务业、信息服务业、商务服务业和文体娱乐业五大门类。高端服务业对经济发展具有创新引领、融合、集聚、辐射、降杠杆、补短板的基本作用，是产业升级的主攻方向和世界级城市群中首位城市的主导产业。北京作为全国省级区域服务业发展水平最高的城市，未来服务业发展的主攻方向必定是高端服务业。

　　过去北京对高端服务业缺乏认识，只讲做大服务业，不清楚高端服务业与现代服务业、生产性服务业的区别，整体服务业布局散乱、"摊大饼"，以至于影响了高端服务优质、高效的发展和主导产业地位的确立。在新阶段、构建发展新格局、建设现代产业体系的新形势下，要建设以首都为核心的世界级城市群，突出首都"四个中心"的功能定位，北京就不能什么产业都发展，必须把握功能定位调整与产业结构演进的历史规律和发展趋势，认清产业空间布局的内在机理和优化调整方位，处理好"都"与"城"的关系，理顺区域产业分工与协作，明晰北京主导产业的主攻方向，以高质量发展为主题，以供给侧结构性改革为主线，更加注重需求侧管理，优化营商环境，着力推进"两区"建设、国际消费中心城市建设和数字经济标杆城市建设，集中力量加快北京端服务业高质量发展，在京津冀、环渤海乃至全国发挥创新服务引领作用。

　　近年来，随着非首都功能疏解和京津冀协同发展的深入实施，北京在疏整促过程中，聚焦高端服务业发展，取得了显著成绩，使之在全市产业发展中的地位和规模效益不断提升，但也存在创新力和市场竞争力不强、空间布局不够合理、发展生态环境有待优化等方面的突出问题。要从根本上解决这些问题，北京就必须以结果、问题、目标为导向，用新发展理念和系统思维方式，进一步提升对高端服务业的认识，把握高端服务业空间布局的形成机理和优化调整方位，紧紧围绕"四个中心"功能定位，新版城市总体规划，"两区"建设和"十四五"时期规划建议提出的新目标、新要求，结合高端服务业发展的实际和未来新趋势，精准施策，优化布局，加快推进高端服务业高质量发展，提升高端服务业占全市 GDP 比重。在此基础上，要聚焦价值链高端环节和数字经济发展，优化营商环境和创新生态，加快创新服务体系与高端服务业有机融合，促进数字产业化、产业数字化，提升高水平开放条件下的创新力和竞争力，构建发展新格局，打造"北京服务"品牌。要推进六大高端产业功能区，即中关村国家自主创新示范区、金融街、北京经济技术开发区、商务中心区、临空经济区和奥林匹克中心区，内涵集聚融合金融业、科技服务业、信息服务业、商务服务业、文体娱乐业的力度和效益；加快高端服务业增量部分向新产业功能区集群，包括在城市副中心的运河商务区和文化旅游区、新首钢高端产业综合服务区、丽泽金融商务区、南苑—大红门地区以及大兴机场临空经济区等有发展潜力的功能区布局；努力构建与"一核一主一副、两轴多点一区"城市空间结构相协调的高端服务业集聚区，全面打造与"四个中心"功能定位相适宜的、以高端服务业为核心的现代产业体系。

本书是北京市社会科学基金重点项目——北京市高端服务业空间布局形成机理与优化调控研究（项目编号：16JDYJA019）最终成果，共六章。朱晓青撰写了第一章和第三章，其余四章由谢天成撰写。本书的主要建树和重点内容概述如下：

第一章绪论，论证了高端服务业的内涵与外延，清晰界定了高端服务业的标准行业门类，使之与现代服务业和生产性服务业相区别。本章还综述了有关高端服务业的国内外研究现状和有关产业布局的基本理论，阐明了研究北京高端服务业及其空间布局的重要意义。

第二章分析了城市功能变迁与北京产业结构演进的基本规律，厘清了北京高端服务业空间布局的形成机理和优化调整方位。通过对产业集聚发展理论和城镇空间结构理论的梳理，本章阐明了城市功能与城市产业结构之间存在耦合关系，说明城市功能定位决定产业结构，并引导区域产业结构调整；论述了产业结构演进影响城市功能变化，主导产业性质决定城市主导功能类型。在此基础上，本章运用实证方法，从三次产业结构、工业与服务业内部结构的变化分析了不同时期首都功能定位下的产业结构演变，并针对首都"四个中心"新

前 言

的功能定位和京津冀协同发展的战略要求，对未来产业结构演进进行展望，揭示了北京高端服务业空间布局的形成机理和优化调整方位，即功能定位决定产业发展及其空间布局，北京原有高端产业聚集区增量扩展受限，只能走内涵融合发展之路，增量产业集群以高端服务业为主导，要向新的产业功能区集聚。进而有针对性地提出了新时期首都功能定位与产业结构协调发展的相关对策建议，即分类指导，明确产业结构调整路径；"加减乘除"，产业调整与城市空间优化同步推进；以业控人，产业调整与人口调控相协调；区域一体，促进京津冀协同发展；强化管理与监督，充分发挥市场在资源配置中的决定性作用，根据资源环境承载能力、要素禀赋和比较优势，加快构建符合各区战略定位要求的发展模式和产业体系，避免不切实际的"一哄而上"现象。

第三章系统分析了北京高端服务业发展面临的新格局、新要求及其发展的总体情况。本章在宏观层面阐明了现代化、高质量发展、现代化经济体系、现代产业体系的内涵及其内在逻辑关系，明确了现代产业体系与高端服务业的关系，论证了北京率先确立高端服务业主导产业地位的必要性和重大意义。联系宏观大格局和新要求，本章从北京市层面，分析了新版城市总体规划、改革行动计划、"两区"建设方案和"十四五"时期规划建议，对北京高端服务业发展提出的新目标、新要求和新举措。在此基础上，本章系统分析了北京高端服务业发展的现状和特点，揭示了发展中的突出问题及其成因，明确提出了解决问题的新思路、新目标和新战略。新思路强调要着眼于提高对高端服务业的认识，实施新的产业发展运作模式，完善激励创新政策，强化生态体系建设，优化产业空间布局。新目标要求，到2025年，高端服务业占GDP比例超过58%，取得一批可复制推广的经济体制改革新经验。新战略要求围绕新目标，实施创新发展、集聚发展、融合发展、区域协同发展和国际化发展五大战略及其相应的具体措施。创新发展强调深化体制改革，激发市场活力，努力建设创新型人才集聚中心，加强知识产权保护，优化知识产权服务体系，着力发挥创客、极客、痛客的作用，搭建高水平产业创新平台，完善创新中心网络平台运作机制，强化企业创新主体地位，加快拓展与创新发展相适应的直接融资渠道，加强与中央在京创新资源的沟通与对接。集聚发展强调对现有产业集聚区进行升级改造，对新建产业集聚区要严把质量关，注重企业虚拟集群和跨区域网络集群的发展。融合发展强调着力清除阻碍融合发展的障碍，提高高端服务业内部各行业相互融合、创新发展的水平，促进工业生产的数字化和高端化，促进农业高质量发展，促进低端服务业高效、便捷、标准、优质、品牌化发展。区域协调发展强调营造良好的共建创新发展共同体的生态环境，推动区域协同创新中心建设，建立统一的科技成果转化服务体系和交易市场，对在津冀效益不佳的、由中关村国家自主创新示范区主导打造的科技产业园进行升级改造。国际化发展强调将引进与利用国外当地人才相结合，扩充国际人才队伍，努力扩大利用外资规模，全力提升国际旅游服务水平。这些战略措施的具体内容，具有明显的创新性和实用性，体现了大格局统领、战略构想与实操措施的有机结合。

第四章系统分析了金融业、商务服务业、信息服务业、科技服务业和文体娱乐业五大高端服务行业的发展与空间布局情况。本章详细分析了各行业发展的成就、空间布局现状、重点区域分析、存在问题与不足以及未来发展的政策建议。对金融业而言，要加快转型升级，创新服务业态，在原有金融业功能集聚区的基础上，金融增量资源要向城市副中心的运河商务区和文化旅游区、新首钢高端产业综合服务区、丽泽金融商务区、南苑—大红门地区等有发展潜力的功能区集聚，并强化对金融市场主体的服务与监管，守住不发生系统性金融风险的底线。对商务服务业而言，要以融合发展拉动集群发展，集群发展的重点是围绕行业内部产业链关系，增强各行业之间的关联，实现融合互动、协同创新，以提升整体商务服务业发展的质量和创新活力；要优化商务服务业空间布局，使之与全市产业布局、城市空间布局相适应、相协调，并以商务楼宇和各类园区为载体，加大政策支持力度，优化发展环境，加快建设主题商务示范楼宇和商务集聚区的公共服务平台；要改革创新促开放，提升商务服务业的国际影响力。对信息服务业而言，要聚焦云计算、人工智能、区块链、大数据、物联网等前沿信息服务领域，努力探索技术攻关、科研成果转化、科学技术交流的新模式、新机制，依托中关村国家自主创新示范区、北京经济技术开发区、金融街等高端产业集聚区以及首都重点高校、科研院所、企业创新平台和众创空间，不断提高基础研发能力和技术创新能力，靠关键核心技术的突破与应用，抢占信息服务业发展的制高点；要建立"一带多点"的发展大格局，形成跨层级、跨地域、跨系统、跨部门、跨业务领域的区域协作有机体系，以区带区，促进北京市内部信息服务业的均衡协作发展。对科技服务业而言，要充分发挥"中关村"的重要载体作用，对内整合"科技服务基础设施及产业服务平台"，对外赋能合作伙伴，通过"开放合作、广泛链接"整合北京科技服务资源，形成生态圈层，立足京津冀、辐射全国，形成平台化、共享型、生态型、全周期、一站式、管家式的科技服务新模式，为北京建设国际一流科技中心提供重要支撑。对文体娱乐业而言，要充分发挥北京科技、体育、旅游等资源优势，形成以数字技术为关键，以大数据、物联网、云计算等科技成果为依托的产业体系，大力发展数字出版、多媒体、动漫游戏、网络视听等新型业态；要优化资源布局，依靠市场在文化资源配置中的决定作用，推动文体娱乐企业跨地区、跨行业、跨所有制兼并重组，引导资源要素向优势区域与龙头企业适度集中。

第五章分析论证了中关村国家自主创新示范区、金融街、北京经济技术开发区、商务中心区、临空经济区和奥林匹克中心区，这六大高端产业功能区的情况。本章对六大高端产业功能区的产业结构进行了分析，探讨了六大高端产业功能区融合发展的现实需求与主要障碍，明确指出"辖区"管理体制容易引发"一亩三分地"思维、要素流动呈集聚态势、区域创新体系不健全等问题。为解决问题，论证了实现六大高端产业功能区融合发展的基本路径，即以明确区域功能定位为先导，建立顶层设计协调机制；以产业提质增效为抓手，建立协同创新机制；以非首都功能疏解为依托，建立倒逼联动机制；以"大城市病"治理为重点，建立空间优化调控机制。

第六章详细分析了东城区商务服务业发展与空间布局的案例。首先，本章研究了东城区商务服务业发展的成就、产业链和产业空间布局。其次，本章对"高精尖"商务服务业进行了界定，进而提出了优化东城区商务服务业空间布局、促进高质量发展的对策建议。建议强调：要紧紧抓住国家"一带一路"倡议、京津冀协同发展战略、首都"四个中心"建设、服务业扩大开放综合示范区建设等重大战略机遇，主动适应高质量发展、建设现代产业体系的新要求，牢牢把握东城区作为核心区的功能定位，贯彻落实市委市政府关于进一步促进生产性服务业发展构建"高精尖"产业结构的战略部署，强化创新融合、高端引领、集成应用、高效辐射、开放共享、协同发展，拓展商务服务范围与服务品质，积极培育新兴服务业态，加速形成商务服务业的特色和优势，逐步形成种类齐全、布局合理、与国际接轨、能满足区域发展需要的现代商务服务体系，增强商务服务业对构建"高精尖"经济结构的战略支撑作用，为建设国际一流的和谐宜居之都的首善之区提供重要保障。

本书是笔者长期深入研究、反复打磨提炼的最新成果，意在"登高望远"指明方向，"抛砖引玉"引起各方面对北京高端服务业高质量发展的关注，为有关领导和理论工作者进一步拓展研究北京高端服务业高质量发展的新思路、新举措提供参考。由于时间较紧，难免有不足之处，恳请广大读者多提宝贵意见，支持笔者更好地开展学术研究，为北京高端服务业优化空间布局，加快创新发展、集聚发展、融合发展、区域协调发展、国际化发展、绿色发展和高质量发展群策群力。

本书在撰写出版过程中，有幸得到有关领导和学者的大力支持。特别是北京市社科规划办的基地处处长刘军同志、成果处处长尹岩同志，中共北京市委党校的科研处处长鄂振辉同志、周永亮同志和经济学教研部的李梓萌同志，北京商务服务业联合会秘书长曹磊同志，以及北京建筑大学城市经济与管理学院柳欣言、张研、王梓仪等研究生，他们为本书的撰写、评审和出版提供了很大帮助和支持；经济管理出版社的郭丽娟同志为本书的出版进行了编辑工作，笔者对这些同志表示衷心感谢！

谢天成　朱晓青
2021 年 5 月 20 日

目　录

第一章　绪论

第一节　研究背景与意义

高端服务业在国内是个新概念，其内涵、外延没有明确的界定。深圳市政府在2007年颁布的《关于加快我市高端服务业发展的若干意见》（深府〔2007〕1号）中首次提出高端服务业的概念，指出高端服务业是现代服务业的核心，具有高科技含量、高人力资本投入、高附加值、高产业带动力、高开放度、低资源消耗、低环境污染等特征。中国《服务业发展"十二五"规划》（国发〔2012〕62号）中也提出，推动生产性服务业向中、高端发展，深化产业融合，细化专业分工，增强服务功能，提高创新能力，不断提高中国产业综合竞争力。这种表述，实际强调高端服务业是未来发展方向。党的十八大以来，中国经济发展步入新常态，遵循新发展理念，伴随供给侧结构性改革和产业提质增效、优化升级，中国经济发展呈现出更多依赖消费引领、服务创新驱动的新特征。2015年中国服务业占GDP比例达到50.2%，首次占据国民经济半壁江山，说明中国已跨入服务经济时代，服务业已成为主导产业和拉动经济增长的主动力，高端服务业上升发展的空间更大。按照主导产业升级理论，在农业时代主导产业是农业，工业时代主导产业是工业，后工业时代主导产业是服务业，服务经济时代主导产业是高端服务业或现代服务业。但立足现实，放眼世界，与世界主要发达国家相比，中国服务业占GDP比重特别是高端服务业占GDP比重仍然有很大差距。当前，中国正处于实现"两个一百年"奋斗目标承上启下的历史阶段和从上中等收入国家向高收入国家迈进的关键时期，需要以服务业特别是高端服务业整体提升为重点，构建现代产业新体系，增强服务经济发展的新动能，实现经济保持中高速增长，迈向中高端水平。

2017 年 7 月，国家发展改革委出台的《服务业创新发展大纲（2017－2025年）》（发改规划〔2017〕1116 号）明确提出，要聚焦服务业重点领域和发展短板，促进生产服务、流通服务等生产性服务业向专业化和价值链高端延伸；要建设具有全球影响力的现代服务经济中心，增强北京、上海和广州—深圳国际服务枢纽和文化交流门户功能，促进高端服务业和高附加值服务环节集聚。

2019 年 10 月，国家发展改革委出台的《新时代服务业高质量发展的指导意见》（发改产业〔2019〕1602 号）明确要求，到 2025 年，服务业增加值规模不断扩大，占 GDP 的比重稳步提升，打造一批面向服务领域的关键共性技术平台，推动人工智能、云计算、大数据等新一代信息技术在服务领域深度应用，提升服务业数字化、智能化发展水平，引导传统服务业企业改造升级，增强个性化、多样化、柔性化服务能力；鼓励业态和模式创新，鼓励更多社会主体围绕服务业高质量发展开展创新创业创造，建设国家知识产权服务业集聚发展区，开展先进制造业与现代服务业融合发展试点，以大型服务平台为基础，以大数据和信息技术为支撑，推动生产、服务、消费深度融合；引导各地服务业集聚区升级发展，丰富服务功能，提升产业能级；推进港口、产业、城市融合发展；深入开展服务业综合改革试点。

2019 年 11 月，国家发展改革委等 15 个部委联合出台的《关于推进制造业与现代服务业深度融合发展的实施意见》（发改产业〔2019〕1602 号）明确要求：一是培养融合发展新业态新模式，包括推进建设智能工厂，大力发展智能化解决方案服务，加快工业互联网创新应用，推广柔性化定制，发展共享生产平台，提升总集成总承包水平，加强全生命周期管理，优化供应链管理，发展服务衍生制造、工业文化旅游，深化研发、生产、流通、消费等环节关联，加快业态模式创新升级，实现制造先进精准、服务丰富优质、流程灵活高效、模式互惠多元，提升全产业链价值。二是探索重点行业重点领域融合发展新路径，包括加快原材料工业和服务业融合步伐，推动消费品工业和服务业深度融合，提升装备制造业和服务业融合水平，完善汽车制造和服务全链条体系，深化制造业服务业和互联网融合发展，促进现代物流和制造业高效融合，强化研发设计服务和制造业有机融合，加强新能源生产使用和制造业绿色融合，推进消费服务重点领域和制造业创新融合，提高金融服务制造业转型升级质效等。三是发挥多元化融合发展主体作用，包括强化产业链龙头企业引领作用，发挥行业骨干企业示范效应，激发专精特新中小微企业融合发展活力，提升平台型企业和机构综合服务效能，引导高等院校、职业学校以及科研、咨询、金融、投资、知识产权等机构，发挥人才、资本、技术、数据等优势，积极创业创新，发展新产业新业态，发挥行业协会在协调服务等方面的重要作用，鼓励建立跨区域、跨行业、跨领域的新型产业联盟等。四是保障措施，包括优化发展环境，放宽市场准入，推动政府数据开放共享，完善政府采购相关政策；强化用地保障，鼓励地方创新用地供给，盘活闲置土地和城镇低效用地，实行长期租赁、先租后让、租让结合等供应方式，鼓励地方探索功能适度混合的产业用地模式，同一宗土地上兼容两种以上用途的，依据主用途确定供应方式；加大金融支持，鼓励金融机构结合职能定位，按照商业化原则，向两业融合发展企业和项目提供适应其生产和建设周期特点的中长期融资，支持符合条件的企业上市融资和发行企业债券、公司债券、非金融企业债务融资工具，建立知识产权质押信息平台，扩大知识产权质押融资规模等。

2020 年 10 月，党的十九届五中全会通过《中共中央关于制定国民经济和社会发展第十四个五年规划和二〇三五远景目标的建议》（以下简称《规划建议》），要求首先统筹中华民族伟大复兴和世界百年未有之大变局，开启全面建设社会主义现代化国家新征程，到 2035 年，关键核心技术实现重大突破，进入创新型国家行列；基本实现新型工业化、信息化、城镇化、农业现代化，建成现代化经济体系。其次，在"十四五"时期，要以高质量发展为主题，加快构建以国内大循环为主体、国内国际双循环相互促进的新发展格局，推进国家治理体系和治理能力现代化，经济发展取得新成效，改革开放迈出新步伐，国内市场更加强大，经济结构更加优化，创新能力显著提升。再次，要加快发展现代产业体系，产业基础高级化、产业链、供应链现代化水平明显提高；加快发展现代服务业，推动生产性服务业向专业化和价值链高端延伸，推动各类市场主体参与服务供给；加快发展研发设计、现代物流、法律服务等服务业，推动现代服务业同先进制造业、现代农业深度融合；加快推进服务业数字化，推动生活性服务业向高品质和多样化升级；加快发展健康、养老、文化、旅游、体育等服务业，加强公益性、基础性服务业供给，推进服务业标准化、品牌化建设。最后，要发展数字经济，推进数字产业化和产业数字化，推动数字经济和实体经济深度融合，打造具有国际竞争力的数字产业集群，建设国家数据统一共享开放平台，提升全民数字技能，实现信息服务全覆盖，积极参与数字领域国际规则和标准制定。

综上可见，国家非常重视服务业高质量发展、创新发展、融合发展和开放发展，非常重视加快发展现代产业体系和数字经济，非常期盼北京等世界级城市群中的首位城市能够用 21 世纪的眼光，高点定位、增强国际竞争力，把高端服务业和现代服务业作为未来产业发展的主攻方向和新的增长极，尽快"换道超车"和"弯道超车"，确立高端服务业的主导产业地位，带动全国服务业和其他产业的优质高效发展。

　　北京早在 1995 年就确立了以服务业为主导的产业结构，但北京长期受城市总体定位、功能定位、产业及其空间布局定位不明的影响，只讲强二产、大三产的发展格局，实际上是什么产业都发展，其结果不仅引发了"大城市病"，而且严重阻碍了创新发展和高端服务业的加快发展，致使北京难以确立以高端服务业为主导的产业结构，既无法在京津冀协同发展中发挥核心和引领作用，也导致京冀之间存在"大树底下不长草"的巨大经济发展落差。2014 年 2 月习近平总书记第一次视察北京时发表重要讲话，要求北京破除"一亩三分地"的思维方式，明确北京"四个中心"的城市战略定位，疏解非首都功能，按照高端化、服务化、集聚化、融合化、低碳化的产业发展方向，优化三次产业结构。2015 年 5 月国家出台《京津冀协同发展规划纲要》，明确提出建立以首都为核心的世界级城市群的总体定位，要求北京重点疏解四类非首都功能，即一般性产业特别是高消耗产业、区域性物流基地、区域性专业市场等部分第三产业，部分教育、医疗、培训机构等社会公共服务功能，部分行政性、事业性服务机构和企业总部等。随着非首都功能疏解的深入推进，北京产业结构得以优化，高端服务业占GDP 的比例明显上升。金融业、信息服务业、科技服务业、商务服务业、文体娱乐业五大行业增加值占全市 GDP 的比重由 2015 年的 45.6% 上升到 2019 年的49.4%①，成为引领首都经济快速发展的主导行业，但也面临着提质增效、布局优化、协同发展等客观要求。北京市"十三五"规划提出要巩固扩大金融、科技、信息、商务服务等产业优势，加快形成创新融合、高端集聚、高效辐射发展新模式，使产业布局和发展与城市战略定位相适应、相一致、相协调。同时，京津冀"一核、双城、三轴、四区、多节点"的总体空间结构，要求发挥北京市高端服务业优势，优化北京市高端服务业布局，推动京津冀协同创新与产业协作。2017 年 9 月公布的《北京城市总体规划（2016 - 2035 年）》（以下简称《总规》）提出"聚焦价值链高端环节，促进金融、科技、文化创意、信息、商务服务等现代服务业创新发展和高端发展"，要求北京商务中心区、金融街、中关村西区和东区、奥林匹克中心区等发展较为成熟的功能区，优化发展环境、提升服务质量，提高国际竞争力；北京城市副中心运河商务区和文化旅游区、新首钢高端产业综合服务区、丽泽金融商务区、南苑—大红门地区等有发展潜力的功能区，为现代服务业发展提供新的承载空间；北京首都国际机场临空经济区和大兴机场临空经济区，建成高端要素集聚、现代产业体系成熟、人与自然环境和谐的

---

　　① 资料来源：根据《北京统计年鉴 2020》提供的数据计算。

国家级临空经济示范引领区。

高端服务业作为中国率先提出的范畴，理论上界定的内涵，不仅具有高智力性、知识密集性、高技术导向和应用性、高诚信性、差异性、创新性、集聚性、新兴性的投入特征，而且具有高收益性、高产业带动性和绿色环保性的产出特征；理论上界定的外延，较为科学的办法是以高端产业的内涵为依据，结合中国国民经济行业标准分类，按门类划分，只包括金融业、科技服务业、信息服务业、商务服务业和文体娱乐业五大门类。依据这一科学界定办法，结合首都"四个中心"的战略定位和服务业发展现状，本书所研究的高端服务业只涵盖上述五大标准门类或行业。围绕这五大行业，本书在综合论证北京高端服务业总体发展情况的基础上，结合行业特征，分别论证了五大行业近年来发展所取得的成就、空间布局特点、存在的问题，并围绕促进五大行业高质量发展、加快构建现代产业体系，提出了相关对策建议。

高端服务业所具有的投入产出特性，决定了其对经济发展具有创新引领、融合、集聚、辐射、降杠杆、补短板的基本作用，高端服务业是现代产业体系的核心，是产业升级的主攻方向和世界级城市群中首位城市的主导产业。北京作为全国省级区域服务业发展水平最高的城市，未来服务业发展的主攻方向必定是高端服务业，北京构建"高精尖"产业体系的主导力量必定是高端服务业，北京在"疏整促"过程中有望提升为主导产业的高端产业集群也必定是高端服务业。过去北京对高端服务业缺乏认识，只讲做大服务业，并不清楚高端服务业与现代服务业、生产性服务业的区别，整体服务业布局散乱、"摊大饼"、"摊厚饼"，影响了高端服务的优质高效发展和主导产业地位的确立。在新阶段、构建发展新格局、加快发展现代产业体系的新形势下，要建设以首都为核心的世界级城市群，突出首都"四个中心"的功能定位，北京就不能什么产业都发展，必须把握功能定位调整与产业结构演进的历史规律和发展趋势，认清产业空间布局的内在机理和优化调整方位，处理好"都"与"城"的关系，理顺区域产业分工与协作，明晰北京主导产业的主攻方向，集中力量加快北京高端服务业高质量发展。笔者基于此目的，探索高端服务业的有关理论，分析城市功能变迁与北京产业结构演进的基本规律和产业结构升级方向，系统研究北京高端服务业发展的现状、主要特征、机遇挑战、重点难点、空间布局、发展模式、政策环境、典型案例、对策建议等重大问题。本书在理论层面，有助于丰富符合首都经济特点的、高端服务业发展的理论观点，有助于揭示北京高端服务业空间布局的形成机理；在实践层面，可以针对北京高端服务业发展现状，总结新经验、揭示新问题、明确新目标、提出新举措，可以通过实践强化对北京高端服务业必将成为主导产业的认识，为北京高端服务业提质增效，早日形成以高端服务业为核心、与"四个中心"功能定位相适宜、与"一核一主一副、两轴多点一区"城市空间结构相融合的现代产业体系提供指导意见和建议，并供有关领导和决策部门参考。

第二节 高端服务业的内涵与外延

一、对高端服务业基本特性的认识

高端服务业是相对于低端服务业而言的。高端服务业作为一个相对的动态概念，具体考察某一服务行业，很容易辨别出哪一业态属于高端，哪一业态属于低端。例如，五星级酒店是高端业态，二、三星级酒店是低端业态。这种直观判断说明每一服务行业内部都有高端与低端之别，但无法清晰界定高端服务业的内涵或基本特性。高端服务业之所以高，从产出结果看，必定具有高收益、高产业带动力和绿色环保的突出特征，这是高端服务业最根本的特性；从投入要素和运作方式看，必然具有高智力、知识密集、高技术导向和应用、高诚信、特色化或差异性、集聚性或集群性、创新性和新兴性的突出特征，使之与低端服务业相区别。因此，笔者认为，要清晰界定高端服务业的基本特性，很有必要从投入产出的维度，把高端服务业的特性分为两部分，分别称为高端服务业的投入特性和高端服务业的产出特性。下面做具体分析和论证。

（一）高端服务业的投入特性

高端服务业的投入和运营主要是靠高质量的软资产，而不是硬资产。这类高质量的软资产，更多的表现形式为无形资产和高成本要素供给，由此集中显现高端服务业的投入特征，主要有以下八大特性：

1. 高智力性

高端服务业的高智力性实际表现为从业人员能够胜任脑力复杂劳动。在信息化、智能化和数字经济大发展的现实背景下，可以被机器人所取代的劳动，通常是体力劳动和简单脑力劳动，而脑力复杂劳动不易实现智能化。所以，高端服务业需要高智力支撑，从业人员大都具有良好的教育背景、专业知识基础和技术、管理的能力，能够提供具有脑力复杂劳动特性的服务，从而形成了高端服务业的核心竞争力和"白领""灰领"高收入阶层。例如，计算机软件设计师就很难被智能机器人取代，其高收入源于脑力复杂劳动。

2. 知识密集性

高端服务业立足于知识的生产、传播和使用服务，是知识的集大成者，也是知识特别是专业知识的提供者，使知识能够在服务过程中实现增值。例如，科研服务、文化传媒服务、专业技术服务和计算机软件应用服务等。

3. 高技术导向和应用性

高端服务业追求高技术导向，不断探索科技含量高的服务方式，把广泛应用现代信息网络技术和其他最新科技成果作为服务手段，努力提高服务效率。最为典型的实例是：创客、极客和痛客以高技术服务手段为消费者提供服务。

4. 高诚信性

高端服务业以信誉为本，既要精心打造高品质服务形象或优质品牌，又要千方百计维护好口碑和信誉度，不容在诚信方面有任何闪失，非常依赖良好的品牌和形象吸引消费者，构筑忠诚消费群体网络，以达到规模经济和高收益的目的。例如，名人字画之所以售价高，就缘于品牌效应；美国安然会计公司之所以瞬间崩塌，就缘于被披露做假账。

5. 差异性或特色性

服务业发展有两条基本路径，即差异化、特色化发展路径和低成本规模扩张路径。其中，低成本规模扩张路径强调供给要素（包括劳动力、经营场所、资金和技术等）的低成本，难以获取高收益。高端服务业发展通常不走低成本规模扩张的路径，强调差异化和特色化服务，乐于承受高成本的供给要素，勇于服务创新，以获取高收益。例如，金融业就是高成本供给要素的承担者，讲究特色化创新发展。

6. 集聚性或集群性

俗话说："商业不怕扎堆。"高端服务业发展强调面对面服务的人际交流和信息沟通，突出集聚或集群效应，是各种服务活动和服务行业相互分工、相互补充、相互融合、交互集群的结果，也必然会形成高端服务业集聚区。例如，在美国的纽约、英国的伦敦、日本的东京等世界城市中，不仅聚集了金融、电信、文化、商务服务等众多的高端服务行业，而且聚集了众多的工商企业总部和服务企业总部，使之能够充分发挥集群效应、乘数效应和对外辐射力。

7. 创新性

高端服务业是把服务中的"痛点"作为创新发展的起点，不断追加创新供给要素，不断推出新经营理念、新技术、新产品、新组织模式、新商业模式、新服务过程和资源整合、新价值链构成和新业态等，以冲破原有规制、资源和运营模式的束缚，形成新的内在驱动力、产业带动力和融合力。所以，高端服务业的生命力、活力和影响力就是创新。例如，小米手机运用实体店"绝对买不到"的互联网营销方式，让小米手机"绕过"物流仓储分销和广告宣传等传统营销模式，省下 16%～20% 营销费用支出，用于提升小米手机的质量和降低售价，从而迅速赢得市场。

8. 新兴性

高端服务业的新兴性有两层含义：一是在时间上是现代兴起的或通过创新活动而新兴的服务业；二是在发展进程上是继工业规模化之后或工业进入信息化和智能化阶段，才呈现出加速增长态势的服务业，这种服务业通常是由过去的低端服务业和传统服务业演变而来的，且具有巨大的发展潜力。例如，计算机服务业、软件业和互联网金融业就是新兴的、具有巨大发展潜力的服务业；商务服务业和文体娱乐业就是从过去演变而来的、在工业化后期具有巨大发展潜力的服务业。高端服务业的新兴性更突出产业升级和新业态的形成，特别是通过新一代信息技术的广泛应用所产生的新型服务业。

（二）高端服务业的产出特性

服务业具有生产与消费同时进行、难以异地交易和储存、不易标准化计量等方面的缺陷，导致服务业的规模化、智能化、全球化的发展水平滞后，劳动生产率赶不上工业。高端服务业虽然依托高技术导向和规模集聚效应在很大程度上可以克服这一缺陷，使劳动生产率水平显著提高，甚至在某些服务行业出现了劳动生产率远超工业水平的状况。例如，根据北京市统计局提供的数据计算，2019年北京金融业的全员劳动生产率为 94.7 万元/人，就远高于工业 42.2 万元/人的水平①。但总体而言，高端服务业追求的产出目标并不是高劳动生产率，而是高收益性、高产业带动性和绿色环保性，使之能够承受高成本的供给要素和无形资产，形成高投入—高回报的良性循环和产业融合发展的大格局，这是高端服务业的产出特性，也是高端服务业的本质特性。主要内容如下：

1. 高收益性或高附加值性

高端服务业在高智力驱动下，依托差异化和创新发展战略，不仅可以使服务过程产生知识和高技术应用的增值效应，而且可以产生服务的规模效应和个性化消费需求效应。就规模效应而言，高端服务业可以做到服务项目或服务产品的集合运作和全球化运作，使服务的单位成本降低或产生垄断性的收益。例如，电信业通过光纤线路或卫星通信网络，既可以提供电话服务，也可以提供电子邮件等网上服务；既可以为本国消费者提供服务，也可以为外国消费者提供跨境服务；

---

① 北京市统计局：《北京统计年鉴 2020》，中国统计出版社 2020 年版，第 44－45、74 页。

既可以通过自然垄断方式取得高收益，也可以通过综合服务方式和全球化运作方式降低单位成本。就个性化消费需求效应而言，服务提供者可以按消费者的个性化需求设计服务项目和服务方式，并按个性化消费的特点和方式单独计价。例如，消费者办理个人理财业务，就可以高价聘请职业理财经理；要单独设定旅游项目，也可以交高额费用找旅行社办理。

2. 高产业带动性

高端服务业发展不是孤立进行的，需要自身内部各行业之间的融合，也需要同工农业生产相融合。工业企业由偏重制造环节的"橄榄型"，转变为注重研发和营销环节的"哑铃型"，再演化为只搞研发和标准开发的"蘑菇型"，不仅说明工业企业嬗变为服务企业的路径，也说明高端服务业通过与工业的融合发展，能够对工业发展起到很好的产业带动作用。高端服务业所具有的高产业带动性，实际是高端服务业作为"黏合剂"，与其他产业融合发展的结果，体现高乘数效应和高溢出效应，也会由此产生高收益。例如，金融业的产业带动性最为显著，可以同任何规范的产业相融合，乘数效应大，收益来源广，总体收益水平高。

3. 绿色环保性

高端服务业对实物资源消耗低，不会产生生态环境污染的后果。同时，高端服务业在与其他产业融合发展中，也会通过研发和高技术推广应用等方式，促使其他产业实施绿色发展。所以，高端服务业具有绿色环保性，而耗油、耗能高的运输业和排放油烟的餐饮业就不属于高端服务业的范畴。

二、高端服务业的外延

高端服务业的外延实际是指高端服务业的行业分类。按照中国现行国家标准《国民经济行业分类》（GB/T 4754—2017），服务业有十五个门类，即批发和零售业（代码为 F），交通运输、仓储和邮政业（代码为 G，以下简称运输仓储业），住宿和餐饮业（代码为 H），信息传输、软件和信息技术服务业（代码为 I，以下简称信息服务业），金融业（代码为 J），房地产业（代码为 K），租赁和商务服务业（代码为 L，以下简称商务服务业），科学研究和技术服务业（代码为 M，以下简称科技服务业），水利、环境和公共设施管理业（代码为 N，以下简称环境管理业），居民服务、修理和其他服务业（代码为 O，以下简称居民服务业），教育（代码为 P，以下称教育培训业），卫生和社会工作（代码为 Q，以下简称医疗业），文化、体育和娱乐业（代码为 R，以下简称文体娱乐业），公共管理、社会保障和社会组织（代码为 S，以下简称公管社保业），国际组织（代码为 T）。面对如此众多的服务行业分类，究竟哪些服务行业或门类属于高端服务业，在理论上并没有达成共识，这就需要深入研究高端服务业的外延问题。

通过系统梳理国内外学者对高端服务业、先进服务业（Advanced Services）和知识密集型商务服务业（Knowledge-Intensive Business Services，KIBS）外延的认识，笔者认为，国内对高端服务业外延的认定与国外学者对先进服务业和KIBS外延的认定有重合部分，差异部分仅局限于教育培训业和医疗业。对此，应怎样更清晰界定高端服务业的外延，可行的方法是从高端服务业的产出特性或本质特性出发，具体分析哪些服务业的门类更符合高收益性、高产业带动性和绿色环保性的要求。一般而论，金融业、科技服务业、信息服务业、商务服务业和文体娱乐业都具有很高的收益性、产业带动性和绿色环保性。与之相对比，医疗业的收益性和产业带动性较差，教育培训业的收益性较差，运输仓储业的绿色环保性较差，能耗、油耗和土地等实物资源消耗很大。以收益性为例，2018年北京规模以上金融业的利润总额为12308.0亿元，科技服务业为535.1亿元，信息服务业为3331.7亿元，商务服务业为3860.2亿元，文体娱乐业为177.3亿元，运输仓储业为398.7亿元，医疗业为-2.7亿元，教育培训业为9.9亿元。[①] 可见，教育培训业的收益水平很低，医疗业处于亏损状态。综合比较，高端服务业的外延应界定为金融业、科技服务业、信息服务业、商务服务业和文体娱乐业，排除运输仓储业、教育培训业和医疗业，这既符合中国现行服务业的标准门类，也符合高端服务业的本质特性，更具有科学合理性。

当然，应强调指出，从高端产业的维度，高端服务业只涵盖金融业、科技服务业、信息服务业、商务服务业和文体娱乐业五大服务行业门类；但从产业高端的维度，金融业、科技服务业、信息服务业、商务服务业和文体娱乐业的内部构成必有低端部分。用收益性指标衡量，金融业中的后台服务（包括数据中心服务、信息中心服务和服务外包等），信息服务业中的呼叫中心服务，科技服务业中的科技推广和应用服务，商务服务业中的文化及日用品出租服务、公共就业服务、安全保护服务等，文体娱乐业中的出版业、图书与档案馆业等，都属于高端服务业中的低端部分。但高端产业内部有低端的现实，并不否定产业总体的高端性，因为低端构成部分毕竟只是少数行业，不占主导地位，不影响产业总体高端化的发展格局。因此，笔者认为，从产业总体看，金融业、科技服务业、信息服务业、商务服务业和文体娱乐业无疑为高端服务业，在可预期的未来，即使受智能机器人服务、自我服务和服务全球化的影响，这五大服务行业所具有的投入产出特性，也能使之在总体上保持朝阳产业地位，不会蜕变为夕阳产业。

---

① 北京市统计局：《北京统计年鉴2020》，中国统计出版社2019年版，第357页。

三、高端服务业的定义及其与现代服务业的关系

（一）高端服务业与现代服务业的异同

高端服务业的特性反映高端服务业的内涵，把内涵与外延结合起来，就可以清晰界定高端服务业。国内学者通常把高端服务业定义为现代服务业，也有学者把高端服务业定义为现代服务业的核心产业群。事实上，高端服务业与现代服务业作为本土化的概念，是有一定差别的。就现代服务业而言，现代服务业作为传统服务业的对称，具有知识性、新兴性、集聚性、高科技性、高素质性和高收益性等基本特征，强调用现代科技手段和管理手段推进服务业发展，改造提升传统服务，通常包括金融业、科技服务业、信息服务业、商务服务业、房地产业、环境管理业、教育培训业、医疗业和文体娱乐业，其中金融业、科技服务业、信息服务业、商务服务业、教育培训业、文体娱乐业和房地产业是现代服务业的核心产业群。就高端服务业而言，高端服务业作为低端服务业的对称，不仅具有高智力性、知识密集性、高技术导向和应用性、高诚信性、差异性或特色性、创新性、集聚性或集群性以及新兴性的投入特征，而且具有高收益性、高产业带动性和绿色环保性的产出特征，其外延只涉及金融业、科技服务业、信息服务业、商务服务业和文体娱乐业。由此相比较，高端服务业相对称的服务业范畴（即低端服务业），与现代服务业不同；高端服务的内涵特别是产出特性，要比现代服务业宽泛；高端服务业的外延，要比现代服务业及其核心产业群狭窄。当然，高端服务业的内涵与外延同现代服务业有交集和重叠部分，但不能因此就将高端服务业定义为现代服务业或现代服务业的核心。

（二）高端服务业的严谨定义

定义高端服务业实际上有产业高端和高端产业两个维度。产业高端的维度是说某一服务行业皆可分为高端与低端两部分。这类产业的高端部分只具有高端服务业的部分特性，而不是全部基本特性。例如，高档餐饮业是相对于低档快餐业而言的，具有高诚信性、差异性和高收益性，但没有高智力性、知识密集型、高技术导向和应用性、高产业带动性等。高端产业的维度，是说在服务业总体内的各行业中可以分为高端与低端两部分，其中高端部分具有高端服务业的全部投入产出特性，其外延只包括金融业、科技服务业、信息服务业、商务服务业和文体娱乐业，排除其他服务行业门类。这两个定义应如何取舍，哪个定义更科学和合理，笔者认为，高端产业的维度更科学，因为该定义明晰了高端服务业的内涵与外延。在此基础上，笔者也认为，高端服务业内部也存在低端部分，不是百分之百"纯高端"。因此，本书给高端服务业的定义是，在产业总体上同时具备高智

力性、知识密集性、高技术导向和应用性、高诚信性、差异性、创新性、集聚性、新兴性、高收益性、高产业带动性和绿色环保性的服务行业，按中国现行服务业标准行业分类，涵盖金融业、科技服务业、信息服务业、商务服务业和文体娱乐业五大门类，其内部行业构成也有少量低端部分。

厘清高端服务业的内涵与外延，清晰界定高端服务业，对北京发展高端服务业是非常有益的。北京作为全国省级区域服务业发展水平最高的城市，未来服务业发展的主攻方向必定是高端服务业，这就要求北京必须加快金融业、科技服务业、信息服务业、商务服务业和文体娱乐业的发展，在京津冀、环渤海乃至全国发挥服务引领作用。

第三节　国内外研究现状

一、国内相关研究

近年来，随着产业结构调整和非首都功能疏解的加快，北京服务业成为国内学术界的研究热点。先后有学者提出服务业成为全市经济的主体、带动经济稳步前进的引擎（李夏卿，2019），但与首都城市功能定位相比，全市服务业的发展仍有较大空间（北京市政协提案委课题组，2020）。在金融业发展方面，有学者提出近十年金融机构最集中的区域变化不明显（李俊峰，2017），要提升国家金融管理中心综合竞争力和国际影响力（吴江，2019）；在科技服务业方面，有学者提出科技服务业与电子信息制造业具有显著的共同集聚度（冯鹏飞、申玉铭、曾春水，2019），但在科技成果市场转化的过程中存在服务"碎片化"（王报换，2017），要进一步提高科技服务业市场化、专业化、网络化、国际化水平，增强创新服务和辐射能力（邓丽姝，2016）；在信息服务业方面，与国际知名的大都市相比，北京信息服务业的发展质量和效益仍有较大提升空间，需要进一步提高全市信息服务业发展质量和水平（李柏峰，2018）；在商务服务业方面，先后有学者提出空间分布特点明显，形成了"市场自发形成""政府引导＋市场化运作""政府主导＋企业化运作"等几种典型聚集区建设模式（梁鹏、单林幸、曹丹丹，2014），北京CBD是现代服务业聚集之地，其文化创意产业和商务服务业的融合发展成为产业结构转型升级的新动力（刘妍，2016），应继续坚持以引资为突破口，提高北京商务服务业的核心竞争力（李宝仁、龚晓菊、马文燕，

2014），在咨询调查服务、知识产权服务、法律服务、人资服务等细分行业中形成一批具有国际竞争力的商务服务企业（闫淑玲，2019）；在文体娱乐业方面，文化产业的发展现状与实现"文化中心"的首都功能依然存在差距（徐李璐邑，2019），关键在于构建文化产业良好生态体系（刘绍坚，2020）。在高端服务业研究上，由于概念出现较晚，目前尚处于起步研究阶段（原毅军、陈艳莹，2011；李勇坚、夏杰长，2012），有学者提出在北京市高端服务业空间布局中，首都功能核心区重点发展金融服务、商务服务等行业，城市发展新区重点发展科技服务、文化教育等行业（申静、周青，2015），同时要依托京津冀都市经济圈，增强高端服务业辐射效应，拓展高端服务业发展空间（王江、魏晓欣，2014）。

在北京空间布局上，产业结构调整是北京市经济空间布局变化的最主要动力（景体华，2009），产业集聚也是城市空间结构拓展的重要依据（张芸、梁进社、李育华，2009）；以信息服务、科技服务、金融服务功能为主导的生产性服务业发展，不仅优化了城市空间结构，也增强了城市集聚经济效益（张蕾、申玉铭、柳坤，2013）；生产性服务业出现了明显的集群发展态势（李耀光、赵弘，2010）和显著的空间集聚特征（赵群毅、周一星，2007），中心城区更加专注于金融、科技、信息和商务服务业等高级生产性服务业（宋昌耀、罗心然、席强敏等，2018），其中金融业受到政策和制度的影响，表现出明显的等级体系（刘辉、申玉铭、王伟等，2013），具有极强的城市中心区集聚特点，呈现双中心空间结构（卢明华、惠国琴，2012），商务服务业形成了"市场自发形成""政府引导＋市场化运作""政府主导＋企业化运作"等几种典型聚集区建设模式（赵弘、牛艳华，2010）。在影响因素上，北京市生产性服务业在地理空间上并非随机分布（刘惠敏，2007），而是受到政府和市场的双重力量影响，并且政府干预机制的作用要大于市场机制的自发作用（黄健青、陈进、殷国鹏，2010），政府的规划发挥了重要的作用（卢明华、杨洁，2013）。总体来看，产业功能区多且分散，产业功能定位雷同（李秀伟、路林，2011），区域产业联动效应并不强（刘厉兵、汪洋，2014），并且中心区承载服务功能过多、交通拥堵、环境质量下降，同时又面临发展空间瓶颈的约束（张厚明，2010），北京市生产性服务业布局有待优化。在京津冀协同发展背景下，产业合理分工和融合是协同发展的关键支撑（孙久文、姚鹏，2015），要根据主体功能区划，构建"双核三轴四区"的区域产业发展总格局（李然、马萌，2016），促进高端产业和优质要素向京津发展轴聚集（祝尔娟、文魁，2015）。北京市生产性服务业面临着升级与疏解的要求（寇静、朱晓青，2016），产业空间规划的思路和方式也需要转变（李秀伟、路林、张华，2015），未来北京市生产性服务业空间布局需要关注区域差异性、行业异质性和时间波动性（邱灵、方创琳，2013），统筹全市服务集聚区建设，提升园区之间的互补协作关系（郭培宜，2010），同时要将生产性服务业集聚作为推动京津冀区域协同发展的重要动力（张耘、冯中越、郭崇义，2010；周孝、冯中越，2016），增强北京市生产性服务业在首都经济圈中的辐射和带动作用（李彦军，2014），构建联动发展、优势互补的生产性服务业分工格局，促进京津冀区域产业协调发展（席强敏、李国平，2015）。

二、国外相关研究

高端服务业是具有典型中国特色的词汇，国际上没有对其进行系统的阐释，但欧美发达国家一直高度重视高端服务业的发展，早在20世纪70年代，欧美主要发达国家均已实现以服务业为主导的产业结构。近年来，世界新一轮科技革命和产业革命兴起，新一代信息、人工智能等技术的发展不断取得突破并且被广泛应用，加速了服务内容、业态和商业模式的创新，推动了服务数据化、网络化、远程化、智能化、情景化、互动化、平台化，知识密集型服务业比重快速提升，全球产业结构呈现出向"高端服务经济"的重大转变，高端服务业的主导地位在主要发达国家、世界城市、全球城市群中的首位城市日益凸显，信息服务、科技服务、商务服务、文化旅游、金融保险等新兴服务业态发展迅速，已成为当前全球经济增长的主要动力。

国外学者针对服务业的空间组织形态，提出"服务业集聚"概念（Scott，1988），功能不同的服务企业通过前后向联系呈现地理集群现象（Coffey & Bailly，1991），其中对大都市区服务业区位研究尤其是对生产性服务业的研究成为重点。西方学者提出生产性服务业空间演进可以划分为四个阶段（Daniels，1985），其分布的核心特征呈现中心性、专业化的空间集聚（Coffey & Shearmur，2002）。由于信息技术革命引发的信息与通信技术发展及应用，对大都市生产性服务业空间集聚产生了双重影响（Aguilera，2003），空间集聚与分散的对立统一贯穿于服务活动的空间过程，服务业郊区化加快；巴黎区域17个高级商业服务区均表现出不同程度的集聚与分散（Shearmur & Alvergne，2002），而美国一些专业性服务业特别是面向企业的服务业，开始向都市区的周边发展（Forstall & Greene，1997）。在都市生产性服务业空间布局综合调控中，国外与中国类似，地方政府的规划引导和政策支持尤为重要。

三、研究现状总结

从已有的相关研究成果来看：学术界对于北京市服务业特别是高端服务业发

展及其空间布局等问题进行了有益探索。在研究空间尺度上，中观和宏观层面研究较多，在当前京津冀协同发展背景下，既需要跳出北京"一亩三分地"，又要立足于京津冀空间，同时北京市面临非首都功能疏解和城市空间转型，以城市内部空间为对象进行服务业微观尺度系统研究也有待进一步加强。在研究内容上，以服务业或生产性服务业整体研究较多，由于服务业行业异质性，针对不同行业，特别是高端服务业各行业研究有待进一步加强，以更好地把握北京市服务业发展规律和空间布局特征。在研究方法上，对于北京市服务业的研究定性分析较多，综合运用企业调查与数量模型进行系统研究有待进一步加强。

第四节　相关理论综述

一、产业结构演进理论

在产业结构的演进理论上，由克拉克开拓了三次产业转移理论，即在国民收入水平逐步提高的条件下，劳动力将由第一产业向第二产业再向第三产业转移。德国经济学家霍夫曼进一步提出了霍夫曼定理，指出在工业化发展的过程中，消费资料和资本资料的工业净产值之比是持续下降的。美国经济学家西蒙·库兹涅茨提出三次产业结构变动对就业构成的影响，并揭示了国民收入随产业结构转移的变化过程，从而更精确说明了产业结构演进的基本路径。

美国经济学家罗斯托认为，在一国的发展过程中，当经济从低级到高级不断发展完善的时候，主导产业也随之不断发展调整，从而推动整个产业结构的转化。因此，要想产业结构优化，最重要的一点是要选择好主导产业，通过主导产业的快速发展来带动经济的增长。美国经济学家赫希曼则提出，当社会资源总量固定不变且社会制度也相应稳定的情况下，决定社会资源和社会能源的使用效率的因素不仅是投入要素的多少，更多的影响来源于它们的分配方式以及据此形成的产业结构布局。只有具备更加合理化的产业结构布局，才能更加有效地减少社会生产的总成本，总成本的减少对应的是更多产出的创造，从而推动经济的发展。

二、区位论

区位论（Location Theory）作为现代理论地理学的三大方向之一，是空间经济学最重要的一个理论基础，作为经济学的前沿领域经历了古典区位论、近代区位论和现代区位论的发展阶段，具体如表1-1所示。古典区位理论诞生于19世纪初期的自由资本主义时代，主要有杜能的农业区位论、韦伯的工业区位论；近代区位论有克里斯塔勒工业区位论及廖什市场区位论等。现代区位论立足于大尺度的区域空间，着眼于市场与地域经济活动的优化，主要有威尔逊的空间相互作用理论、柏克曼区位选择理论及空间均衡理论、斯科特新产业空间理论、克鲁格曼"新经济地理学理论"（New Economic Geography）等。目前，经济全球化时代"区位竞争"已成为重要的理论问题，区位研究也已从注重经济为主转向与诸如文化、政治等非经济因素的结合。

表1-1　区位论

阶段	古典区位论	近代区位论	现代区位论
涉及对象	第一、第二产业	第二、第三产业和城市	城市和区域
追求目标	成本最低	市场最优	优势最大
理论特色	微观静态平衡	宏观静态平衡	宏观动态
代表人物	杜能、韦伯	克里斯塔勒、廖什	威尔逊、斯科特

三、城镇空间结构理论

城镇空间结构理论研究，包括城镇形态、城镇土地利用及城镇功能空间结构等内容。"田园城市""带状城市""工业城市""光辉城市"等为经典的城镇空间模式；20世纪40年代出现从社会学角度研究空间结构的"芝加哥城市生态学派"；1977年的《马丘比丘宪章》是继《雅典宪章》之后对城市空间结构领域最具影响力的文件之一；20世纪90年代之后，城镇空间结构研究向区域化、信息化、生态化的方向发展，如"生态足迹"、"精明增长"（Smart Growth）、"紧缩城市"（Compact City）等。西方对城镇土地利用结构的研究目前形成了较多的学派，如景观学派、社会生态学派、区位论学派、结构主义学派等；以研究不同功能地域分异现象的同心圆模式、研究居住分异现象的扇形模式和研究商业中心分异现象的多核心模式是最著名的三大土地利用结构模型（见图1-1）；其后出现了许多对三大模型的修正研究并结合案例进行分析。近年来，网络时代城镇空间结构的新特点是城镇空间研究的热点，如信息城市、虚拟空间、"比特之城"（Cities of Bits）等。

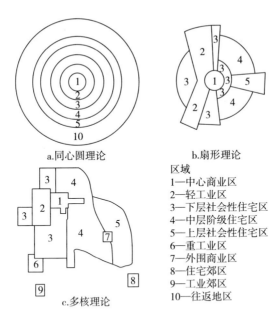

a.同心圆理论　　　　　　　b.扇形理论

区域
1—中心商业区
2—轻工业区
3—下层社会性住宅区
4—中层阶级住宅区
5—上层社会性住宅区
6—重工业区
7—外围商业区
8—住宅郊区
9—工业郊区
10—往返地区

c.多核理论

图1-1　三大经典土地利用结构模型

第二章　城市功能变迁与北京产业结构演进

　　本书通过梳理有关产业集聚发展理论、城镇空间结构理论和相关文献，可以证明一些理论观点，包括城市功能与城市产业结构存在耦合关系，城市功能定位决定产业结构并引导区域产业结构调整（刘玉，2013）；产业结构演进影响城市功能变化，主导产业性质决定城市主导功能类型（阮平南、孙莹，2010），一定时期的城市功能特别是主导功能，必须通过产业结构体现出来（任宗哲，2000）等。这些理论观点，有助于把握影响产业空间布局的关键因素，揭示产业空间布局的形成机理和基本规律。

　　从实证维度分析，中华人民共和国成立以来，首都城市功能多次调整，产业发展战略也经历了艰难的探索过程（梅松，2009），逐步从重工业城市发展成为以服务业为主导的服务经济城市（邓丽姝，2013）。北京作为首都，其城市性质和城市功能较为特殊，产业结构需要体现出城市性质和城市功能的独特性（叶立梅、崔文，2004），着眼于构建与城市性质和功能相适宜的现代产业体系，为首都城市功能的全面实现提供有力支撑（汪江龙，2011）。这些实证研究成果说明，首都功能定位决定北京产业结构调整、主导产业形成及其空间布局。

　　综合归纳现有研究成果，可以看出学术界对城市功能与产业结构的研究主要集中在理论层面或宏观层面，对北京城市功能变迁与产业结构演进没有做具体深入分析，没有阐明在新阶段、建设以首都为核心的世界级城市群、突出首都核心功能定位的新形势下，北京主导产业发展及其空间布局的形成机理和优化调整方位。有鉴于此，为揭示北京功能定位调整与产业结构演进的历史规律和发展趋势，阐明北京高端服务业才是未来的主导产业，论述其空间布局的形成机理和优化调整的大致方位，本书将从三次产业结构、工业与服务业内部结构的变化（农业规模小，未纳入单独分析）维度，分析不同时期首都功能定位下的产业结构演变，并针对首都"全国政治中心、文化中心、国际交往中心、科技创新中心"（以下简称"四个中心"）这一新的功能定位和京津冀协同发展的新要求，对未来产业结构演进进行展望，有针对性地提出在疏解、整治、促提升的新形势下，推进首都功能定位与产业结构协调发展的对策建议。

第一节　不同功能定位下的北京产业结构演进

一、解放初期至 20 世纪 70 年代末期

中华人民共和国成立初期国家优先发展重工业的经济发展战略，影响到了首都功能定位与产业发展思路。1954 年版的《城市总体规划》提出，"首都应该成为中国政治、经济和文化的中心，特别要成为中国强大的工业基地和科学技术中心"，迅速由消费型城市转变为以重工业为主的城市。尽管该版规划中央没有正式批复，但"一五"计划主要依据上述定位具体实施，如新建了酒仙桥电子工业基地、通惠河纺织基地，扩建了石景山钢铁基地。1957 年提出的《北京城市建设总体规划初步方案》和随后修改的 1958 年方案，再次强调"北京不仅是中国的政治中心和文化教育中心，而且还应该迅速地把它建设成一个现代化工业基地和科学技术中心"，表明此阶段发展工业的愿意更加强烈、步伐也要求加快。

如图 2 - 1 所示，从三次产业结构变化来看，总体呈现第一产业与第三产业比重下降、第二产业比重快速上升的趋势。到 1978 年，三次产业增加值所占 GDP 比重分别为 5.2%、71.1% 和 23.7%，与 1949 年相比，第一产业比重下降 17.9 个百分点、第二产业比重上升 34.3 个百分点、第三产业比重下降 16.4 个百分点，其中工业比重达到 64.5%，上升 31.7 个百分点，形成工业占主导的"二、三、一"产业格局。在工业行业内部，重工业地位不断提升，其占工业总产值的比重由 1952 年的 48.5% 上升到 1971 年的 70.7%，尽管随后几年有所回落，但到 1978 年仍达到 63.6%。[①] 到 1978 年，全市形成了以化工、机械、冶金和纺织为主导的重工业结构，实现了"工业基地"和"重工业城市"的功能定位。但发展工业特别是重工业所导致的环境污染、交通拥堵、公共服务滞后等一系列问题，表明城市功能定位与首都人口资源环境条件存在矛盾，需要加以调整。

① 资料来源：根据《北京六十年》提供的数据计算。

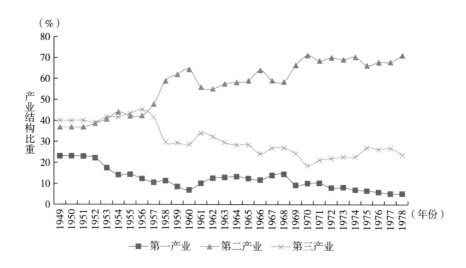

图 2 – 1 1949～1978 年首都三次产业结构变化

资料来源：北京统计信息网"北京 60 年"（http：//www. bjstats. gov. cn/lhzl/bj60n/）。

二、20 世纪 80 年代初期至 20 世纪 90 年代末期

1983 年中共中央、国务院在关于《北京城市建设总体规划方案》的批复中，明确指出"北京是全国的政治中心和文化中心"，强调不能再发展重工业，特别是要限制耗能耗水多、污染大的工业，优化发展高精尖和技术密集型工业，快速发展适合首都特点的相关轻工业（温卫东，2008）。当时认为不提"经济中心"，不等于不发展经济，首都经济发展要适合首都特点，不要局限于发展工业。1993 年国务院关于《北京城市总体规划（1991－2010 年）》的批复，进一步提出"北京是全国的政治中心和文化中心，是世界著名的古都和现代国际城市"的战略定位，要求突出首都特点和优势，加快推进高新技术产业和服务业的发展，并重申要限制发展重工业。探索和发展"首都经济"成为此阶段产业结构调整的"主旋律"。

如图 2－2 所示，从三次产业结构变化来看，总体呈现第一产业先升后降、第二产业比重大幅下降、第三产业比重快速上升的趋势。其中，1994 年第三产业增加值占 GDP 的比重首次超过第二产业，达到 48.9%，并在 1995 年超过50%，达到 52.3%，全市形成"三、二、一"的产业新格局；此外，工业增加值占 GDP 的比重不断下降，由 1979 年的 64.4% 下降到 1999 年的 27.0%[1]，表

---

[1] 资料来源：根据《北京统计年鉴 2014》提供的数据计算。

明之前"工业城市"的功能定位在逐渐调整和弱化。

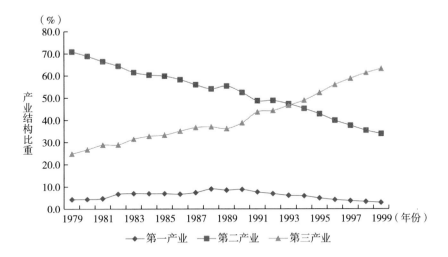

图 2 - 2 1979～1999 年首都三次产业结构变化

资料来源:《北京统计年鉴 2014》。

　　从工业行业内部结构来看,尽管当时提出不要再发展重工业,但以重工业为主导的工业体系短期内难以改变;由于对钢铁、化工等"三高"行业的限制,黑色金属冶炼和压延加工业、化学原料和化学制品制造业、非金属矿物制品业,以及石油加工、炼焦和核燃料加工业增加值所占工业比重均有所下降;计算机、通信和其他电子设备制造业地位大幅提升,其规模以上增加值占工业增加值的比重到 1999 年超过 24%,成为第一大工业行业。从第三产业细分行业演进来看,在探索发展"首都经济"的过程中,由于首都经济发展战略与产业发展路线的不明确,影响到了第三产业细分行业发展的稳定性。按照国家 1994 年版国民经济行业分类标准核算,交通运输、仓储及邮电通信业增加值占第三产业增加值的比重由 1979 年的 22.1% 下降到 1993 年的 9.8%,之后又有所上升,到 1999 年达到 14.7%;批发和零售贸易、餐饮业所占比重波动性更大,由 1979 年的 29.5% 下降到 1987 年的 22.7%,随后又上升到 1994 年的 30.6%,之后又有所下降,到 1999 年降为 21.5%;金融保险业所占比重亦存在波动性,呈现"先上升后下降"趋势,由 1979 年的 11.4% 上升到 1988 年的 27.8%,到 20 世纪 90年代末期又回落到 20% 左右。①

---

① 资料来源:根据《北京统计年鉴 2014》提供的数据计算。

三、21 世纪初期至今

《北京城市总体规划（2004－2020 年）》指出"北京是中华人民共和国的首都，是全国的政治中心、文化中心，是世界著名古都和现代国际城市"，并提出"宜居城市"发展目标，要求全面发挥首都在国家经济管理、科技、文化、信息、国际交往等方面的优势，进一步发展首都经济。为此，在"十一五"期间以及"十二五"开始至今，首都坚持高端、高效、高辐射的产业发展方向，"优化一产、做强二产、做大三产"，重点发展以金融、文化创意、旅游会展、信息服务、科技服务、商务服务为主体的现代服务业，大力推进汽车、电子信息、装备制造、医药等高新技术制造业及战略性新兴产业发展。

目前，经济发展高端化格局初步形成，服务经济、知识经济、总部经济和绿色经济成为首都经济的主体。如图 2 - 3 所示，从三次产业结构变化来看，总体呈现第一产业、第二产业比重下降、第三产业比重稳步上升的趋势。到 2019 年，全市三次产业增加值所占 GDP 比重分别为 0.3%、16.2% 和 83.5%，服务业的主导地位进一步巩固和提升。工业增加值占 GDP 的比重继续下降，由 2000 年的 26.7% 下降到 2019 年的 12.0%，工业地位进一步弱化。

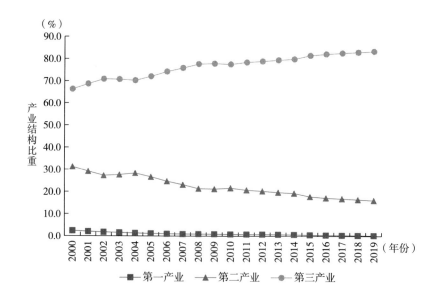

图 2 - 3　2000～2019 年首都三次产业结构变化

资料来源：《北京统计年鉴 2020》。

如表 2-1 所示，从制造业细分行业结构演进来看，计算机、通信和其他电子设备制造业由于受 2008 年国际金融危机影响较大，规模以上生产总值占工业生产总值的比重不断下降，由 2008 年的 22.91% 下降到 2013 年的 12.76%，近四年比重又有所回升，2019 年达到 12.76%；汽车制造业则由于居民购车需求的增长和国家汽车产业调整振兴政策，规模以上生产总值占工业生产总值的比重不断增加，从 2008 年的 11.08% 增加到 2016 年的 26.38%，北京推崇绿色发展，鼓励人们绿色出行，对汽车制造业提出新的挑战，环保节能汽车成为汽车制造业研发的新宠，但目前尚未占据一定的市场份额，使得汽车制造业生产总值比重从 2016 年的 26.38% 下降到 2019 年的 19.35%，是首都仅次于电力、热力生产和供应业的第二大工业产业；电力、热力生产和供应业则由于首都人口规模和城市规

表 2-1　2008~2019 年规模以上制造业主要行业总产值占工业总产值的比重①

单位:%

年份＼行业	计算机、通信和其他电子设备制造业	汽车制造业	电力、热力生产和供应业	铁路、船舶、航空和其他运输设备制造业	化学原料和化学制品制造业	通用设备制造业	专用设备制造业	电气机械和器材制造业	仪器仪表制造业	医药制造业	非金属矿物制品业	石油加工、炼焦和核燃料加工业
2008	22.91	11.08	11.93	2.03	2.95	3.93	4.17	3.72	2.03	2.53	2.85	7.23
2009	18.98	15.07	13.00	2.81	2.32	3.42	3.83	5.40	1.86	2.84	3.12	6.18
2010	16.27	15.90	15.48	3.34	2.62	4.00	3.67	5.34	1.66	2.72	2.87	6.02
2011	13.96	17.19	15.73	0.01	2.56	4.12	3.90	5.34	1.67	3.12	3.07	6.22
2012	13.18	16.17	19.35	1.28	2.22	3.36	3.27	4.29	1.44	3.48	2.96	5.68
2013	12.76	18.82	21.53	1.51	2.01	2.98	3.54	4.11	1.42	3.45	2.83	4.42
2014	13.14	19.77	22.15	2.07	1.91	2.98	3.20	4.00	1.39	3.63	2.64	4.58
2015	12.09	22.25	23.41	2.20	1.83	2.80	3.12	4.51	1.48	4.20	2.25	3.39
2016	11.17	26.38	22.70	2.16	1.67	2.71	2.83	3.75	1.41	4.50	2.39	2.73
2017	11.64	23.77	23.79	2.24	1.77	2.84	2.95	3.52	1.42	5.19	2.29	3.07
2018	12.67	20.06	25.58	2.21	1.54	2.70	3.53	3.38	1.23	5.81	2.36	3.25
2019	12.76	19.45	26.86	2.24	1.32	2.49	3.87	3.37	1.44	5.99	2.36	2.84

资料来源：根据《北京统计年鉴 2020》提供的数据计算。

---

① 2012 年之前铁路、船舶、航空和其他运输设备制造业数据为原黑色金属冶炼和压延加工业数据。

模的不断扩大，特别是大量新居住区建设，电力、热力的需要明显增加，规模以上增加值占工业增加值的比重不断上升，2019 年达到 26.86%，成为首都工业第一大工业产业；2012 年以前北京市统计年鉴中尚存在黑色金属冶炼和压延加工业相关的数据记载，但随着产业的淘汰和非首都功能的疏散，2011 年其在北京工业产业结构中仅占 0.01%[1]，2012 年以后完全撤出了北京市的工业行业，而后出现了铁路、船舶、航空和其他运输设备的制造业，随着现代物流的快速发展，其承载工具也愈加重要，因此自 2012 年以来，运输设备制造业生产总值占工业生产总值的比重逐年上升，但增幅较小；化学原料和化学制品制造业、非金属矿物制品业和石油加工、炼焦和核燃料加工业则由于淘汰落后产业、企业搬迁调整和行业结构调整等措施，规模以上生产总值占工业生产总值的比重均呈下降趋势，其中石油加工、炼焦和核燃料加工业比重下降速度最快；通用设备制造业、专用设备制造业、电气机械和器材制造业在工业中的比重较小且变化不大，呈波动式发展；仪器仪表制造业在工业中的比重有所下降，但下降幅度不大；规模以上医药制造业生产总值占工业生产总值的比重呈上升趋势，由 2008 年的 2.53% 上升到 2019 年的 5.99%，与鼓励发展生物医药产业的宏观政策息息相关。

如表 2 - 2 所示，从第三产业细分行业演进来看，总体呈现出由以批发零售业、住宿和餐饮业、房地产业、租赁和商务服务业等为主的传统服务业向以金融业、信息服务业、科技服务业等高端产业为主的现代服务业转变的趋势，逐渐向打造"高精尖"经济结构方向发展，金融业成为首都服务业第一大行业，2019年其生产总值占第三产业的比重达到 22.15%，信息服务、科技服务等行业比重明显上升，其中信息服务业占比超过 15%，已经成为推动北京经济发展的支柱性产业，房地产业受房地产政策影响，比重呈下降趋势。

表 2 - 2　2008~2019 年各行业生产总值占第三产业总产值的比重　单位:%

行业 \ 年份	2008	2009	2010	2011	2012	2013	2014	2015	2016	2017	2018	2019
批发与零售业	16.37	15.99	17.19	16.73	15.69	14.78	14.07	12.40	11.44	10.94	10.27	9.67
交通运输、仓储和邮政业	4.45	4.47	4.91	4.72	4.23	3.99	3.95	3.66	3.55	3.65	3.69	3.47
住宿和餐饮业	3.24	2.84	2.98	2.82	2.72	2.46	2.21	2.18	2.01	1.90	1.87	1.83

① 资料来源：根据《北京统计年鉴 2012》提供的数据计算。

续表

年份 行业	2008	2009	2010	2011	2012	2013	2014	2015	2016	2017	2018	2019
信息传输、软件和信息技术服务业	12.18	11.60	11.32	11.95	11.71	11.99	12.45	12.86	13.50	14.20	15.60	16.19
金融业	17.97	17.36	17.56	17.95	18.53	19.32	20.38	21.59	21.51	21.45	21.63	22.15
房地产业	11.31	13.13	10.87	10.07	10.57	10.30	9.52	9.39	10.07	9.79	9.02	8.87
租赁和商务服务业	9.11	8.82	9.09	9.53	9.91	10.39	10.46	9.83	9.35	9.01	8.80	8.75
科学研究、技术服务业	7.85	8.04	8.10	8.20	8.29	8.58	8.88	8.73	8.90	9.15	9.37	9.57
水利、环境和公共设施管理业	0.72	0.75	0.73	0.73	0.77	0.83	0.87	1.04	1.08	1.09	1.04	1.11
居民服务、修理和其他服务业	0.90	0.82	9.56	0.93	0.93	0.94	0.97	0.81	0.83	0.81	0.80	0.79
教育	4.92	4.96	5.12	5.15	5.25	5.27	5.45	5.54	5.68	5.90	5.83	5.99
卫生和社会工作	2.30	2.40	2.50	2.64	2.78	2.86	2.98	3.34	3.37	3.38	3.41	3.47
文化、体育与娱乐业	2.86	2.74	2.70	2.68	2.86	2.87	2.77	2.81	2.75	2.66	2.65	2.52
公共管理、社会保障和社会组织	5.53	5.80	5.68	5.64	5.50	5.16	4.79	5.60	5.74	5.87	5.82	5.47

资料来源：根据《北京统计年鉴2020》提供的数据计算。

第二节　产业结构演进规律与趋势分析

一、产业结构演进规律分析

首先，经历了从重工业到首都服务业，从"二、三、一"到"三、二、一"的发展格局，北京的产业结构不断优化。其中，第一产业比重不断下降；第二产业比重"先升后降"并在改革开放之前达到最高值，其行业结构则由化工、机械、冶金等传统重工业向汽车、电子、生物医药等现代制造业转型；第三产业比重"先降后升"，在20世纪70年代达到最低值，其行业结构由交通运输、仓储、批发等传统服务业向金融、信息服务、商务服务等现代服务业转型。

其次，产业结构演进与首都功能定位变迁相互影响、相互制约。首都功能定位决定产业结构与发展方向，如新中国成立初期"工业基地"和"重工业城市"的提出，首都重工业快速发展。同时，首都功能定位也制约产业发展，如"宜居城市"的提出，要求加快产业转型升级，关停或转移耗能高、污染高、耗水大的产业，首钢搬迁就是一个典型案例。产业结构影响首都功能的实现，其演进的快慢也将制约首都功能变迁，如科学研究、信息服务等行业直接影响首都创新中心功能的实现。

最后，市场、政府调控和资源环境约束成为首都产业结构演进的主要因素。改革开放以来，在市场经济的作用下，首都经济快速发展，产业结构也遵循了由"二、三、一"到"三、二、一"的一般市场规律。随着市场经济体制的完善和在资源配置中发挥决定性作用，市场对首都产业结构演进的影响将进一步增大，成为最重要的主导力量。在计划经济时代，政府对首都产业结构调整的干预作用明显，由政府所主导的首都功能变迁也是一种政府调控行为。由于首都功能存在特殊性和独特性，首都产业发展需要政府从规划编制、政策制定、环境优化等层面加以引导，保障首都经济稳定发展、产业结构不断优化。此外，首都地区特殊的资源环境条件也影响着产业结构的演进方向，如水资源的短缺和生态的脆弱性，要求加快首都产业转型升级，大力发展耗水低、污染小、占地少、附加值高的战略性新兴产业。随着首都人口、资源、环境矛盾的加剧，资源环境对产业结构演进的约束将进一步加强。

二、新时期产业结构演进的现状背景

目前，随着首都交通拥堵、环境污染、城市过度膨胀等"大城市病"问题的凸显，首都产业发展与"宜居城市"的功能定位存在明显差距，需要我们重新审视和思考首都产业发展与产业结构特征：一是工业"重"型化格局并未改变，重工业在工业结构中仍然占据主导地位，其增加值占工业增加值的比重超过70%；二是服务业质量有待进一步提升，传统的批发与零售业增加值占服务业比重较高；三是高能耗、高水耗产业仍占一定比重，近年来人口总量的快速增长也与产业结构密切相关，首都人口、资源、环境压力较大。

2014年2月，习近平总书记就推进北京发展和管理工作提出五点要求，明确了新时期首都"四个中心"战略定位，要求调整疏解非首都核心功能，为未来首都产业结构优化指明了方向。同时，京津冀协同发展上升为国家战略，要求三地明确功能定位，加快推进产业对接协作，因此首都产业结构调整必须立足于京津冀协同发展。

三、产业结构演进主要趋势分析

根据首都产业结构演进规律以及与首都功能定位变迁的关系，围绕首都"四个中心"的新功能定位，首都产业需要加快结构调整，构建与"四个中心"相符的产业体系。对未来首都产业结构演进趋势做出如下判断：

第一，三次产业结构进一步优化。2017年纽约、伦敦、东京等世界城市的服务业（即第三产业）占GDP比重都在86%以上，香港在2018年则高达92%[①]，尽管2019年北京服务业占GDP比重超过83%，领先全国平均水平近30个百分点，超过2017年世界高收入国家平均70%的水平[②]，但与上述世界城市相比，北京服务业占GDP比重仍然偏低。"四个中心"的功能定位，明确要求优化三次产业结构，对工业发展要特别慎重，必须受"高精尖"产业正面清单限制。因此，从三次产业结构来看，第二产业比重将进一步下降，服务业比重将继续上升。

第二，制造业将向"高精尖"演进，战略性新兴产业、高技术产业和新经济将获得更大发展空间。围绕"高端化、服务化、集聚化、融合化、低碳化"的产业发展要求，北京对于黑色金属冶炼和压延加工业、化学原料和化学制品制造业、非金属矿物制品业和石油加工、炼焦和核燃料加工业等传统资源型制造业，以及服装、造纸、家具等能源利用效率低、投入产出效率低的企业，坚决采取加快淘汰、清退和转移的措施；对于首都发展所需的电力、热力生产和供应业，则进一步提高能源利用效率，优化能源品种；对于汽车制造，以及计算机、通信和其他电子设备制造等高端装备制造业，也需要逐步将加工组装等低端制造环节向外转移。在此基础上，北京致力于战略性新兴产业、高技术产业和新经济的发展。2019年北京战略性新兴产业增加值8406亿元，占GDP比重为23.8%，比上年增长7.3%，超过GDP增速6.1%、第二产业增速4.5%和服务业增速6.4%的水平；高技术产业增加值8630亿元，占GDP比重为24.4%，比上年增长7.9%，超过GDP、第二产业和服务业的增速；新经济增加值12766亿元，占GDP比重为36.1%，比上年增长7.4%，也超过GDP、第二产业和服务业的增速[③]，这说明北京制造业高端化、数字化、融合化、绿色化取得显著进展，获得

---

① 国家统计局：《中国统计摘要2020》，中国统计出版社2020年版，第193-194页。
② 资料来源：《中国统计摘要2020》《北京统计年鉴2020》和《国际统计年鉴2019》。
③ 资料来源：根据《北京统计年鉴2020》提供的数据计算。

了新的发展空间，特别是制造业服务化、先进制造业与高端服务业融合发展的空间更大。

第三，服务业质量将显著提升。北京服务业发展的主攻方向不是大而全，而是在保障生活性服务业品质提升的基础上，聚焦高端服务业、现代服务业的发展，也包括高端生产性服务业的发展。按照首都"四个中心"的功能定位，首先，北京文体娱乐业发展获得重大机遇，有望尽快成为支柱产业（即产业增加值占 GDP 比重达到或超过 5%）。2019 年北京文体娱乐业增加值仅为 746 亿元，占 GDP 比重仅为 2.1%①，这与北京全国文化中心的战略定位极不相称。北京必须进一步深化实施"文化驱动"战略，抓住机遇，补齐产业化发展的短板和打通产业化发展的堵点，全面提升文体娱乐业发展的新业态、新模式、新路径，着力推进文化与金融、文化与科技以及文化、创意设计与现代服务业、先进制造业的深度融合，着力把文体娱乐业打造成为首都重要的支柱性产业。其次，科技服务业和信息服务业的发展获得重大机遇，两大产业占 GDP 比重将显著提升。2019 年北京科技服务业增加值为 2826 亿元，信息服务业增加值为 4784 亿元，两者合计为 7610 亿元，占 GDP 比重为 21.5%，增速比上年提高 10.8%②，显示出强劲的增长势头，发展空间广阔。特别是在以科技创新为第一动力、解决"卡脖子"问题、构建发展新格局的大背景下，北京科技创新中心的建设将肩负更大的使命和责任，要求充分发挥首都的科技资源优势和人才优势，依托中关村科学城、怀柔科学城、未来科学城和北京经济技术开发区（简称三城一区）的建设，深化创新发展战略及其产业布局，重点促进研发服务、信息服务、设计服务、工程技术服务和科技中介服务快速发展，加快产业数字化、数字产业化的步伐，以提升首都科技创新服务能力，建设数字经济标杆城市。再次，金融业和商务服务业比重将明显增加。随着"国际交往中心"的确立，国际活动将显著增加，亟须建立与"国际交往中心"相适宜的金融服务体系和商务服务体系。北京国际服务贸易交易会、北京金融街论坛和中关村论坛，已成为北京开展国际交往的三大平台（简称"三平台"），北京国际会议之都的地位和国际金融总部的地位也明显增强。最后，批发与零售业、交通运输、仓储等产业比重将明显下降。考虑到首都人口压力和资源环境条件，需要加快将批发、仓储等占地多、交通量大、附加值低的传统服务业向外疏解和转移。

---

① 北京市统计统计局：《北京统计年鉴 2020》，中国统计出版社 2020 年版，第 44 – 45 页。
② 资料来源：根据《北京统计年鉴 2020》提供的数据计算。

第三节　推进产业结构与城市功能定位协调发展

一、分类指导，明确产业结构调整路径

深入研究与新时期首都功能定位相符的产业体系，明确产业结构调整路径与行业发展方向。分类指导，依据首都城市战略定位要求，积极探索改造提升、转移疏解、原地淘汰等多种产业结构调整路径。对于能耗高、水耗高、聚人多、效率低的行业，转移疏解与原地淘汰相结合；对于先进制造业，以及与城市发展和居民生活需求紧密相关的产业，需要加快改造、提升质量。

二、"加减乘除"，产业调整与城市空间优化同步推进

全面落实新版城市总体规划，立足城市发展空间战略调整和功能优化配置，加快构建"六大高端产业功能区—四大高端产业新区—专业集聚区"的产业空间格局，促进城市功能、人口分布、资源环境与产业布局相协调。一是对中心城区"做减法"，明确疏解"清单"和"线路图"，加快就业、教育、医疗、文化等功能向市域和周边省市转移；二是对副中心"做乘法"，加快通州副中心建设，明确"时间表"，构建与副中心定位相适宜的产业体系；三是对新城"做加法"，提升新城产业发展、公共服务、吸纳就业等功能，逐步破解"睡城""卧城"现象；四是对重点镇和一般小城镇"做除法"，错位发展，突出特色经济，避免"小而全"。

三、以业控人，产业调整与人口调控相协调

研究与首都新功能定位相符的城市规模和人口规模，处理好产业和人口集聚关系，充分发挥市场在资源配置中的决定性作用，通过加快产业转型升级和非首都功能调整疏解，实现"以业控人"，促进人口和产业结构在空间布局和发展上与城市功能定位相协调。如四环以内共有各类商品交易市场284个，吸纳了大量就业人员，因此合理疏解转移这些市场，有助于加快产业"腾笼换鸟"，缓解人口与交通压力。

四、区域一体，促进京津冀协同发展

一是首都产业定位与发展方向，要跳出北京，立足于京津冀协调发展，正确处理竞合关系，强化分工与协作，明确首都在京津冀协同发展中的地位和作用，通过产业结构调整促进京津冀协调发展，加快构建与京津冀协同发展目标相适宜的产业体系；二是坚持"政府引导、市场主体"，充分考虑津冀不同地区的功能定位，积极主动与津冀两地对接，合理布局疏解区域，实现"共赢"。

五、强化管理与监督

建议成立由市发展改革委牵头，市国资委、市规委、市国土局、市人口计生委、市经信委、市旅游委、市金融局等部门共同组成的首都产业调整领导小组，从全市层面统筹土地、资金、重大项目、信息、政策等要素，加快编制首都产业调整发展规划，明确新时期各区县功能定位与产业发展方向，坚持"一张蓝图干到底"。

首都功能定位变迁与产业结构演进相互影响、相互制约；首都新时期"四个中心"功能定位的确立，要求加快产业结构调整。在产业结构调整过程中，一是要充分发挥市场在资源配置中的决定性作用，避免政府强制行为，如批发市场外迁地点的选择，需要考虑经营者的搬迁意愿；二是各区县要根据资源环境承载能力、要素禀赋和比较优势，加快构建符合区县战略定位要求的发展模式和产业体系，避免不切实际"一哄而上"的现象；三是产业结构调整是一个长期过程，针对产业结构调整中的相关政策，要及时评估、调整。

第三章 北京高端服务业发展总体情况

第一节 北京高端服务业发展面临的大格局和新要求

2017 年党的十九大提出中国进入新时代，要满足人民对美好生活的需求，就必须在质量变革、效率变革、动力变革的基础上，建设现代化经济体系和现代产业体系，不断增强经济创新力和竞争力。2020 年党的十九届五中全会通过《中共中央关于制定国民经济和社会发展第十四个五年规划和二〇三五远景目标的建议》（以下简称《规划建议》），要求统筹中华民族伟大复兴和世界百年未有之大变局，认识和把握发展规律，善于在危机中育先机，于变局中开新局，开启全面建设社会主义现代化国家新征程。在"十四五"时期，要坚定不移贯彻新发展理念，坚持稳中求进工作总基调，以推动高质量发展为主题，以深化供给侧结构性改革为主线，以改革创新为根本动力，以满足人民日益增长的美好生活需要为根本目的，统筹发展和安全，加快建设现代化经济体系，加快构建以国内大循环为主体、国内国际双循环相互促进的新发展格局，推进国家治理体系和治理能力现代化。到 2035 年，经济实力、科技实力、综合国力将大幅跃升，经济总量和城乡居民人均收入将再迈上新的大台阶，关键核心技术实现重大突破，进入创新型国家前列；基本实现新型工业化、信息化、城镇化、农业现代化，建成现代化经济体系；人均国内生产总值达到中等发达国家水平，基本实现国家治理体系和治理能力现代化，建成文化强国、教育强国、人才强国、体育强国、健康中国；广泛形成绿色生产生活方式，碳排放达峰后稳中有降，生态环境根本好转，美丽中国建设目标基本实现；形成对外开放新格局，参与国际经济合作和竞争新优势明显增强；平安中国建设达到更高水平，人的全面发展、全体人民共同富裕取得更为明显的实质性进展。这些中央精神是北京高端服务业发展的大格局和新要求，北京必须认真贯彻落实。

一、认清高质量发展，建设现代化经济体系和现代产业体系

中国进入新时代，标志着中国经济社会发展已经迈上具有里程碑意义的新台阶。面对新时代，中国未来发展仍然需要牢牢把握社会主义初级阶段这个基本国情。也就是说，中国现在仍然是发展中国家，经济基础仍然不稳固、不丰厚，生产力发展尚未达到发达国家的水平，仍然需要深化改革和进一步完善与生产力发展不相适应的生产关系和上层建筑。

现代化（Modernization）是相比过去，去短扬长，顺应未来发展大趋势、紧跟和引领世界发展潮流的过程，也是一个"集大成"的概念。20 世纪 50 年代以来，中国始终坚持建设现代化的方向，建设现代化经济体系的步伐从未停止。特别是党的十八大以来，中国建设现代化经济体系的步伐明显加快，取得显著成效。针对中国现代化建设的发展进程，党的十九大站在新的历史起点上，明确提出到 2035 年中国基本实现现代化，到 2050 年把中国建设成为富强民主文明和谐美丽的社会主义现代化强国。要实现建设现代化的长远战略目标，中国经济发展方式必须发生根本改变，由高速增长阶段转向高质量发展阶段。

（一）对高质量发展的基本认识

从发展理念维度概括讲，高质量发展就是能够满足人民日益增长的美好生活需要的发展，就是体现新发展理念的发展；从学术维度讲，产品优、服务好，就是高质量。围绕建设现代化经济体系，可以从多维度探讨高质量发展的判定标准。从宏观经济运行维度判定，增速适度、就业充分、物价稳定、国际收支平衡是高质量发展的重要标志；从产业体系维度判定，就是生产体系比较完整，农业、工业和服务业的现代化水平显著提高；从经济结构维度判定，就是城乡、区域、产业之间，实体经济与金融、实体经济与房地产等比例协调；从效率维度判定，就是资本、劳动、土地、资源、能源、环境等要素利用效率高，交易成本低，交易规制合意、适用。从收入维度判定，就是基本公共服务均等化，形成了以中等收入为主体的分配体系，基尼系数达到公平水准。

上述对高质量发展的判定标准，虽然较为宏观和概括，但实际内容则说明高质量发展与高速增长之间的确存在本质差别。中国要转变发展方式，就必须按照高质量发展的判定标准或指标体系，厘清思路、把握方向，针对问题采取有效战略措施，努力建设现代化经济体系和质量强国。

（二）对现代化经济体系的基本认识

建设现代化经济体系，一方面是中国高质量发展的本质要求；另一方面事关中国能否抓住新一轮世界科技革命和产业变革的机遇，赢得国际竞争主动，能否顺利实现"两个一百年"奋斗目标的国家大事。概括讲，现代化经济体系，就是代表当代生产力水平的经济体系。基本架构主要包括九个方面：

一是以创新为引领的现代产业体系。二是统一开放、竞争有序、各具特色的市场体系。这是现代化经济体系配置资源的主要机制。三是效率优先、兼顾公平的收入分配体系。这是现代化经济体系的激励和平衡机制。四是分工协作、相互促进的城乡区域发展体系。这是现代化经济体系在空间布局方面的体现。五是生态优先、资源集约节约的绿色发展体系。这是现代化经济体系的生态环境基础。六是现代化的基础设施体系。七是多元平衡、安全高效的全面开放体系。这是现代化经济体系与外部世界的联系机制。八是充分发挥市场机制和更好发挥政府调控作用的经济体制。这是现代化经济体系的制度基础。九是构建经济安全动态平衡体系，防范化解重大经济风险。这是现代化经济体系形成与发展的保障。

归纳上述九个方面的内容，确立现代产业体系是建设现代化经济体系的基础和关键，完善经济体制是建设现代化经济体系的根本保障，这两条最为重要，是建设现代化经济体系的"两翼"和核心内容。

（三）对现代产业体系的基本认识

简单讲，现代产业体系是指三次产业的高端化、智能化、绿色化、融合化、服务化和品牌化，即强调农业、工业、建筑业、服务业的转型升级和现代化。从产业结构维度，中国对现代产业体系的描述，更突出战略性新兴产业、高端服务业、现代服务业、产业数字化、数字产业化、产业基础高端化、产业链供应链现代化、占领产业价值链中高端、先进制造业与现代服务业融合、制造业服务化等方面的内容。

党的十九大提出现代产业体系是实体经济、科技创新、现代金融、人力资源协同发展的产业体系。这种产业体系，实际涵盖了第一产业（农业，属于实体经济）、第二产业（主要是工业，属于实体经济）和第三产业（服务业，属于非实体经济），其中在服务业中，特别强调了科技服务业、信息服务业、金融业、商务服务业、教育培训业和文体娱乐业与实体经济的相互促进、协同发展的作用。它的本质要求就是增加优质生产要素（包括科技、资金、自然资源、人才和管理）的供给，推动实体经济发展。

（四）现代化经济体系与现代产业体系的内在逻辑关系

现代化经济体系有"两翼"，现代产业体系是基础和关键，经济体制是根本保障。其中，经济体制的主要作用是通过改革，完善经济体制，以促进现代产业体系的建设。因而建设现代化经济体系的最根本任务，就是改革促发展、促开放，加快确立现代产业体系。确立现代产业体系的根基是优化生产要素供给，包括人、土地和创新三大基本要素；保障条件是体制机制、营商环境及创新创业生态完善；核心产业和产业的主动力是高端服务业和现代服务业；动力变革是依托创新要素、产业内在升级因素和主导产业转换引擎；质量变革是实现品牌化、差异化、绿色化、高端化、融合化和智能化；效率变革是提高科技水平、管理水平和劳动生产率水平；目标是协同实体经济和服务业高质量发展，为建设现代化经济体系奠定坚实基础。由此归纳，可以明晰建设现代化经济体系与确立现代产业体系的内在逻辑关系，具体如图 3 - 1 所示。

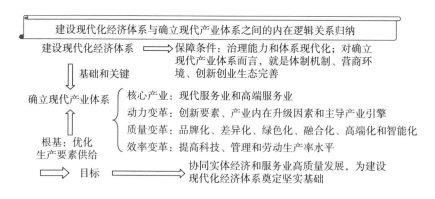

图 3-1 建设现代化经济体系与确立现代产业体系的内在逻辑关系

（五）确立现代产业体系与发展高端服务业的关系

从产业构成维度分析，现代产业体系主要由现代农业、智能化工业和高端服务业构成。依据主导产业发展理论，在以服务业为主导的产业体系中，产业升级的基本方向就是确立以高端服务业为主导的产业结构，使高端服务业成为现代产业体系的核心。之所以如此，主要原因有三点：首先，高端服务业涵盖金融业、科技服务业、信息服务业、商务服务业和文体娱乐业五大服务行业门类，具有高智力（集中体现脑力复杂劳动）、知识密集（反映高频率的知识创新、整合、应用、传播和储存）、高技术导向和应用、高诚信、特色化或差异性、集聚性或集群性、创新性和新兴性的投入特性，同时也具有高效益、高产业带动力和绿色环保的产出特性，使之与低端服务业相区别，既不易被智能化服务所取代，也能够充分发挥引领、融合、集聚、辐射、降杠杆和补短板的作用；其次，在现实信息化和智能化时代，互联网技术的不断演进，已经把全球资源整合在一起，世界正进入以互联网为主导的发展新经济和构筑现代化产业体系的新时代，分散互动的智能化生产、主动个性化消费、集约门对门的物流、电商平台与互联网金融一体化，已经实现生产与消费的直接互动对接（虚拟现实 VR），形成网络化的产业，冲破原有的产业边界和运作模式，引导经济发展潮流，这也预示着高端服务业对其他产业的引领、带动作用和溢出效应不断加强；最后，现代农业和智能化工业的发展必须依靠高端服务业支撑。如果没有高端服务业在推进质量变革、效率变革、动力变革方面所发挥的引领作用及其乘数效应，就不可能有农业现代化和工业智能化的发展，这也是在现实经济发展中会出现工农业生产服务化倾向的根本原因。同时，依托高端服务业的发展，不仅可以促进工农业生产的高质量发展、提高全要素生产率，还可以激励高端服务业进一步加深与工农业生产的融合发展，产生新的产业、业态和经营组织模式。

正是由于高端服务业是现代产业体系的核心，所以中国在进入服务经济时代之后，要避免出现"中等收入陷阱"，强化科技创新驱动力，增加优质产品供给，努力推进高质量发展和绿色发展，就必须着力发展高端服务业，逐步确立高端服务业的主导产业地位。否则，中国现代产业体系就难以确立。

（六）立足高质量发展，北京要率先确立高端服务业的主导产业地位

新时代，建设现代化经济体系和现代产业体系，实现优质高效发展，中国就必须着力解决区域经济发展不平衡、不充分的问题。以往中国区域经济发展战略，比较重视东部率先、东北振兴、中部崛起和西部大开发，主要针对的问题是东北和中部的"塌陷"以及西部的贫困落后。但现在中国经济南北地区发展不平衡的问题又凸显，亟待解决。按照一般对北方省级区域的统计标准，北方地区涵盖东北、华北、西北和山东、河南，共 15 个省级区域。2012 年北方地区的GDP 和一般公共预算收入分别为 24.7 万亿元和 2.5 万亿元，占全国同类指标的比例分别为 47.6% 和 41.1%；2019 年北方地区的 GDP 和一般公共预算收入分别为 34.9 万亿元和 3.5 万亿元，占全国同类指标的比例分别为 35.2% 和 34.7%；两组数据对比，北方地区占全国 GDP 的比例下降 12.4 个百分点，占全国一般公共预算收入的比例下降 6.4 个百分点，这说明南北地区的差距在拉大，北方地区经济发展滞后。①

为解决北方地区经济发展滞后问题，国家出台了京津冀协同发展规划和环渤海合作发展规划。京津冀协同发展战略，要求建立以首都为核心的世界级城市

---

① 资料来源：根据《中国统计年鉴 2013》和《中国统计摘要 2020》提供的数据计算。

群，成为全国创新驱动经济发展的新引擎，在中国"两横三纵"21个城市群的战略格局中，具有后来居上的巨大发展潜力。要在京津冀建设以首都为核心的世界级城市群，必然要疏解非首都功能，形成北京新两翼发展的大格局。北京城市副中心建设已经先行一步，承担起北京市的政务功能，使之与"都"的政务功能聚集地在空间上相分离；雄安新区规划建设作为非首都功能集中疏解地，主要安置中央企事业单位，形成"反磁力中心"，能够有效解决北京集聚功能过多的问题。

北京现实发展面临的京津冀协同发展和环渤海合作发展的大格局，要求北京必须摒弃"一亩三分地"的传统思维方式和集聚资源、促增长的传统做法，不能什么产业都发展，形成"虹吸效应"，导致自身发展质量不高、周边地区出现"大树底下不长草"的问题；必须树立只做"白菜心"、减量发展、创新发展、高质量发展、协同发展的新思维，采取疏解、整治、促提升的新做法，着力构建"高精尖"的产业结构，加快发展高端服务业，率先在全国省级区域内确立高端服务业的主导产业地位，把北京建设成为代表国家21世纪形象的世界楷模城市和具有国际影响力的文化中心、科技创新中心，带动京津冀协同发展和环渤海合作发展，有效解决南北地区经济发展不平衡的问题。

北京把未来产业发展的主攻方向定位于高端服务业，力求率先确立高端服务业的主导产业地位，不仅是符合北京产业优化升级的内在需要，符合京津冀协同发展、环渤海合作发展、提振北方地区经济发展的需要，也是中国高质量发展、建设现代化经济体系和现代产业体系的具体体现。

二、明晰《总规》主旨，把握北京高端服务业发展的总体布局和新要求

面对新时代高质量发展的新目标和新要求，北京在推进现代化建设和确立现代产业体系进程中，必须认真贯彻习近平总书记的系列讲话精神，明晰《总规》主旨和设定的中长期发展目标，把握北京高端服务业发展的总体布局和新要求，全力打造以高端服务业为主导的"高精尖"产业体系。

（一）习近平总书记系列讲话的理论体系严谨，为首都建设描绘了蓝图

党的十八大以来，习近平总书记对首都建设与发展发表过多次讲话。其中，最重要的讲话有三次，即2014年2月26日、2017年2月24日和2017年6月27日。这三次讲话的主旨是"建设一个什么样的首都，怎样建设首都"。事实上，习近平总书记在提出问题时已经以严谨的理论逻辑，明确给出了答案，清晰描绘了怎样建设首都的蓝图。这张蓝图就是一张"设计图"，按照习近平总书记怎样建设首都的"设计图"，北京编制的《总规》实际是一张"施工图"。这张"施工图"，以《总规》的形式出现，主旨就是落实好怎样建设首都的设计方案。

《总规》不仅首次在全国省级区域规划中，标明跨省的空间布局图，即京津冀区域空间格局图，而且突出强调按照"一核一主一副，两轴多点一区"的布局①，牵着疏解非首都功能的"牛鼻子"，紧随国家建设科技强国、质量强国、航天强国、网络强国、交通强国、数字中国和智慧社会的步伐，着力发展高端服务业，建设具有全球影响力的大国首都和以首都为核心的世界级城市群，成为超大型城市可持续发展的典范。

《总规》的突出特点一是以习近平总书记的讲话为指引，定位体系和目标明晰；二是由中共中央和国务院批复，规格高，强调一张蓝图干到底；三是牢牢把握好"都"与"城"的关系，以服务保障首都功能为根本要求，核心区要突出为中央服务的政务功能，疏解北京市的机关和企事业单位，城市副中心要体现北京市的"城"的功能，彼此相互衔接，为中央服好务；四是把国家现代化建设的发展目标，同北京现代化建设目标紧密衔接起来，多规合一，以更长远目标、更高标准落实好怎样建设首都的主旨；五是以疏解非首都功能为"牛鼻子"，切实减重、减负、减量发展，坚持疏解功能谋发展，优化城市功能和空间布局，不在中心城区"摊厚饼"；六是聚焦科学配置资源要素，以资源生态环境承载力为红线和硬约束条件，优化调整生产、生活、生态空间结构，推进绿色发展和生态城建设；七是更加重视北京南北、内外、城乡的均衡发展，重大建设项目要在城外和城南布局，加快推进有特色的小镇建设，特别是旅游休闲小镇建设；八是坚持问题导向，积极回应群众关切，解决环境污染、交通拥堵、职住分离、养老医疗服务资源配置不合理、生活服务不便捷等突出问题，让城市更宜居；九是加强历史文化名城保护，强化首都风范、古都风韵、时代风貌的城市特色；十是紧密对接京津冀协同发展特别是雄安新区的规划建设，以更广阔的空间谋划首都未来发展蓝图。

（二）北京未来发展的三大战略目标和四十二项具体指标

《总规》为北京未来发展设定了三大战略目标：到 2020 年，北京建设国际

---

① "一核"是指首都功能核心区，包括东城和西城，是全国政治中心、文化中心和国际交往中心的核心承载区，历史文化名城保护的重点地区，也是展示国家首都形象的重要窗口。"一主"是指中心城区，包括东城、西城、朝阳、海淀、石景山和丰台，是"四个中心"的集中承载地区，也是疏解非首都功能的主要地区。"一副"是指北京城市副中心，是北京新两翼中的一翼。要以最先进的理念、最高的标准、最好的质量推动北京城市副中心建设，示范带动中心城区非首都功能和人口疏解。"两轴"是指中轴线及其延长线、长安街及其延长线，要以两轴为统领，完善城市空间和功能组织的秩序，展现大国首都的文化自信。"多点"是指位于平原地区的顺义、大兴、亦庄、昌平、房山 5 个新城，是承接中心城区适宜功能、服务保障首都功能的重点地区。"一区"是指生态涵养区，包括门头沟、平谷、怀柔、密云、延庆5 个区，以及昌平和房山的山区，是首都重要的生态屏障、水源保护地和"大氧吧"，要以保障首都的生态安全为主要任务。

一流的和谐宜居之都将取得重大进展，率先全面建成小康社会，疏解非首都功能取得明显成效，"大城市病"等突出问题得到缓解，首都功能明显增强，初步形成京津冀协同发展、互利共赢的新局面；到 2035 年，北京初步建成国际一流的和谐宜居之都，"大城市病"治理取得显著成效，首都功能更加优化，城市综合竞争力进入世界前列，京津冀世界级城市群的构架基本形成；到 2050 年，北京将全面建成更高水平的国际一流的和谐宜居之都，成为富强民主文明和谐美丽的社会主义现代化强国首都，成为更加具有全球影响力的大国首都、超大城市可持续发展的典范，建成以首都为核心、生态环境良好、经济文化发达、社会和谐稳定的世界级城市群。这三大战略目标，突出强调首都发展要比肩当今世界一流的国际大都市或世界城市，要逐步达到并最终超过纽约、伦敦和东京的综合竞争力水平，成为世界城市的楷模。

为落实好北京未来发展的三大战略目标，北京首次在省级区域规划中，按照新发展理念设定了四十二项具体指标，即建设国际一流和谐宜居之都评价指标体系，以便于"一年一评价、五年一考核"，确保战略目标实施具有可操作性和实效性。表 3 - 1 列出了具体的四十二项指标。

表 3 - 1　建设国际一流和谐宜居之都的评价指标体系

分项		指标	2015 年	2020 年	2035 年
坚持创新发展，在提高发展质量和效益方面达到国际一流水平	11	全社会研究与试验发展经费支出占地区生产总值的比重（%）	6.01	稳定在 6 左右	
	22	基础研究经费占研究与试验发展经费比重（%）	13.8	15	18
	33	万人发明专利拥有量（件）	61.3	95	增加
	44	全社会劳动生产率（万元/人）	19.6	23	提高
坚持协调发展，在形成平衡发展结构方面达到国际一流水平	55	常住人口规模（万人）	2170.5	≤2300	2300
	66	城六区常住人口规模（万人）	1282.8	1085 左右	≤1085
	77	居民收入弹性系数	1.01	居民收入增长与经济增长同步	
	88	实名注册志愿者与常住人口比值	0.152	0.183	0.21
	99	城乡建设用地规模（平方千米）	2921	2860 左右	2760 左右
	110	平原地区开发强度（%）	46	≤45	44
	111	城乡职住用地比例	1:1.3	1:1.5 以上	1:2 以上

续表

分项		指标	2015 年	2020 年	2035 年
坚持绿色发展，在改善生态环境方面达到国际一流水平	112	细颗粒物（PM 2.5）年均浓度（微克/立方米）	80.6	56 左右	大气环境质量得到根本改善
	113	基本农田保护面积（万亩）	—	150	—
	114	生态控制区面积占市域面积的比例（%）	—	73	75
	115	单位地区生产总值水耗降低（比 2015 年）（%）	—	15	>40
	116	单位地区生产总值能耗降低（比 2015 年）（%）	—	17	达到国家要求
	117	单位地区生产总值二氧化碳排放降低（比 2015 年）（%）	—	20.5	达到国家要求
	118	城乡污水处理率（%）	87.9（城镇）	95	>99
	119	重要江河湖泊水功能区水质达标率（%）	57	77	>95
	220	建成区人均公园绿地面积（平方米）	16	16.5	17
	221	建成区公园绿地 500 米服务半径覆盖率（%）	67.2	85	95
	222	森林覆盖率（%）	41.6	44	45
坚持开放发展，在实现合作共赢方面达到国际一流水平	223	入境旅游人数（万人次）	420	500	增加
	224	大型国际会议个数（个）	95	115	125
	225	国际展览个数（个）	173	200	250
	226	外资研发机构数量（个）	532	600	800
	227	引进海外高层次人才来京创新创业人数（人）	759	1300	增加
坚持共享发展，在增进人民福祉方面达到国际一流水平	228	平均受教育年限（年）	12	12.5	13.5
	229	人均期望寿命（岁）	81.95	82.4	83.5
	330	千人医疗卫生机构床位数（张）	5.14	6.1	7 左右
	331	千人养老机构床位数（张）	5.7	7	9.5
	332	人均公共文化服务设施建筑面积（平方米）	0.14	0.36	0.45
	333	人均公共体育用地面积（平方米）	0.63	0.65	0.7

续表

分项		指标	2015 年	2020 年	2035 年
坚持共享发展，在增进人民福祉方面达到国际一流水平	334	一刻钟社区服务圈覆盖率（%）	80（城市社区）	基本实现城市社区全覆盖	基本实现城乡社区全覆盖
	335	集中建设区道路网密度（千米/平方千米）	3.4	8（新建地区）	8
	336	轨道交通里程（千米）	631	1000 左右	2500
	337	绿色出行比例（%）	70.7	>75	80
	338	人均水资源量（包括再生水量和南水北调等外调水量）（立方米）	176	185	220
	339	人均应急避难场所面积（平方米）	0.78	1.09	2.1
	440	社会安全指数 社会治安：十万人刑事案件判决生效犯罪率（人/10 万人）	109.2	108.7	106.5
	441	交通安全：万车死亡率（人/万车）	2.38（2016 年）	2.1	1.8
	442	重点食品安全检测抽检合格率（%）	98.42	98.5	99

资料来源：《北京城市总体规划（2016－2035 年）》。

（三）北京新两翼产业发展的方向

城市副中心和雄安新区是北京发展的新两翼，都是国家大事，千年大计。新两翼的定位都是没有"大城市病"的国际一流的生态宜居城。城市副中心规划面积 155 平方千米，是北京市机关事业单位集聚地，产业发展以商务服务业和文体娱乐业为主；未来与河北的三河、香河和大厂三县统一规划、统一政策和统一管控，规划面积近 2000 平方千米，主导产业聚焦高端服务业，优质高效发展生活性服务业。雄安新区作为非首都功能集中疏解地，主要承接中央企事业单位，而不是中央国家机关，没有所谓"副都"的职能，中央政务功能仍然留在北京。雄安新区规划建设的使命是没有"大城市病"的"四区"，即绿色生态宜居新区、创新驱动发展引领区、协调发展示范区和开放发展先行区，以补齐京津冀发展的短板，培育形成新的区域增长极，加快构建以首都为核心的世界级城市群。雄安新区的功能定位突出强调创新发展和绿色发展，以科技城为方向，以生态城为基础和关键，力求建设国际一流的科技城和生态城，使之成为 21 世纪中国高质量发展的、宜居宜业的"样板间"新城。雄安新区的主导产业是高端服务业，不搞一般制造业和中低端服务业。同时，突出北京中关村国家自主创新示范区的产业外溢和引导作用，重点培育雄安新区的高技术产业集群和创新型产业集群，以发挥北京科技和人才的辐射带动效应，在雄安新区培育内生创新要素和知识积累源泉，构筑"政产学研用"一体化的创新生态环境。

（四）北京高端服务业发展的总体布局和新要求

《总规》从"四个中心"战略定位出发，落实习近平总书记提出的发展金融、科技、信息、商务和文化创意等现代服务业的要求，把高端服务业作为北京未来产业发展的主攻方向，对高端服务业的总体布局作了规划安排。

1. 全力打造科技创新中心和文化中心

《总规》明确要求在高质量发展中，北京必须全力打造具有国际影响力的科技创新中心，为建设创新型国家起引领和示范作用；必须全力打造全国文化中心，增强文化自信、展示中国文化风采、拓展国际文化的影响力和话语权。同时，对科技创新中心建设和文化中心建设做了明确的空间布局安排。

《总规》对科技创新中心建设的布局主要安排：一是突出高水平的"三城一区"建设和新机场建设，着力打造首都经济发展的新高地；二是以创新型产业集群创新引领示范区为平台，围绕技术创新，以大工程大项目为牵引，促进科技创新成果产业化，重点发展节能环保、集成电路和新能源等"高精尖"产业，着力打造以亦庄、顺义为重点的创新驱动发展的前沿阵地；三是发挥中关村国家自主创新示范区主要载体作用，形成央地协同、校企结合、军民融合、全球合作的科技创新发展大格局；四是优化创新环境，服务创新人才。着力构建充满活力的科技管理和运行机制，加强"三城一区"科技要素流动和紧密对接，完善配套政策，为科技人才工作和生活提供优质服务。要打造一批有多元文化、创新事业、生活宜居、服务保障的特色区域，为国际国内人才创新创业搭建良好的承载平台。要在望京地区、中关村大街、未来科学城和首钢等区域打造若干个国际人才社区。

《总规》对文化中心建设的布局思路，是以强化历史文化名城保护为基础和前提，在完善保护体系中寻求资源可利用的路径。这种布局思路集中体现在四个方面：一是加强大运河文化带、长城文化带和西山永定河文化带的保护利用；二是构建中轴线、长安街延长线的城市景观格局；三是加强三山五园（即香山、玉泉山、万寿山、静宜园、静明园、颐和园、圆明园和畅春园）地区的保护；四是塑造传统文化与现代文明交相辉映的城市特色风貌，将中心城区分为古都风貌区（二环路以内）、风貌控制区（二环路与三环路之间）和风貌引领区（三环路以外）三部分，在中心城以外地区分别建设具有平原特色、山前特色和山区特色的三类风貌区。按照这种布局思路，《总规》强调要构建城市整体景观格局，强化城市色彩管控，完善建筑设计管理机制，优化城市公共空间，打造精品力作，提升城市魅力和活力，建设国际一流的高品质文化设施。在此基础上，《总规》要求建设现代公共文化服务体系，推进首都文明建设，发展文化创意产业，深化文化体制机制改革，形成涵盖各区、辐射京津冀、服务全国、面向世界的文化中心发展格局，不断提升文化软实力和国际影响力，推动北京向世界文化名城、世界文脉标志的目标迈进。

2. 推动高端服务业集聚、融合发展

北京在高端服务业高质量发展方面，不仅具有科技和文化资源优势，而且具有金融业和商务服务业的资源优势和内在高质量发展的巨大潜力。针对北京高端服务业集聚、融合发展的总要求，《总规》明确要聚焦价值链高端环节，促进金融、科技、信息、文化创意和商务服务等现代服务业的创新发展、融合发展和高端发展，培育发展新兴业态，培育和壮大与首都功能定位相匹配的总部经济，支持引导在京创新型总部企业发展。

针对北京高端服务业综合集聚区的未来发展主攻方向，《总规》明确提出以下要求：

第一，北京商务中心区是国际金融功能和现代服务业集聚地和国际化大都市风貌集中展现区，应构建产业协同发展体系，加强信息化基础设施建设，提供国际水准的公共服务。

第二，金融街集聚了大量金融机构总部，是国家金融管理中心，应促进金融街发展与历史文化名城保护、城市功能提升有机结合，完善商务、生活、文化等配套服务设施，增强区域高端金融要素资源承载力，对金融街周边疏解腾退空间资源有效配置，进一步集聚金融功能。

第三，中关村西区是科技金融、智能硬件、知识产权服务等"高精尖"产业重要集聚区，应建设成为科技金融机构集聚中心，形成科技金融创新体系；中关村东区应统筹利用中国科学院空间和创新资源，建成高端创新要素集聚区和知识创新引领区。

第四，奥林匹克中心区是集体育、文化、会展、旅游、科技、商务于一体的现代体育文化中心区，应突出国际交往、体育休闲、文化交流等功能，提高国家会议中心服务接待能力，促进多元业态融合发展。

第五，城市副中心运河商务区是承载中心城区商务功能疏解的重要载体，应建成以金融创新、互联网产业、高端服务为重点的综合功能区，集中承载京津冀协同发展的金融功能；城市副中心文化旅游区应以环球主题公园及其度假区为主，重点发展文化创意、旅游服务和会展等产业。

第六，新首钢高端产业综合服务区是传统工业绿色转型升级示范区、京西高端产业创新高地和后工业文化体育创意基地，应加强工业遗存保护利用，重点建设首钢老工业区的北区，打造国家体育产业示范区。

第七，丽泽金融商务区是新兴金融产业集聚区和首都金融改革试验区，应重点发展互联网金融、数据金融、金融信息、金融中介、金融文化等新兴业态，主动承接金融街和北京商务中心区的配套辐射功能，强化智慧型精细化管理。

第八，南苑—大红门地区是带动南部地区发展的增长极，利用南苑机场搬迁、南苑地区升级改造和大红门地区功能疏解，带动周边地区城市化建设，建成集行政办公、科技文化、商务金融等功能于一体的多元城市综合区。

第九，首都国际机场临空经济区，应完善国际机场功能，建设世界级航空枢纽，促进区域功能融合创新和港区一体化发展。要充分发挥天竺综合保税区的政策优势，形成以航空服务、通用航空为基础，以国际会展、跨境电商、文化贸易、产业金融等高端服务业为支持的产业集群。

第十，北京新机场临空经济区，应有序发展科技研发、跨境电商、金融服务等高端服务业，打造以航空物流、科技创新、服务保障三大功能为主的国际化和高端化的临空经济区。

上述是对北京高端服务业综合集聚区的未来发展主攻方向的定位或要求，这些实际是表明北京高端服务业的集聚、融合发展是各具特色的、高标准的、空间布局相对均衡的，不存在同质恶性竞争和小散乱的问题，有助于加快确立北京高端服务业的主导产业地位，为有效落实北京未来发展设定了三大战略目标。

三、把握《行动计划》要义，认清北京高端服务业领域的重大改革措施

《行动计划》遵循习近平总书记对北京系列讲话精神和《总规》的总体布局新要求，着眼于创新发展、高质量发展和京津冀协同发展，对北京深化改革、扩大对外开放提出了117项重要举措。基本要义是：构建推动减量发展的体制机制，完善京津冀协同发展体制机制，深化科技文化体制改革，以更大力度扩大对外开放，改革优化营商环境，完善城乡治理体系，深化生态文明体制改革，推动党建引领"街乡吹哨、部门报到"的改革，推进社会民生领域改革。其中，完善京津冀协同发展体制机制、深化科技文化体制改革、以更大力度扩大对外开放、改革优化营商环境和完善城乡治理体系的内容，与北京高端服务业的发展直接相关。《行动计划》中的相应的改革举措较为全面，也是推进北京高端服务业高质量发展的重要保障，不仅明晰了政府职责和重任，能够为北京高端服务业的

发展创造良好的政策环境，而且也为北京高端服务业的发展指明了方向，有助于更好发挥企业的市场主体作用。

四、优化营商环境，加快"两区"建设，推进北京高端服务业开放、创新、高质量发展

2019年中国服务业占GDP比重为53.9%，说明中国已确立服务业的主导产业地位。与之相对应地，2019年法国服务业占GDP比重为70.2%，德国服务业占GDP比重为62.4%，英国服务业占GDP比重为71.3%，意大利服务业占GDP比重为66.3%，澳大利亚服务业占GDP比重为66.2%，巴西服务业占GDP比重为63.3%，日本2018年服务业占GDP比重为69.3%，美国2017年服务业占GDP比重为77.4%①，说明中国差距明显，服务业发展仍有很大提升空间。按照新时代、新阶段高质量发展，建设现代化经济体系和现代产业体系，构建新发展格局的新要求，中国服务业发展必然要追求高质量。

2017年以来，中国高度重视优化营商环境的工作，强调营商环境只有更好，没有最好，要率先加大营商环境改革的力度，不仅大幅度降低税费，拓展直接融资渠道，而且在实践层面复制推广了各地改革的新经验，包括市场准入负面清单，审批权力正面清单，实施"一门办、一窗办、一网办、一次办"，推行"双随机、一公开"的监管机制等。北京作为中国对外交往窗口和国际交往中心，面对当今世界正经历百年未有之大变局，新一轮科技革命和产业革命深入发展，经济全球化遭遇逆流，世界进入动荡变革期，不稳定性、不确定性明显增加的新形势下，北京必须要有21世纪的前瞻性眼光，用高标准、国际化的定位，进一步优化营商环境，根本解决公共服务"慢作为、不作为"的问题，降低交易成本，推进北京高端服务业高质量发展和高水平对外开放发展。正是基于此背景，中央批复北京"两区"建设，意义重大，要求北京在高端服务业发展方面扩大开放、提质增效，为全国做示范，为全国提供可复制推广的新经验。

（一）自贸区建设

2019年8月，国务院批准的北京自贸区建设的空间布局，实际占地面积为119.68平方千米，涵盖三个片区：科技创新片区占地面积为31.85平方千米，国际商务服务片区占地面积为48.34平方千米（含北京天竺综合保税区的占地面积5.466平方千米），高端产业片区占地面积为39.49平方千米。三片区的功能和产业发展方向为科技创新片区重点发展新一代信息技术、生物与健康、科技服

---

① 国家统计局：《中国统计年鉴2020》，中国统计出版社2020年版，第926页。

务等产业，打造数字经济试验区、全球创业投资中心、科技体制改革先行示范区；国际商务服务片区重点发展数字贸易、文化贸易、商务会展、医疗健康、国际寄递物流及跨境金融等产业，打造临空经济创新引领示范区；高端产业片区重点发展商务服务、国际金融、文化创意、生物技术和大健康等产业，建设科技成果转换承载地、战略性新兴产业集聚区和国际高端功能机构集聚区。

自贸区建设的主要任务：一是推动投资贸易自由化便利化；二是深化金融领域开放创新；三是推动创新驱动发展；四是创新数字经济发展环境；五是高质量发展优势产业；六是探索京津冀协同发展新路径；七是加快转变政府职能。自贸区建设的七个方面的主要任务，明确了北京高端服务业高质量发展和高水平开放发展的新要求，也指明了北京高端服务业高水平开放发展的主要路径和创新要领，必须深入研究、具体落实，在实践中总结摸索新经验，为全国服务业高质量发展作出示范。

（二）示范区建设

2019年8月，国务院批复示范区建设，给北京提出两项新要求：一是坚持新发展理念，坚持深化市场化改革、扩大高水平开放，对标国际先进贸易投资规则，吸收借鉴国际成熟经验，推动由商品和要素流动型开放向规则等制度型开放转变，为服务业高质量发展营造良好制度环境，为推动全方位对外开放作出更大贡献。二是在风险可控前提下，精心组织，大胆实践，在扩大服务业对外开放、建设更高水平开放型经济新体制方面取得更多可复制可推广的经验，为全国服务业开放发展、创新发展提供示范引领。这两项新要求，突出强调北京高端服务业的开放发展、创新发展和高质量发展，明晰了北京高端服务业发展的主攻方向和北京应肩负的历史重任，表明了北京高端服务业的发展必须为全国树楷模、做贡献。

示范区建设的主要任务：一是在服务业重点行业领域深化改革、扩大开放；二是推动服务业扩大开放在重点园区示范发展；三是形成与国际接轨的制度创新体系，四是优化服务业开放发展的要素供给。上述四个方面的主要任务，为北京高端服务业的开放、创新、高质量发展指明了方向、基本路径和创新办法，具有重大现实指导意义，必须加快落实。同时，也需要强化理论探索，摸清运作规律，创新运作模式和实操办法，总结成功经验，以利于复制推广。

五、落实好《北京十四五规划和2035年远景目标的建议》，明晰北京高端服务业高质量发展的主攻方向和创新做法

《北京十四五规划和2035年远景目标的建议》（以下简称《北京规划建议》）

是依据党的十九届五中全会提出的规划建议,是结合北京实际制定而成的,共分为 12 个部分 51 条。《北京规划建议》的核心要义是确立发展目标,明确实现目标的路径和战略举措,对北京"十四五"时期经济社会发展乃至到 2035 年的长远发展都具有重要指导意义。具体从产业发展维度讲,《北京规划建议》提出的发展目标是建设特色与活力兼备的现代化经济体系。围绕这一发展目标,《北京规划建议》提出的战略举措,实际涉及战略定位、产业发展、深化改革开放、人才保障等众多领域,综合归纳起来主要涉及 15 个方面的内容:加快建设国际科技创新中心、扎实推进全国文化中心建设、加快发展现代产业体系、抓好"两区"建设和"三平台"建设、大力发展数字经济、以供给侧结构性改革引领和创造新需求、统筹区域协调发展、推动城乡融合发展、推动形成更加紧密的协同发展格局、激发市场活力、持续优化营商环境、发展更高层次开放型经济、提高绿色低碳循环发展水平、强化人才队伍建设、加强风险防控。

这 15 个方面的内容既是北京建设特色与活力兼备的现代化经济体系的主要路径,也是推进北京高端服务业高质量发展的主攻方向、新要求和创新做法。落实好这些战略举措,把握北京高端服务业高质量发展主攻方向和新要求,进一步细化推进北京高端服务业高质量发展的实操措施和创新做法,还需要从理论和实践两个层面做深入探索,以确保《北京规划建议》能够落地,见实效。

第二节　北京高端服务业发展的现状和特点

2014 年以来,按照习近平总书记视察北京的系列讲话精神,北京在疏解、整治、促提升中,着力构建"高精尖"产业结构,高端服务业发展取得显著成效。特别是党的十九大以来,北京认真落实建设现代化经济体系和现代产业体系的发展目标,遵循《总规》主旨及其有关高端服务业发展的新要求,"腾笼换鸟",着力创新发展、绿色发展和高质量发展,高端服务业发展的成效更为突出。下面着重从七个方面阐述北京高端服务业发展的总体情况。

一、快速发展

如表 3 - 2 所示,2019 年北京高端服务业增长速度为 9.5%,远超全市 GDP 增长 6.8%、工业增长 2.4% 和服务业增长 7.4% 的水平。其中,信息服务业增长 12.0%,科技服务业增长 6.5%。尤其是金融业增速 9.5%,占全市 GDP 比重高达18.5%，超过工业同类指标为12.0%的水平，连续三年成为北京第一大支柱产业。如表3-3所示，从2013~2019年的年均增长速度来看，高端服务业年均增长11.8%，超过同期服务业年均增长9.9%、工业年均增长4.1%的水平。其中，金融业年均增长12.4%，信息服务业年均增长15.5%，科技服务业年均增长11.9%。这说明金融业、信息服务业和科技服务业是北京高端服务业快速增长的"三驾马车"，也是北京高质量发展的"火车头"。

表3-2 2018~2019年北京高端服务业增长情况　　　　　单位:%

项目	2018年增速	2019年	
		增速	占GDP比重
金融业	7.6	9.5	18.5
信息服务业	19.0	12.0	13.5
科技服务业	8.9	6.5	8.0
商务服务业	3.7	3.8	7.3
文体娱乐业	6.0	1.6	2.1
合计:高端服务业	14.4	9.5	49.4
服务业	11.3	7.4	83.5
工业	6.5	2.4	12.0

资料来源：根据《北京统计年鉴2020》提供的数据计算。

表3-3 2013~2019年北京高端服务业年均增长速度情况　　　单位：亿元

项目	2013年	2019年	年均增速（%）
金融业	3248	6545	12.4
信息服务业	2016	4784	15.5
科技服务业	1442	2826	11.9
商务服务业	1747	2584	6.7
文体娱乐业	482	746	7.6
合计:高端服务业	8935	17485	11.8
服务业	16807	29543	9.9
工业	3337	4241	4.1

资料来源：根据《北京统计年鉴2020》提供的数据计算。

二、集聚发展

北京高端服务业以多种产业园的形式集聚发展，符合高端服务业发展的内在特性。北京过去高端服务业集聚发展存在质量不高的问题。在京津冀协同发展的大背景下，为提高北京高端服务业集聚发展的质量和效益，北京采取疏解、整治、促提升的做法。一方面，北京对现有的高端服务业集聚区进行升级改造，严控"摊大饼"和"腾笼换鸟"，配套综合服务设施，打造宜居宜业的绿色生态环境，招才引智，走内涵式提升质量水平的发展之路。其中，中关村科学城的升级改造成效显著，传统商业街、大卖场有效转变为创新创业（即"双创"）的集聚地，形成了新的高科技产业集群。另一方面，北京规划建设高标准的、有特色的、新的高端服务业集聚区，包括怀柔科学城、城市副中心运河商务区和文化旅游区、北京新机场临空经济区、丽泽金融商务区、北京世界园艺博览会中心区、延庆冬奥会中心区以及新首钢高端产业综合服务区等，形成了北京高端服务业集聚发展的新的增长极。

现在北京规模最大的高端服务业聚集区，就是北京中关村国家自主创新示范区。它是中国同类示范区中规模最大、效益最好的示范区。在北京市域内，中关村国家自主创新示范区现已建成 16 园，并向外埠不断拓展。2019 年中关村国家自主创新示范区规划总面积 4.2 万公顷，累计已开发面积 3.0 万公顷，累计招商引资 5.9 万家，累计外商实际投资 295 亿美元，累计项目投资 2.7 万亿元，累计利润总额 4182.6 亿元；当年技术收入 1.3 万亿元，实缴税费总额 2597 亿元，利润总额 4182 亿元，出口总额 2507 亿元，全职研发人员 80.5 万人，博士级以上学历人员 3.1 万人；当年企业内部研发经费支出 3400 亿元，委托外部单位研发支出 311 亿元，当年专利申请数 11.5 万件、专利授权数 6.1 万件，当年发明专利申请数 7.1 万件，年末拥有有效发明专利数 17.1 万件，当年发表科技论文 2.1 万篇。[①]

除中关村国家自主创新示范区外，北京还有三大高端服务业集聚区，即金融街、北京中央商务区（以下简称 CBD）和奥林匹克中心区。2019 年这三大高端服务业集聚区的资产总计为 920895.2 亿元，占全市服务业资产合计的 51.7%，比上年增长 8.2%；收入合计为 25467.9 亿元，占全市服务业收入合计的 18.9%，比上年增长 1.5%；利润总额为 8239.3 亿元，占全市服务业利润总额

---

① 北京市统计局：《北京统计年鉴 2020》，中国统计出版社 2017 年版，第 589 - 597 页。

的35.8%，比上年负增长0.1%。① 这说明北京高端服务业集聚发展资产规模大、效益好。

如表3-4所示，北京高端服务业集聚发展，集聚了大量规模以上的法人单位及其从业人员，发展的吸引力和辐射力不断增强。2019年北京高端服务业规模以上法人单位17904家，占规模以上法人单位总数的38.5%；法人单位从业人员492.2万人，占法人单位从业人员总数的42.3%。

表3-4　2019年北京高端服务业规模以上法人单位及其从业人员情况

项目	规模以上法人单位		法人单位年末从业人员	
	数量（家）	占比（%）	数量（万人）	占比（%）
金融业	2345	5.0	69.1	5.9
信息服务业	3923	8.4	112.9	9.7
科技服务业	3780	8.1	118.1	10.1
商务服务业	6062	13.0	167.8	14.4
文体娱乐业	1794	3.9	24.3	2.1
合计：高端服务业	17904	38.5	492.2	42.3
规模以上法人单位总数	46505	100	—	—
法人单位从业人员总数	—	—	1163.9	100

资料来源：根据《北京统计年鉴2020》提供的数据整理。

北京高端服务业在集聚发展中，落实《总规》的新要求，以高标准、差异化为集聚特色，各聚集区的功能定位和主导产业发展方向逐渐明晰，资源比较优势显现，组织和盈利模式不断完善，改造升级的内在动力和创新发展的驱动力越发强劲。不仅规模大的已有的和新建的集聚区在差异化集聚中效益显著提升，包括金融街、CBD、奥林匹克中心区、首都国际机场临空经济区、中关村科学城、丽泽金融商务及新首钢高端产业综合服务区等，规模较小的集聚区也在特色化集聚中取得显著成效，包括创业公社、智造大街、798艺术区、怀柔影视城、密云古北水镇、长阳基金小镇、石景山银河商务区及门头沟京西商务区等。这说明北京高端服务业多点布局、特色化集聚发展，有规划、有空间、有项目、有队伍、有政策，能够确保优质项目落地，取得高收益，使北京高端服务业的集聚发展更具有吸引力、辐射力、带动力、融合力和国际竞争力。

---

① 资料来源：根据《北京统计年鉴2020》和《北京区域统计年鉴2020》提供的数据计算。

三、高收益发展

北京现实产业结构以服务业为主导，服务业的主要收益来源是高端服务业，这充分显示了高端服务业具有高收益的产出特性。如表 3-5 所示，2019 年北京规模以上高端服务业的营业收入为 65944 亿元，仅占服务业营业收入总额的 43.5%，但规模以上高端服务业的资产、利润和税金分别为 1699914 亿元、25828 亿元和 4138 亿元，占服务业同类指标的比重分别高达 91.4%、89.6% 和 66.6%，说明北京高端服务业发展的收益水平很高。特别是北京金融业的利润为 18526 亿元，占高端服务业的 71.7%，占服务业的 64.3%；税金为 2882 亿元，占高端服务业的 69.6%，占服务业的 46.4%。这说明北京金融业的收益水平最高，是北京高端服务业的主要收益来源和龙头产业，北京很有必要在严控金融风险的前提下，按照高质量发展和创新发展的新要求，做好规划布局，着力推进总部金融、监管金融、创新金额、科技金融、互联网金融、文化金融、商务金融和国际金融的大发展。

表 3-5　2019 年北京规模以上高端服务业资产和收益情况　　单位：亿元

项目	资产合计	营业收入	利润总额	应交税金
金融业	1503539	31052	18526	2882
信息服务业	49727	14775	2276	543
科技服务业	22324	7829	549	233
商务服务业	117827	9931	4205	391
文体娱乐业	6497	2357	272	89
合计：高端服务业	1699914	65944	25828	4138
服务业	1859324	151616	28815	6212
合计占服务业比重（%）	91.4	43.5	89.6	66.6

资料来源：根据《2017 年北京统计年鉴》提供的数据整理和计算。

四、创新发展

北京在高质量发展中，按照功能定位，突出科技创新的引领作用，大力推进高端服务业的创新发展。在研发投入、发明专利和技术交易等方面，位居全国省级区域的前列。2019 年北京每万人发明专利拥有量达到 132 件，比上年增加 20 件，是全国平均水平的 10.8 倍；研发投入 2234 亿元，年增长 16.9%，增速远超全市 GDP 增长率，占全市 GDP 比重高达 6.3%；研发人员 46.4 万人，年增长 17.6%；发明专利申请量和授权量分别为 13.0 万件和 5.3 万件，年增长分别为 10.2% 和 12.8%，占专利申请量和授予量的比例分别高达 57.5% 和 40.2%；有效发明专利 65.3 万件，年增长 14.6%；技术交易合同成交总额 5695.3 亿元，年增长 14.9%。①

尤其是中关村国家自主创新示范区规模以上高新技术企业，2019 年实现总收入 66422 亿元，比上年增长 11.9%；其中实现技术收入 13451 亿元，占总收入的比重为 20.2%，年增长 20.4%；研发经费支出 3400 亿元，年增长 23.7%；拥有有效发明专利 17.1 万件，占全市有效发明专利总数的 26.2%；拥有独角兽企业 80 家，占全国总数 218 家的 36.7%。② 这充分展示了中关村国家自主创新示范区在北京科技创新中的引领、示范和支撑作用。

北京高端服务业的创新发展以"大众创业、万众创新"为基础，创客、极客、痛客和高新技术企业成为创新发展的主体，创新内容涉及新材料、新能源、新一代移动通信、大数据、区块链、智能制造、新医药、新种业、新平台经济等众多领域，由此形成了以新产业、新业态和新商业模式为代表的新经济的快速成长，拓展了高质量发展的新领域和新空间。2019 年北京新经济实现增加值 12766 亿元，比上年增长 7.5%，占全市 GDP 的比例高达 36.1%，比 2017 年提高 1.5 个百分点；③2017 年北京拥有众创空间、孵化器、加速器、大学科技园等各类"双创"服务机构 400 余家，总面积超 600 万平方米，累计服务企业及团队逾 3 万家；当年新增"双创"企业 19.4 万户，其中科技服务业企业 7 万户，占全部新设企业的 36.3%。④ 总体来看，北京认证的高新技术企业达 20163 家，2017 年这两万多家高新技术企业，实现营业总收入 2.5 万亿元，企业利润率高达 11.5%，实现税收总额 1211.8 亿元，占北京市税收总额的 34.0%。⑤

北京高端服务业的创新发展以体制机制创新和良好的生态环境做支撑。体制机制创新的关键是招才引智、深化"放管服"改革、完善正负清单规制、搭建平台、提供便捷公共服务及优惠扶持政策，为创新主体营造良好的生态环境。例如，2017 年北京设立中关村银行，为企业提供优惠信贷服务；未来科学城建设，

---

①③ 资料来源：根据《北京统计年鉴 2020》提供的数据整理和计算。

② 资料来源：根据《北京统计年鉴 2020》提供的数据整理和计算；中商产业研究院：《2019 年中国独角兽企业排行榜（北京篇）》，东方财富网，2020 年 8 月 3 日公布。

④ 北京市统计局：《新经济蓬勃发展，拓展新领域新空间》，北京市统计局网站，2018 年 2 月 7 日公布。

⑤ 李玉坤：《北京将设千亿规模基金支持科技创新》，《国际商报》，2018 年 7 月 10 日。

政府不仅负责配套建设优良的公共服务设施，而且以低于开发成本价的价格向企业提供建设用地；智造大街建设，是政府依据企业领军人才的构想，招才引智，积极协助"腾笼换鸟"，搭建智能制造全产业链平台和提供一站式精准化服务的结果，等等。尤其值得一提的是，北京石景山区利用国家服务业综合改革试点区的机遇，通过深化创新体制机制改革，包括深化商事登记制度改革，颁发北京市首张"多证合一、一照一码"的营业执照；探索服务业统计体系创新，建设"一库三平台"的现代服务业统计监测体系，全面反映试点区经济发展成果；设立"北京服务·新首钢"股权投资基金和石景山区现代创新产业发展基金，加快推进高端服务业发展等。对首钢老工业区实施全面升级改造，形成了长安街西延轴、北京保险产业园、中关村石景山园、新首钢高端产业综合服务区"一轴三园"的空间发展格局，取得显著成效。2019 年北京石景山区金融业增加值为163 亿元，以信息服务业、科技服务业、商务服务业和文体娱乐业为主的其他服务业的增加值为 397 亿元，分别占全区 GDP 的 20.2% 和 49.3%，科技创新驱动产业转型升级的引领带动作用凸显。①

近年来，全国主要城市人才大战替代传统招商引资大战的做法层出不穷，花样翻新，凸显了人才要素在高质量发展和创新发展中的关键作用。北京作为全国高端人才集聚之都，在创新发展中非常重视人才引进及其配套服务保障。2018年 2 月，北京中关村管委会颁布《关于深化中关村人才管理改革，构建具有国际竞争力的引才用才机制的若干措施》，简称"中关村国际人才 20 条"，强调对国际人才要"进得来、留得下、干得好、融得进"。其中，"进得来"的政策着眼于便捷外籍人才的往来和迁移；"留得下"的政策，着眼于便捷外籍人才深度参与北京科技创新中心建设；"干得好"的政策，着眼于从全球引才，推动形成良好的"双创"氛围；"融得进"的政策，着眼于为外籍人才更快融入社会、安心工作提供保障。同年 3 月，北京市政府又出台《关于优化人才服务、促进科技创新、推动高精尖产业发展的若干措施》，强调凡符合高精尖产业发展方向，并达到一定条件的科技创新人才、文化创意人才、金融管理人才、专利发明者和紧缺急需人才，皆可以引入北京。同时强调引才要打破"唯学历、唯职称"，完善创新人才评价机制，完善工作生活保障服务，真正做到"引得来、用得好、留得住"，并对引才项目给予资助，对创新团队和优秀人才加大奖励力度。这些政策措施，有助于形成良好的创新生态环境和社会环境，激励以"双创"人才

---

① 石景山统计局：《石景山区 2019 年国民经济和社会发展统计公报》，石景山统计局网站，2020 年3 月 20 日公布。

为统领，统筹领军企业、高校、科研院所、产业联盟、创新文化、天使基金及风险投资等资源的优化配置和集聚创新发展，是北京占领创新发展制高点的重大举措，必须尽快落实到位。

五、融合发展

北京高端服务业的融合发展体现在两个层面：一是高端服务业内部各产业之间的融合，突破产业及其服务内容的固有边界，形成相互渗透和相互依存的格局；二是高端服务业与其他产业的融合，主要表现为高端服务业与工农业和低端服务业的融合。这两个层面的融合发展可以用赫芬达尔指数（Herfindahl Index，HHI）方法测度。具体计算公式如下：

$$HHI = \sum_{i=1}^{N}(X_i/X)^2 = \sum_{i=1}^{N}S_i^2$$

公式中，X 表示各产业增加值总和，X_i 表示第 i 产业增加值，$S_i = X_i/X$ 表示第 i 产业增加值占各产业增加值总和的比例，n 表示产业个数。

依据公式计算的 HHI 数值，被称为产业融合系数。系数越高，说明产业融合紧密程度越高。系数最大值为 HHI = 1，说明某产业处于绝对垄断地位，排除其他产业的存在；系数最小值为 HHI = 0，说明不存在关联产业。

（一）北京高端服务业内部各产业相互融合情况的测度及其说明

如表 3 - 6 所示，针对北京高端服务业内部各产业之间的融合发展情况，运用 2013 年和 2019 年的相关统计数据，计算 HHI 数值，得出的结果是：2013 年北京高端服务业内部各产业融合的系数为 0.2236，即 HHI = 0.2236；2019 年北京高端服务业内部各产业融合的系数为 0.2670，即 HHI = 0.2670；两者相比，提高了 4.34 个百分点，说明近年来北京高端服务业内部各产业之间的融合程度更为紧密。

HHI 数值的提高虽然从总体上反映了北京高端服务业内部各产业之间的融合发展状况，但具体分析 HHI 数值构成中的 S_i^2 数值，也可以揭示这种总体融合水平提升的主要动力来自哪些具体产业。事实上，北京高端服务业内部各产业之间的融合形式是多种多样的，可以用"金融 + 其他高端服务业""信息 + 其他高端服务业""科技 + 其他高端服务业""商务 + 其他高端服务业""文化 + 其他高端服务业"的运作模式做具体阐述。近年来按照高质量发展的要求，北京高端服务业内部各产业之间融合的主攻方向是三大领域，即"科技 + 信息 + 金融""科技 + 信息 + 金融 + 文化"和"科技 + 信息 + 金融 + 商务"。这实际表明，北京高端服务业内部各产业之间相互融合的主动力来源于金融业、信息服务业和科技服务业。具体用 S_i^2 数值表述就是，2019 年金融业的 $S_i^2 = 0.1444$，比 2013 年的 $S_i^2 = 0.1296$ 提高了 0.0148；2019 年信息服务业的 $S_i^2 = 0.0729$，比 2013 年的 $S_i^2 = 0.0259$ 提高了 0.0470；2019 年科技服务业的 $S_i^2 = 0.0256$，与 2013 年的 $S_i^2 = 0.0256$ 相等，说明相互融合度稳定。相应地，商务服务业和文体娱乐业的同类指标比较是下降的。其中，商务服务业下降 0.0175，文体娱乐业下降 0.0135，说明这两大行业在北京高端服务业内部各产业之间相互融合的影响力减弱。

表 3－6　2013 年和 2019 年北京高端服务业内部各产业融合情况测度表

单位：亿元

项目	2013 年			2019 年		
	增加值	S_i	S_i^2	增加值	S_i	S_i^2
金融业	3248	0.36	0.1296	6545	0.38	0.1444
信息服务业	2016	0.23	0.0259	4784	0.27	0.0729
科技服务业	1442	0.16	0.0256	2826	0.16	0.0256
商务服务业	1747	0.20	0.0400	2584	0.15	0.0225
文体娱乐业	482	0.05	0.0025	746	0.04	0.0016
Σ：高端服务业	8935	1.00	0.2236	17485	1.00	0.2670

资料来源：根据《北京统计年鉴 2020》提供的数据计算。

（二）北京高端服务业与其他产业相互融合情况的测度及其说明

针对北京高端服务业与其他产业之间的融合发展情况，包括农业、工业、建筑业和其他服务业，把全市 GDP 总量指标作为各产业增加值之和，根据 2013 年和 2019 年的相关统计数据，计算 HHI 数值如表 3－7 所示，得出的结果是：2013 年北京高端服务业与其他产业融合的系数为 0.3406，即 HHI = 0.3406；2019 年北京高端服务业与其他产业融合的系数为 0.3718，即 HHI = 0.3718；两者相比，提高了 3.12 个百分点。这些数据一方面说明近年来北京高端服务业与其他产业的总体融合程度显著提升，另一方面从高端服务业的 S_i^2 数值的变动情况看，由 2013 年的 $S_i^2 = 0.1764$ 提升到了 2019 年的 $S_i^2 = 0.2401$，增幅高达 6.37 个百分点，也进一步说明北京高端服务业是促进农业、工业、建筑业和其他服务业融合发展的主导力量。

表 3-7　2013 年和 2019 年北京高端服务业与其他产业融合情况测度表

单位：亿元

项目	2013 年			2019 年		
	增加值	S_i	S_i^2	增加值	S_i	S_i^2
农业	160	0.01	0.0001	114	0.01	0.0001
工业	3337	0.16	0.0256	4241	0.12	0.0144
建筑业	872	0.04	0.0016	1514	0.04	0.0016
高端服务业	8935	0.42	0.1764	17485	0.49	0.2401
其他服务业	7872	0.37	0.1369	12058	0.34	0.1156
Σ：GDP	21135	1.00	0.3406	35371	1.00	0.3718

资料来源：根据《北京统计年鉴 2020》提供的数据计算。

六、区域协同发展

在京津冀协同发展背景下，要建设以首都为核心的世界级城市群北京必须疏解非首都功能，着力新两翼发展，优先打好京津冀协同发展的生态环境保护和交通网络体系保障的基础，构建京津冀协同创新发展的共同体，以创新为主动力，推动北京高端服务业的优质资源向津冀外溢和辐射，共谋合作共赢的区域协同发展之路。要做好这项工作，既需要有中央的推力，也需要有北京的动力和津冀的拉力。只有"三力"合一，才能取得实效。具体到北京动力层面，2018 年 7 月，北京市发展改革委出台了《推动京津冀协同发展 2018-2020 年行动计划》（以下简称《三年计划》），明确了北京在京津冀协同发展中的主要任务和路线图，为北京高端服务业区域协同发展指明了方向。

2017 年以来，北京高端服务业的区域协同发展，突出强调注重区域产业链上下游协同和全区域优化产业布局，提升北京创新资源外溢辐射能力，健全区域协同创新体系，引领创新链、产业链、资源链、政策链深度融合，按照《中关村国家自主创新示范区京津冀协同创新共同体建设行动计划（2016-2018 年）》，在"4+N"重点区域，即曹妃甸产城融合发展示范区、新机场临空经济合作区、张承生态功能区、天津滨海—中关村科技园和若干个合作共享平台（开发区、高新区、产业园区），初步形成以科技创新园区链为骨干，以多个创新社区为支撑的京津冀协同创新发展共同体。截至 2018 年底，曹妃甸产城融合发展示范区签约北京项目 130 多个，天津滨海—中关村科技园新增注册企业达 1147 家，北京到津冀投资的认缴出资额累计超过 7000 亿元，北京输出到津冀的技术合同成交额累计约780亿元，中关村企业累计在津冀两地设立分支机构达7748家。① 截至2019年11月底，北京不予办理新设立或变更登记业务累计达2.28万件，全市累计退出一般制造业企业3047家，累计疏解提升市场630个，累计疏解关停物流中心122个。2019年1~11月，北京科技创新成果在京津冀区域转化应用取得新进展，北京技术市场服务平台服务合同额超24.5亿元，服务企业近7000家次；北京输出津冀技术合同成交额超210亿元，累计超990亿元；中关村企业在津冀设立分支机构累计超8000家。② 这说明北京高端服务业区域协同发展立足于疏解整治促提升，聚焦于京津冀协同创新发展共同体的建设，突出了北京科技创新资源外溢和科技创新驱动的引领作用，而不是所谓北京高端产业中的低端部分的单纯疏解。这种做法，有助于京津冀高标准、高起点发挥各自资源比较优势，凝聚合力，消除"痛点"，开放市场，力推北京高端服务业向外辐射，形成全方位合作发展态势，提升京津冀产业协同创新发展的质量水平，携手共建现代产业体系。

七、国际化发展

北京高端服务业的国际化发展，拥有首都资源优势、高水准公共服务优势、高端企业和高端人才集聚的优势，也拥有服务品牌国际化的优势。北京是高水平国际会展集聚地和中国国际服务贸易交易会（简称京交会）的举办地。2019年北京举办国际会议0.3万场，接待国际会议人数56.1万人次，比上年下降12.2%；举办国际展览265个，国际展览观众人数828万人次，比上年增长4.2倍；国际会展收入分别为14.2亿元和51.4亿元，年增长分别为16.7%和3.1%。③ 2019年中国（北京）世界园艺博览会在北京成功举办，其间接待参观人数934万人次，共举办3284场中西交融、精彩纷呈的文化交流活动，吸引国际友人20多万次④。每年一次的中国服务贸易交易会、中关村论坛、金融街论坛也成为北京国际交往的"三平台"。同时，北京与河北省张家口市联合举办的冬奥会项目正在加紧建设。国家冬奥组委的办公地设在首钢老工业区内，该办公地由西十筒仓改造而成，成为老旧厂房改造和工业遗存保护利用的范例，得到了包括国际奥委会主席巴赫在内的各界人士的充分肯定，国家体育总局也将首钢列

---

① 刘伯正：《京津冀协同发展走向纵深》，《经济日报》，2019年7月4日。

② 曹正：《2019年京津冀协同发展成绩单发布，有"减法"更有"加法"》，《北京日报》，2019年12月31日。

③ 北京市统计局：《北京统计年鉴2020》，中国统计出版社2020年版，第373页。

④ 国务院新闻办公室：《2019北京世园会接待参观人数934万人次9日闭幕》，央视网，2019年10月8日公布。

为国家体育产业示范区。

北京作为国际交往中心，国际旅游文化资源得天独厚，拥有长城、北京故宫、颐和园、天坛、明十三陵、周口店北京猿人遗址和京杭运河七处世界文化遗产，是中国省级区域世界文化遗产最多的城市，也是世界各大城市中拥有世界文化遗产最多的城市之一。北京完全有资源和潜力高质量发展国际旅游文化产业。2019 年北京接待外国人旅游人数 320.7 万人次，比上年负增长 5.6%；接待港、澳、台同胞旅游人数 56.2 万人次，年负增长 7.3%；旅游外汇收入 51.9 亿美元，年负增长 6.0%。[①] 为进一步提高国际竞争力和影响力，按照《总规》的新要求，北京正着力推进国际旅游文化产业建设，包括中轴线和三山五园申请世界文化遗产工程建设，环球主题公园及其度假区建设，大运河文化带、长城文化带和西山永定河文化带的保护利用建设，城市风貌建设，特色旅游文化休闲小镇建设等，力求通过高质量、有特色的软硬件服务设施及其相关的现代化、精细化的管理手段，讲好中国和北京的故事，吸引境外游客到北京旅游，实现到 2020 年入境旅游人数达到 500 万人次的目标。

北京是"一带一路"倡议的重要节点，亚洲基础设施投资银行和丝路基金现已落户北京，说明北京具有国际金融总部机构集聚的优势，金融国际化发展是北京高端服务业国际化发展的重要内容。

当前国际经贸形势严峻，美国总统特朗普上台后，奉行民粹主义和贸易保护主义，对中国设置高关税壁垒和进行技术封锁，试图卡中国的"脖子"，阻止中华民族崛起。中国被逼死角，没有退路，只能灵活应对，立足国内经济转型和高质量发展，以更大的气魄和长远的道义开放市场，参与国际竞争，大力推进"一带一路"建设，久久为功，打好自力更生、发愤图强的保卫战和反对贸易保护主义的持久战。在此大背景下，2020 年中央批复北京"两区"建设。借此东风，一批行业领军企业、头部企业落户北京，具有首创性、引领性、示范性的项目也纷纷落地。"两区"建设启动以来，北京累计新增项目 800 多个，其中外资项目约占 20%。在 251 项"两区"建设任务清单中，90 项任务率先落地，完成率超过 1/3。其中，在国家相关部门的大力支持下，技术转让企业所得税优惠、公司型创投企业所得税优惠两项税收政策已在北京落地实施，私募股权基金份额转让政策在北京率先破冰，知识产权保险试点取得积极进展。一系列政策的突破为"两区"建设开好局、起好步奠定了坚实基础。在国际商务领域，北京细化提出了约 70 项具体举措，强调要发挥朝阳区、通州区、顺义区"三组团"的作

---

① 北京市统计局：《北京统计年鉴2020》，中国统计出版社 2020 年版，第 428–429 页。

用，加快建设国际消费中心城市，推进消费市场要素聚集度、国际时尚度和政策开放度，最终消费率和消费贡献率将保持在 60% 以上，打造 1～2 个国际商圈，试点培育 1～2 个新消费品牌孵化聚集地，打造若干个国际文化和旅游消费目的地。在构建开放平台方面，北京商务领域将形成"1+2+3"格局。"1"是打造全球最具影响力的服务贸易交易会，不断提高展会国际化、专业化、市场化和品牌化水平；"2"是以"双枢纽"机场为依托，做强口岸功能平台；"3"是以三大综保区为承载，构建支撑产业双向发展的开放平台。在提升开放能级方面，货物进出口实现"位次不减、结构优化"，"双自主"企业的出口占比每年增长 1 个百分点；服务进出口实现持平增长，实际利用外资达到 150 亿美元左右，对外投资合作平稳有序健康发展。在拓展开放网络方面，境外服务中心要达到 50 家，国家级国际营销公共服务平台新增 1～2 家，对外投资专业服务体系不断完善。①在产业创新、发展数字经济和数字贸易服务体系方面，北京要对标国际先进水平，研究探索建立跨境数据流动综合服务平台，加快推动公共数据开放和有效利用；研究探索构建安全便利的国际互联网数据专用通道和数据开放规则，应用区块链等数字技术系统，规范跨境贸易、技术标准的实施；发展数字经济新业态新模式，助力构建"数字基建—数字交易—数字平台—数字场景"于一体的数字经济新生态。在利用外资方面，北京要加大全球顶尖企业和行业领军企业引进力度，引进和提升跨国公司地区总部 10 家以上；对照世界 500 强、国际权威榜单拟定招商目标企业，挖掘 200 家以上增量企业重点对接服务；每年力争新引进 20 个以上前沿创新类、外商投资类、资金密集型、行业带动性强的产业项目和平台，年度投资超过 100 亿元。②在国际科技合作方面，北京要立足于创新发展和科技创新中心建设，广泛开展国际交流合作，积极引进外资研发机构和海外高端"双创"人才，着力原创技术、关键技术和核心技术的研发及其产业化发展，努力实现到 2020 年，在京外资研发机构由 2015 年的 532 个提升到 600 个，引进海外高端"双创"人才由 2015 年的 759 人提升到 1300 人的发展目标③。同时，"两区"建设也强调要用 21 世纪的眼光，积极对接服务"一带一路"倡议，既要主动"走出去"开辟国际市场，也要利用好自贸区和示范区的机遇和平台，完善国际营商环境，扩大高端服务贸易，引进外资，提升开放型经济发展的质量

---

① 刘梅英：《北京"两区"建设 90 项任务率先落地！累计新增项目 800 多个》，北京日报客户端网，2021 年 1 月 7 日发布。

② 北京市经济和信息化局：《北京市经济和信息化局推进国家服务业扩大开放综合示范区和中国（北京）自由贸易试验区建设工作方案》，北京市经济和信息化局网站，2021 年 1 月 6 日公布。

③ 资料来源：《北京城市总体规划（2016－2035 年）》所设立的开放发展指标。

水平。下面着重从服务贸易、利用外资和对外投资三个方面，概述北京高端服务业国际化发展的情况。

（一）高端服务贸易明显增长

2018 年北京服务贸易进出口总额 1606.2 亿美元[①]，比上年增长 13.8%。其中，高端服务贸易进出口额 1059.8 亿美元，占服务贸易总额的比例高达 66.0%，年增长 8.8%，说明北京高端服务贸易占服务贸易的主导地位，增长明显。在北京高端服务贸易进出口总额中，2018 年出口额 372.8 亿美元，年增长高达 31.7%；进口额 687.1 亿美元，年负增长 0.5%，说明北京高端服务贸易逆差有缩小趋势，逆差额由 2017 年的 407.5 美元下降到 2018 年的 314.3 亿美元，降幅高达 22.9%。从北京高端服务贸易构成维度看，外汇收入主要源于电信、计算机和信息服务、保险和金融服务、其他商业服务（主要包括专业管理咨询服务、技术服务、研发成果转让和委托研发服务）三大行业，总额为 337.3 亿美元，占服务贸易收入总额的 59.9%，占高端服务贸易收入额的 90.5%；外汇支出主要集中于旅行、保险服务、知识产权使用费三大行业，总额为 544.4 亿美元，占服务贸易支出总额的 52.2%，占高端服务贸易支出额的 79.2%，具体如表 3 - 8 ~ 表 3 - 10 所示。

表 3 - 8　2017 ~ 2018 年北京服务贸易进出口总额增长速度

项目	2017 年进出口额（亿美元）	2018 年进出口额（亿美元）	增速（%）
高端服务贸易	973.7	1059.8	8.8
低端服务贸易	437.8	546.4	24.8
服务贸易总额	1411.5	1606.2	13.8

资料来源：根据《北京统计年鉴 2018》和《北京统计年鉴 2019》提供的数据整理和计算。

表 3 - 9　2017 ~ 2018 年北京服务贸易进出口分项增长速度

项目	2017 年进出口额（亿美元）		2018 年进出口额（亿美元）		增速（%）	
	出口	进口	出口	进口	出口	进口
高端服务贸易	283.1	690.6	372.8	687.1	31.7	- 0.5
低端服务贸易	136.7	301.1	190.0	356.4	39.0	18.4
服务贸易总额	419.8	991.7	562.8	1043.5	34.1	5.2

资料来源：根据《北京统计年鉴 2018》和《北京统计年鉴 2019》提供的数据整理和计算。

[①]《北京统计年鉴 2020》没有提供 2019 年北京地区服务贸易的数据，只能用《北京统计年鉴 2019》和《北京统计年鉴 2018》提供的 2017 ~ 2018 年北京地区服务贸易的数据。

表 3 – 10　2018 年北京高端服务贸易构成情况　　　　单位：亿美元

项目	进出口额		出口额		进口额	
	数量	占比（%）	数量	占比（%）	数量	占比（%）
旅行	447.3	27.8	27.0	4.8	420.4	40.3
电信、计算机和信息服务	167.4	10.4	122.3	21.7	45.1	4.3
知识产权使用服务	50.9	3.2	2.8	0.5	48.1	4.6
保险服务	109.8	6.8	33.9	6.0	75.9	7.3
金融服务	26.3	1.6	19.9	3.5	6.4	0.6
文化和娱乐服务	22.4	1.4	5.7	1.0	16.7	1.6
其他服务	235.7	14.7	161.2	28.6	74.5	7.1
合计：高端服务贸易	1059.8	66.0	372.8	66.2	687.1	65.8
运输服务	369.5	23.0	53.8	9.6	315.7	30.3
建筑服务	154.1	9.6	118.9	21.1	35.3	3.4
加工服务和维修服务	22.8	1.4	17.3	3.1	5.4	0.5
合计：低端服务贸易	546.4	34.0	190.0	33.8	356.4	34.2
服务贸易总额	1606.2	100	562.8	100	1043.5	100

资料来源：根据《北京统计年鉴 2019》提供的数据整理和计算。

（二）高端服务业实际利用外资占三次产业的比例高

北京市统计局在年鉴公布的服务业实际利用外资数据中，只单列了信息服务业、商务服务业、批发零售业、住宿餐饮业、房地产业和其他行业的数据，其中其他行业主要涵盖金融业、科技服务业、文体娱乐业的数据，故在此将信息服务业、商务服务业和其他行业的数据作为高端服务业的数据。如表 3 – 11 所示，2019 年北京高端服务业实际利用外资 126.2 亿美元，占三次产业总计（即实际利用外资总额）的比例高达 88.8%，尽管比上年负增长 4.2%，但其中的信息服务业增速高达 18.4%，占三次产业总计的比例为 37.6%；其他行业年增速为 3.7%，占三次产业总计的比例高达 43.4%。北京高端服务业实际利用外资负增长的主要原因是，商务服务业实际利用外资下滑，年负增长为 59.4%。但总体评价，北京高度服务业实际利用外资占三次产业总计的比例大幅度提升，比 2018 年的 76.6% 提升了 12.7 百分点。这说明北京高端服务业在扩大对外开放、有效利用外资方面，还是取得了明显的成效。

表 3 –11　2018～2019 年北京高端服务业实际利用外资情况

项目	2018 年利用外资			2019 年利用外资		
	数量 （亿美元）	占比（%）	增速（%）	数量 （亿美元）	占比（%）	增速（%）
信息服务业	45.2	26.1	−65.7	53.5	37.6	18.4
商务服务业	27.1	15.7	17.8	11.0	7.7	−59.4
其他行业	59.5	34.4	31.9	61.7	43.4	3.7
合计：高端服务业	131.8	76.1	−34.1	126.2	88.8	−4.2
三次产业总计	173.1	100	−28.8	142.1	100	17.9

资料来源：根据《北京统计年鉴 2020》提供的数据计算。

（三）高端服务业实际对外投资呈增长趋势

北京高端服务业实际对外投资以科技服务业、信息服务业和商务服务业为主，大约占北京境外实际投资总额的 80%，投资地域主要集中在亚洲和美洲。根据北京市统计局公布的数据，2003 年北京境外实际投资仅为 3 亿美元，2011 年上升到 12 亿美元，2013 年为 41 亿美元，2014 年为 73 亿美元，2015 年为 123 亿美元，2016 年达到最高水平，为 156 亿美元，2017～2018 年分别降为 67 亿美元和 65 亿美元，2019 年又回升到 83 亿美元，比上年大幅度增长 27.6%。[①] 从长期情况看，北京境外实际投资呈增长趋势，说明北京高端服务业实际对外投资也呈增长大趋势。

第三节　北京高端服务业发展现存突出问题及其成因分析

从现实总体情况看，北京高端服务业发展的成效非常显著，但用高质量发展、建设现代化经济体系和现代产业体系、着力解决南北地区发展差距的新形势和新要求来衡量，用《总规》设定的发展目标、主旨和有关推进北京高端服务业发展的总体布局和新要求来衡量，用《行动计划》提出的有关深化改革、扩大对外开放、营造北京高端服务业良好政策环境的路线图和新要求来衡量，用人

---

① 北京市统计局：《北京统计年鉴 2020》，中国统计出版社 2020 年版，第 244 页。

民的满意度和获得感来衡量，北京高端服务业发展仍面临一些亟待解决的突出问题，需要系统分析揭示成因，切实把握问题的症结和根源。

一、突出问题

北京高端服务业发展现存一些突出问题，集中反映在以下几个方面。

（一）尚未确立主导产业地位

高端服务业作为北京未来产业发展的主攻方向和新的增长极，理应占据主导产业地位，年增加值占全市 GDP 比重要超过 50%，但实际情况是总体发展水平较低，如表 3 - 12 所示，2018~2019 年北京高端服务业占 GDP 的比重仅分别为48.2% 和 49.4%，没有达到主导产业的水平，其内部文体娱乐业占 GDP 的比重甚至没有达到 5% 的支柱产业水平，与北京作为全国文化中心的地位很不相称。

表 3 - 12　2018~2019 年高端服务业占北京 GDP 比重　　　单位:%

项目	2018 年占 GDP 比重	2019 年占 GDP 比重
金融业	18.0	18.5
信息服务业	13.0	13.5
科技服务业	7.8	8.0
商务服务业	7.3	7.3
文体娱乐业	2.2	2.1
合计：高端服务业	48.2	49.4

资料来源：根据《北京统计年鉴 2020》提供的数据整理。

（二）过度集中在中心城区

北京市域面积现分为四个功能区，即首都功能核心区（东城、西城）、城市功能拓展区（朝阳、海淀、丰台、石景山）、城市发展新区（通州、大兴、顺义、昌平、房山）和生态涵养发展区（门头沟、平谷、怀柔、密云、延庆）。首都功能核心区与城市功能拓展区统称城六区。城六区作为北京的中心城区，本应以首都政务功能为主，保持明清时期主城区格局，南北中轴线保留大量生态和休闲绿地，商务功能在主城区以外的东西轴线适度拓展，不应在主城区内集聚大量产业和人口，以实现产业、人口在市域和京津冀区域内的合理分布。但实际情况是，由于各种历史原因，北京原有棋盘型的主城区格局被打破，城墙被拆毁，商务功能和政务功能皆在主城区布局，致使高端服务业过度在北京中心城区集聚，"摊大饼、摊厚饼"。尽管近年来，城六区的建设规模受疏解常住人口和产业负面清单的管控,高端服务业的增量集聚受到很大限制,但高端服务业的集中度依然很高,总体仍呈上升趋势。如表 3 - 13 所示,2019 年城六区高端服务业占全市高端服务业总量的 86.7%,比 2015 年提高了 1.7 个百分点。提高的主要原因是金融业、信息服务业、科技服务业和文体娱乐业占全市同类行业增加值的比重进一步提升,其中金融业提升 4.2 个百分点,信息服务业提升 3.9 个百分点,科技服务业提升 0.1 个百分点,文体娱乐业提升 2.8 个百分点。只有商务服务业由 2015 年的 91.8% 下降到 2019 年的 85.2%,降幅为 6.6 个百分点。同时,在高端服务业集聚度进一步上升的"虹吸效应"影响下,给城六区疏解低端服务业和常住人口带来困难和阻力,妨碍了首都政务功能的高效运转。因此,解决高端服务业过度集聚中心城区的问题,亟待通过系统功能疏解和产业集中疏解等方式,处理好城与"都"的关系,带动人口疏解,才能有效根治"大城市病"。

表 3 - 13　2019 年城六区高端服务业占全市高端服务业总量的比例

项目	2019 年全市高端服务业增加值（亿元）	2019 年城六区高端服务业		2015 年城六区高端服务业占全市比例（%）
		增加值（亿元）	占全市比例（%）	
金融业	6544.8	5596.2	85.5	81.3
信息服务业	4783.9	4278.8	89.4	85.5
科技服务业	2826.4	2380.6	84.2	84.1
商务服务业	2583.9	2202.4	85.2	91.8
文体娱乐业	745.7	701.4	94.1	91.3
合计：高端服务业	17484.7	15159.4	86.7	85.0

资料来源：根据《北京区域统计年鉴 2016》和《北京区域统计年鉴 2020》提供的数据整理和计算。

（三）规模收益有待提升

北京高端服务业集聚发展以产业园区的模式运作,通过政府主导资源整合的作用,原有布局散、小、乱和同质恶性竞争的问题基本解决,但产业园区企业规模小、规模收益差、土地资源利用率水平低的问题仍然十分突出。以中关村国家自主创新示范区中规模效益最好的海淀园为例,2019 年海淀园规划面积为 174.3 平方千米,实现总收入 2.7 万亿元、利润总额 1455.6 亿元[①],年收入利润率为 5.4%,每平方千米土地面积实现利润仅 8.3 亿元；同期上海张江国家自主创新

---

① 北京市统计局：《北京统计年鉴 2020》,中国统计出版社 2020 年版,第 589、592 页。

示范区中的张江科学城规划面积为 79.9 平方千米，实现总收入 7861.7 亿元、利润总额 707.5 亿元[①]，年收入利润率为 9.0%，比海淀园高出 3.6 个百分点，每平方千米土地面积实现利润为 8.9 亿元，比海淀园高出 7.2%，即 0.6 亿元。

中关村国家自主创新示范区现在集聚的年收入 500 万元以下的小型企业很多。根据中关村管委会的统计，如表 3 - 14 所示，2018 年年收入 500 万元以下的企业有 8515 家，总体处于亏损状态，亏损额高达 107.9 亿元。不仅如此，年收入 500 万 ~ 5000 万元的企业有 7977 家，总体也处于亏损状态，亏损额高达 120.7 亿元。只有年收入 5000 万元以上的企业，共 5618 家，仅占企业总数的 25.4%，才处于总体盈利状况。[②] 这说明年收入 5000 万元以下的企业皆存在效益不佳的突出问题。此外，年收入 500 万元以下的小型企业还存在主要经济指标占示范区总量指标过大或过低的突出问题，包括占企业总数比例高为 38.5%，占年末从业人员总数比例低为 3.9%，占科技活动人员总数少为 6.0%，占总收入比例过低仅为 0.2%，占技术收入总额比例仅为 0.5%，占进出口贸易总额的比例为零，占科技活动经费支出总额比例仅为 3.7% 等。这进一步说明中关村国家自主创新示范区的企业规模效益亟待提升。

表 3 - 14   2018 年中关村国家自主创新示范区年收入 500 万元以下企业情况

单位：亿元

按年收入企业指标	总体总量指标	100 万 ~ 500 万元		100 万元以下	
		数量	占比（%）	数量	占比（%）
企业数（家）	22110	4238	19.2	4277	19.3
年末从业人员（万人）	272.1	6.4	2.4	4.1	1.5
其中科技活动人员（万人）	78.5	2.9	3.7	1.8	2.3
总收入	58830.9	111.3	0.2	12.2	0.0
其中技术收入	11174.3	48.5	0.4	6.0	0.1
进口额	4028.4	1.1	0.0	0.1	0.0
出口额	2088.4	0.7	0.0	0.0	0.0

---

① 张江国家自主创新示范区年度发展报告编写组：《张江国家自主创新示范区年度发展报告 2019》，张江国家自主创新示范区门户网，2020 年 7 月发布，第 62 页。

② 中关村管委会：《2018 年按收入规模统计主要经济指标》，中关村管委会网站，2019 年 10 月 22 日公布。

按年收入企业指标	总体总量指标	100万~500万元		100万元以下	
		数量	占比（%）	数量	占比（%）
实缴税费总额	2842.0	12.0	0.4	7.3	0.3
利润总额	4413.3	-66.7	—	-41.2	—
资产合计	129695.8	2333.7	1.8	4863.5	3.7
科技经费支出总额	2749.4	55.6	2.0	42.9	1.7

资料来源：根据中关村管委会公布的《2018年按收入规模统计主要经济指标》的数据整理和计算。

在中关村国家自主创新示范区内部各产业园中，也存在有些产业园"跑马占地"、规模收益水平低的突出问题。总体评价，城六区的产业园和昌平园、亦庄园的规模效益水平高，特别是海淀园的规模效益水平尤为突出。根据表3-15可以看出，2018年海淀园的主要经济指标占示范区总量指标的比例都非常显著，包括占企业总数的54.1%，占科技活动人员总数的55.7%，占技术收入总额的54.3%，占实现税费总额的31.8%，占实现利润总额的30.7%，占科研活动经费支持总额的53.7%，这说明海淀园在中关村国家自主创新示范区中占主导地位，起龙头作用，"一股独大"。相比之下，通州园、大兴园、平谷园、门头沟园、房山园、顺义园、密云园、怀柔园和延庆园的主要经济指标占示范区总量指标的比例就非常低，没有一项指标超过4.0%，甚至出现密云园亏损1.4亿元和延庆园亏损2亿元的情况。

具体分析表3-15和表3-16可知，平谷园、门头沟园、密云园和延庆园的规模效益水平最低。2018年平谷园的主要经济指标占示范区总量指标的比例分别为：占企业总数的0.6%，占科技活动人员总数的0.4%，占技术收入总额的0.1%，占实现税费总额的0.4%，占实现利润总额的0.2%，占科研活动经费支出总额的0.2%；门头沟园主要经济指标占示范区总量指标的比例分别为：占企业总数的0.7%，占科技活动人员总数的0.6%，占技术收入总额的0.4%，占实现税费总额的0.6%，占实现利润总额的0.4%，占科研活动经费支出总额的0.5%；密云园主要经济指标占示范区总量指标的比例分别为：占企业总数的0.6%，占科技活动人员总数的0.6%，占技术收入总额的0.1%，占实现税费总额的0.6%，亏损1.4亿元，占科研活动经费支出总额的0.6%；延庆园主要经济指标占示范区总量指标的比例分别为：占企业总数的0.5%，占科技活动人员总数的0.3%，占技术收入总额的0.1%，占实现税费总额的0.2%，亏损2亿元，占科研活动经费支出总额的0.2%。

表 3 – 15　2018 年中关村国家自主创新示范区各园区主要经济指标完成情况

项目	企业数（家）	科技活动人员（万人）	技术收入（万元）	实缴税费总额（亿元）	利润总额（亿元）	科技经费支出总额（亿元）
海淀园	11354	43.8	6065.5	904.7	1355.2	1477.8
丰台园	1744	4.3	712.6	157.7	346.9	173.9
昌平园	3072	4.6	266.0	223.7	324.8	157.2
朝阳园	1362	7.4	1534.5	547.1	593.0	263.5
亦庄园	844	4.4	306.3	453.7	491.3	184.1
西城园	669	2.7	331.4	125.7	305.7	80.9
东城园	435	2.2	904.4	99.2	238.5	82.4
石景山园	722	2.4	465.7	94.1	415.1	95.3
通州园	331	1.0	196.6	36.9	53.3	39.2
大兴园	289	1.0	47.9	37.5	50.8	35.4
平谷园	126	0.3	8.6	11.9	8.5	5.3
门头沟园	163	0.5	39.7	17.7	19.0	13.1
房山园	255	0.7	43.5	20.4	27.3	20.3
顺义园	344	2.0	207.0	67.6	157.8	77.9
密云园	141	0.5	9.8	16.4	− 1.4	16.4
怀柔园	156	0.6	18.8	23.2	29.6	22.0
延庆园	103	0.2	15.9	4.6	− 2.0	4.8
合计	22110	78.6	11174.2	2842.1	4416.8	2749.5

资料来源：根据中关村管委会公布的《2018 年按园区统计主要经济指标》提供的数据整理。

表 3 – 16　2018 年中关村国家自主创新示范区各园区主要
经济指标占示范区总量指标的比例情况　　　　　单位:%

项目	企业数占比	科技活动人员占比	技术收入占比	实缴税费总额占比	利润总额占比	科技经费支出总额占比
海淀园	51.4	55.7	54.3	31.8	30.7	53.7
丰台园	7.9	5.5	6.4	5.5	7.9	6.3
昌平园	13.9	5.8	2.4	7.9	7.4	5.7
朝阳园	6.2	9.4	13.7	19.3	13.4	9.6
亦庄园	3.8	5.6	2.7	16.0	11.1	6.7
西城园	3.0	3.4	3.0	4.4	6.9	2.9

续表

项目	企业数占比	科技活动人员占比	技术收入占比	实缴税费总额占比	利润总额占比	科技经费支出总额占比
东城园	2.0	2.8	8.1	3.5	5.4	3.0
石景山园	3.3	3.1	4.2	3.3	9.4	3.5
通州园	1.5	1.3	1.8	1.3	1.2	1.4
大兴园	1.3	1.3	0.4	1.3	1.2	1.3
平谷园	0.6	0.4	0.1	0.4	0.2	0.2
门头沟园	0.7	0.6	0.4	0.6	0.4	0.5
房山园	1.2	0.9	0.4	0.7	0.6	0.7
顺义园	1.6	2.5	1.9	2.4	3.6	2.8
密云园	0.6	0.6	0.1	0.6	—	0.6
怀柔园	0.7	0.8	0.2	0.6	0.7	0.6
延庆园	0.5	0.3	0.1	0.2	—	0.2
合计	100	100	100	100	100	100

资料来源：根据中关村管委会公布的《2018 年按园区统计主要经济指标》提供的数据计算。

（四）劳动生产率水平低

高端服务业的高收益水平，通常要由高劳动生产率支撑。按照法人单位增加值及其年末从业人员人数计算，如表 3 - 17 所示，2019 年北京高端服务业的劳动生产率为 35.5 万元/人，虽然超过同类指标服务业 29.8 万元/人的水平，但低于工业 42.2 万元/人水平，相差幅度高达 6.7 个百分点，这说明北京高端服务业的总体劳动生产率水平较低。具体分行业看，金融业的劳动生产率水平大大超过工业的劳动生产率水平，高达 94.7 万元/人，信息服务业的劳动生产率为 42.3 万元/人，也比工业的劳动生产率水平高出 0.1 个百分点；科技服务业、商务服务业和文体娱乐业的劳动生产率都低于工业的劳动生产率水平，分别为 23.9 万元/人、15.4 万元/人和 30.7 万元/人。

在理论上，服务业有"成本病"之说，意指服务业劳动生产率低，服务成本高，对整体经济发展效能有负面影响。但也有理论和实践能够证明，在服务数字化、智能化、知识化和规模化的作用下，服务业的劳动生产率能够大幅度提升，甚至超过工业的劳动生产率，"成本病"可以不治"自愈"。2017 年美国服务业劳动生产率为 12.4 万美元/人，不仅水平高，而且与第二产业劳动生产率为 12.8 万美元/人的水平近似相等；法国服务业的劳动生产率为 8.9 万美元/人，明显超过了第二产业劳动生产率为 8.3 万美元/人的水平。^① 具体联系北京的实际，商务服务业和文体娱乐业讲究面对面服务，标准化程度低，用人较多，服务收费较高，要大幅度提升劳动生产率有一定难度，但对科技服务业而言，在理论上被界定为先进服务业和知识密集型服务业，具有高劳动生产率的特点，可以依托知识技术垄断及其产业化发展，自愈"成本病"。由此说明，北京科技服务业本应有提升劳动生产率的巨大空间，但受产业化、规模化和数字化水平低的影响，自身劳动生产率水平难以有效提升，也难以发挥提升北京高端服务业整体劳动效率、促进北京高端服务业实现主导产业地位的作用，且进一步印证了北京科技服务业存在规模效益不佳的问题。

表 3 - 17   2019 年北京高端服务业劳动生产率与工业、服务业同类指标的比较情况

项目	增加值（亿元）	年末从业人员（万人）	劳动生产率（万元/人）
金融业	6544.8	69.1	94.7
信息服务业	4783.9	112.9	42.3
科技服务业	2826.4	118.1	23.9
商务服务业	2583.9	167.8	15.4
文体娱乐业	745.7	24.3	30.7
合计：高端服务业	17484.2	492.2	35.5
工业	4241.1	100.5	42.2
服务业	29542.5	990.4	29.8

资料来源：根据《北京统计年鉴2020》提供的数据计算。

（五）创新发展亟待加强

北京高端服务业的创新发展以中关村国家自主创新示范区和"三城一区"为代表。总体评价，中关村国家自主创新示范区的科技创新活动更多处于引进消化和合资合作的追随阶段，具有全球影响力的原始创新成果和拥有核心技术、关键技术的创新产品较少。即使在以企业为主导的、国际研发合作最为集中的北京信息服务业，也没有在芯片或集成电路的研发设计及其精密制造领域取得突破性进展。2019 年北京科研机构和高校引入的国外研发资金并不多，仅分别为 2.5 亿元和 4.1 亿元，合计为 6.6 亿元，合计占国外研发资金总额 7.7 亿元的比例高达 85.7%；而信息服务业引入的外商投资企业的研发资金却高达 70.4 亿元，占

① 资料来源：根据《国际统计年鉴2019》提供的数据计算。

全部信息服务业企业研发资金总额407.5亿元的17.3%。① 北京信息服务业引入的国外研发资金，主要用于企业模仿生产和设计国外同类产品或软件，实际形成的发明专利和关键技术产品并不多。2019年北京信息服务业外商投资企业申请发明专利仅5327件，与同行内资企业申请发明专利25522件相比，差距甚远。②

中关村国家自主创新示范区的商业模式和服务平台的创新虽然较多，但能够打破行业固有格局的突破性、颠覆性的创新成果较少，甚至有些金融类的商业模式和服务平台还存在巨大风险，很容易出现"昙花一现"的现象；中关村国家自主创新示范区的内资企业中具有全球影响力和话语权的领军科技企业较少，联想、小米、京东和百度等大企业或"独角兽"企业，在经营规模、市场份额、研发投入等方面，距离全国和世界同业领军企业的地位还有较大差距。

特别是中关村国家自主创新示范区全国先试先行的各种优惠政策，现已在全国同类科技园区普遍推广，外地政策优惠力度比中关村国家自主创新示范区要大很多。例如，2017年7月江门市出台《招商引资激励政策12条》，内容涉及对投资5亿元以上项目，按基准地价70%优先供给建设用地，项目在建期间和建成后的前2年每年给予企业对地方财政贡献额度100%补助，建成后的后3年给予企业对地方财政贡献额度50%补助，对投资10亿元以上项目，另外给予一次性1000万元奖励；对迁入企业总部，当年给予企业对地方财政贡献额度100%补助，次年之后按企业对地方财政贡献额度增量部分的30%~50%补助；对特别重大项目，实施"特企特策"，重点扶持。③ 又如，2017年10月荆门市漳河新区出台《漳河新区专业人才引进激励政策10条》，主要内容包括：对"双创"领军型、高端型、成长型人才（团队），分别给予300万元、200万元、80万元项目启动资金支持；对高层次人才的"双创"项目免收行政事业性收费，个人所得税地方留成部分8年内每年按90%予以补贴，并对领军型、高端型人才（团队）在3年内分别给予每月5000元、3000元生活补助；对引进的博士享受正科级待遇，每月发放生活补贴1000元，试用期满后，由财政一次性给予8万元安家费；对引进的硕士享受副科级待遇，每月发放生活补贴500元，试用期满后，由财政一次性给予2万元安家费；对在新区创建通用航空产业类的国家实验室、工程技术研究中心、工程研究中心、企业技术中心、产业技术研究院及产业技术创新联盟，获得国家级、省级新认定的，分别一次性给予200万元、100万

① 北京市统计局：《北京统计年鉴2020》，中国统计出版社2020年版，第464-465、478-479页。
② 北京市统计局：《北京统计年鉴2020》，中国统计出版社2020年版，第478-479页。
③ 江门商务局：《解读招商引资激励政策12条》，江门高新区政务信息网站，2017年11月1日公布。

元奖励；对国家级、省级高技能人才培训基地分别一次性补助 50 万元、30 万元；对企业或个人引荐专业人才（团队）成功落地新区，经认定为领军型、高端型、成长型人才（团队）且发挥作用明显的，分别给予引荐机构 5 万 ~ 15 万元奖励，给予个人 1 万 ~ 3 万元奖励。① 这些实例表明，中关村国家自主创新示范区的政策环境优势已经不在，要对中关村科学城进行改造升级，要搞活未来科学城，要"腾笼换鸟""引凤入巢"，搭建新的"双创"服务平台，招才引智和留住高端人才，提高北京创新发展的规模效益和辐射力，都将面临严峻挑战，实际工作难度加大，亟待通过深化改革，全面推出有实效、管用的激励创新发展的综合改革方案。

具体从研发经费支出维度分析，北京研发经费支出占全国的比例呈持续下降趋势。2000 年北京研发经费支出 155.7 亿元，占全国同类指标 895.7 亿元的17.4%②，居全国省级区域首位。2018 ~ 2019 年北京研发经费支出分别为 1871亿元和 2234 亿元，占全国同类指标 19678 亿元和 21737 亿元的比例分别为 9.5%和 10.3%③，落后于广东和江苏。2019 年广东和江苏的研发经费支出分别为3099 亿元和 2780 亿元，占全国同类指标的比例分别为 14.3% 和 12.8%④，居全国省级区域第 1 位和第 2 位，北京只能屈居全国省级区域第 3 位。不仅如此，北京研发经费支出还存在"两多、两少"的问题，即中央和政府投入多、地方和企业投入少。

就政府与企业研发经费支出多少而言，北京与深圳形成了巨大反差。2019年深圳源于企业的研发经费支出 1328.2 亿元，年增长高达 14.2%，是政府同类指标 75.0 亿元的 17.7 倍。⑤ 而同期北京源于政府的研发经费支出高达 1069.2 亿元，是源于企业研发经费支出 986.8 亿元的 1.1 倍；科研机构源于政府的研发经费支出高达 824.5 亿元，是源于企业研发经费支出 34.1 亿元的 24.2 倍；高校源于政府的研发经费支出 167.4 亿元，是源于企业研发经费支出 77.6 亿元的 2.2倍；事业单位源于政府的研发经费支出高达 44.3 亿元，是源于企业研发经费支出 0.9 亿元的 49.2 倍。⑥ 这说明北京创新发展的市场化运作水平有待提高。进一

① 熊东东：《漳河新区出台激励政策引进专业人才》，《荆门日报》，2017 年 10 月 24 日。
② 国家统计局：《中国统计摘要 2002》，中国统计出版社 2002 年版，第 167 页。
③ 国家统计局：《中国统计摘要 2020》，中国统计出版社 2020 年版，第 178 页；北京市统计局：《北京统计年鉴 2020》，中国统计出版社 2020 年版，第 462 页。
④ 王彪：《2019 年广东研发经费超 3000 亿元，占全国 1/7》，人民网，2020 年 12 月 1 日。
⑤ 深圳市统计局：《深圳统计年鉴 2020》，中国统计出版社 2020 年版，第 360 - 361 页。
⑥ 北京市统计局：《北京统计年鉴 2020》，中国统计出版社 2020 年版，第 464 - 465 页。

步以研究与开发机构（代表科技服务业）为例，2019年北京研究与开发机构源于政府的研发经费支出398.2亿元，是源于企业研发经费支出24.1亿元的16.5倍。[1] 可见，北京科技服务业发展的研发动力主要是靠政府支持，企业作为研发主体的动力不足，这与深圳相比差距非常明显。

就中央与地方研发经费支出多少而言，主要表现为中央政府研发经费支出多，北京市政府研发经费支出少。以研究与开发机构为例，2019年中央政府研发经费支出435.9亿元，是北京市政府研发经费支出21.6亿元的20.2倍。这说明北京市政府仍需加大研发投入力度，配合中央政府共同推进北京创新发展。[2]

事实上北京研发经费支出以政府为主。一方面，反映了首都科技资源优势，体现国家高度重视发挥在京中央科研单位的作用；另一方面，也反映了北京市在组织创新发展方面，没有协调好政府与企业的关系，企业、研发机构、高校、产业联盟、创客、极客、痛客等市场主体的作用发挥不充分，没有形成有效的以社会资本为主的组织创新模式和人才激励模式，政府小型化、资源共享化、需求个性化、生产分散化、服务平台化、市场全球化的组织运营网络尚未有效确立，从而制约了北京高端服务业的创新发展。

（六）融合发展阻力大

高端服务业与其他产业融合发展有两条基本路径：一是充分发挥低端服务业和公共服务业对高端服务业的基础保障作用。高端服务业不是"空中楼阁"，不能以"独善其身"的方式自我发展，必须与其他产业相融合。银行业的诞生就是产业资本与金融资本融合的产物，使之成为现代经济的"精巧机器"。同样，高端服务业发展也必须依赖于低端服务业和公共服务业的便捷保障，包括交通运输、物流、仓储、批发零售、房地产、教育、医疗、居民服务、环境管理、公共管理和社会保障等。只有低端服务业和公共服务业获得优质高效发展，能够起高效、便捷保障作用，才能促进高端服务业的高质量发展、创新发展和融合发展。可以想象，在高房租、高辅助人工成本、高物流成本、高通勤成本、高教育医疗成本、高环境污染的条件下，给人们生活带来诸多不便，不宜居宜业，怎能有效推进高端服务业的融合发展。因此，高端服务业的融合发展是有条件的，必须要有低端服务业和公共服务业高效、便捷供给的基本保障。二是新一代信息技术革命的创新驱动。近年来，以5G、互联网、物联网、区块链、大数据、云计算、量子计算、人工智能为核心的新一代信息技术及其相关的产业融合技术迅猛发展，使高端服务业与其他产业持续高度融合、不断深度叠加，不仅孕育了各种新

---

[1][2] 北京市统计局：《北京统计年鉴2020》，中国统计出版社2020年版，第480页。

业态、新产业、新模式、新路径和新经济，包括共享经济、大数据经济、电商和互联网金融等，促进了产业数字化和数字产业化，而且推进了各类资源整合和资产时间价值的充分利用，形成了以"互联网＋"为运作模式的各种服务平台经济和全产业链、供应链、创新链的生产服务网络体系，促使高端服务业对接客户需求，集成整合资源，走"核心技术＋大数据＋电商＋金融＋售后服务"的融合发展之路，这是高端服务业与其他产业融合发展的关键。

从上述两条基本路径分析，在服务保障层面，北京存在高成本、不便捷的突出问题。例如，2019 年北京城镇单位就业人员年平均工资为 17.3 万元，是全国同类指标 9.1 万元的 1.9 倍，说明北京人工成本高；[①] 2019 年 6 月北京金融街商圈的写字楼平均每平方米每天租金为 11.6 元，是 2019 年 12 月上海陆家嘴同类指标 6.8 元的 1.7 倍，说明北京房租贵。[②] 2019 年北京、深圳、重庆的通勤半径达到 40 千米，是目前交通系统支撑下最大的城市通勤半径；在超大城市中，北京的职住分离度最高，居民需要到离居住地 6.6 千米以外的地方，才能找到一份工作，而上海和广州只需要 3.7 千米，深圳仅为 2.5 千米；北京居民平均上下班通勤距离全国最远为 11.1 千米，上海、重庆、成都紧随其后，平均通勤距离皆为 9.1 千米；保证最多上班族在 45 分钟到达目的地的主要城市为深圳，45 分钟公交服务能力占比最强，为 57%，上海和北京公交服务能力不如深圳，45 分钟公交服务能力占比仅分别为 39% 和 32%；北京职住分离度高，职住空间碎片化严重，通勤距离又远，必然呈现出严重的潮汐交通现象。[③] 由此说明，北京"上班族"通勤极为不便捷。2012 年在京出生的户籍人口为 13.2 万人，非户籍人口为 9.2 万人，这些出生人口 2018 年要上小学，而 2017 年北京小学一年级学生在校人数为 14.5 万人，即使 2018 年北京扩招小学生规模至 15.3 万人，那也就意味着将有 7.1 万人非户籍人口无法在京上小学[④]，说明北京教育服务无法满足非京籍人口的需要。这类实例还有很多，其所说明的问题对北京高端服务业的融合发展无疑会产生负面影响。

---

① 北京市统计局：《北京统计年鉴 2020》，中国统计出版社 2020 年版，第 76 页；国家统计局：《中国统计摘要 2020》，中国统计出版社 2020 年版，第 42 页。

② 3 房办公室：《北京金融街商圈远洋大厦楼盘 6 月写字楼租金 14.3 元/平米·天》，3 房网，2019 年 6 月 25 日；3 房办公室：《2019 年 12 月上海陆家嘴商圈写字楼市场租赁情况》，3 房网，2020 年 12 月 18 日。

③ 张明阳：《2020 全国主要城市通勤报告：北京平均通勤距离高达 11.1 千米居榜首》，中国网科学频道，2020 年 6 月 1 日。

④ 京京：《2018 年北京幼升小学位缺口到底有多大？一图就能看懂》，北京幼升小网，2018 年 4 月 13 日。

在新一代信息技术应用和服务平台建设层面，北京高端服务业与其他产业的融合发展，实际遇到的主要障碍有三点：一是缺乏科技投资及其相应回报收益。例如，北京公交智能报站系统建设，在技术上已无大碍，只要在公交车上安装摄像头，运用大数据和互联网与手机联网，人们就可以在手机上实时查询到哪辆车在何时到站，但这种信息技术的应用需要有较大的建设投资和运营维护费用，如果解决不了投资回报收益问题或盈利模式问题，单凭政府投资和财政补贴，这种公交智能报站系统就很难有效建设和运营。二是缺乏高新技术和可视化、可追溯、可互动的精准智能服务平台。例如，北京现有的怀柔影视城可以升级为"虚拟影视技术中心"，采用先进的虚拟现实技术，实现科技与文化的有效融合，在拍摄电影中不再搭建摄影棚。但问题是现有的影视公司并不完全掌握此类技术，拍电影还要搭建"古建筑"。三是存在不讲诚信，缺失统一标准，信息"孤岛"，"云、网、端"基础设施落后，资产独占以及固化利益冲突等方面的问题。不讲诚信的典型，在北京金融业与其他产业融合发展中常见，尤其是近年来互联网金融、影子银行、理财基金、区块链融资等所谓新兴金融业态，大搞网上高息揽储和自我循环存贷活动，违规开展表外业务和理财产品，带有非常明显的庞氏骗局的泡沫风险，其实质就是不讲诚信。北京现在总体上智能化发展水平较低，"云、网、端"基础设施建设严重滞后于实际需求，数据采集、整合和分享的标准规范不统一，导致系统内外缺乏数据互访和共享机制，存在严重的信息"孤岛"现象和信息碎片化现象，严重阻碍了数据资源的集成和利用，对北京智能化服务平台建设有重大负面影响。北京现在存在资产独占、时间价值不能充分利用的问题，很多企事业单位的资产，包括礼堂、会议室、招待所、图书馆、实验室、实验装备、检测仪器等，其内在使用时间价值的体现并不充分，但又不对外开放、共享，导致资产闲置，失去时间价值。这种资产独占的做法，严重阻碍了基于充分利用资产时间价值的共享经济的融合发展。北京高端服务业的融合发展必然要打破原有固化利益的格局，形成新产业、新业态和新商业模式，包括网上医疗、网上教育、网上娱乐、网上旅游、网上健身、网上订票、网上约车、网上餐饮、网上购物、网上家庭办公、网上定制生产（C2B）等，如果规制和政策倾向于维护传统产业及其运营模式的固化利益，那么这类新产业和新业态的发展必定受阻。例如，英国政府在 17 世纪就曾制定法律，蒸汽火车时速在城市不超 3 千米，在农村不超 6 千米，使之时速度低于马车，以维护传统马车运输业的固化利益。现在北京电子报刊及其网上传播媒介已相当发达，纸介版报刊个人订阅量大幅下降，有些单位就规定必须用财政预算资金为个人订阅纸介版报刊，这无异于维护传统传媒业的固化利益，阻碍新兴电子传媒业的发展。现在有些工作和经营活动，在家上网办公的效率肯定比坐在写字楼里办公的效率要高，但在北京办理工商注册登记，一律不许以个人住宅作为办公所在地，这等于维护了传统写字楼业态的固化利益，阻碍了在家上网办公新业态的发展。可见，维护固化利益，缺失规制创新性和政策灵活性，是北京高端服务业融合发展的一大阻力。

（七）区域协同发展的企业内在动力不足

在京津冀协同发展背景下，北京作为首位城市，经济社会治理能力水平高，高端服务业就业门路广、薪酬水平高，在客观上对周边地区的人口流动有吸引力和集聚力。相应地，北京周边地区就缺失人口集聚的大城市群或"反磁力中心"。要推进非首都功能疏解和产业疏解，带动人口疏解，就必须有中央层面的推力，北京市层面的内在动力和津冀层面的拉力，形成"三力合一"的共同作用，才能有效疏解不符合首都功能定位的产业和流动人口，共建以首都为核心的世界级城市群和京津冀协同创新发展的共同体。具体对北京高端服务业区域协同发展而言，实际涉及两个关键词，即疏解和共建。

在疏解方面，按照中央的部署，北京高端服务业中的低端部分和部分企业总部必须向津冀疏解，包括文体娱乐业中的出版业、影视节目制作业、图书和档案馆业、娱乐业，金融业和信息服务业中的后台服务（包括数据中心、信息中心、呼叫中心和服务外包业务等），科技服务业中的地质勘查业、科技推广和应用服务业，商务服务业中的企业总部管理、展览服务、包装服务和安全保护服务等。在中央推力作用下，北京高端服务业中的低端部分疏解，北京市政府有压力、有动力，主动与津冀政府及其相关部门协商，签署了诸多协议和文件。但在京的很多企事业单位和个人认为，津冀的拉力不足，营商环境和公共服务水平与北京相距甚远，使之受利益驱使，不愿意主动向津冀疏解，对疏解持观望态度，疏解进展迟缓，表现出明显的内在动力不足的问题，致使北京高端服务业中的低端部分疏解，更多体现于谋划方案和纸面协议层面，实际进展和成果较少。当然，也应看到雄安新区作为非首都功能集中疏解地，总体规划方案、专项规划和重要详规已经出台，重要基础设施和公共服务设施已开始大规模建设，中央在京的很多企事业单位都主动表态，愿意向雄安疏解，表现出强劲的内在疏解动力。但雄安新区建设是国家大事，千年大计，既不是分散疏解地，不接纳低端产业，只发展高端新兴产业和接纳中央企事业单位，也无法在短期内高质量完成规划建设，形成"反磁力中心"。所以，北京高端服务业中的低端部分疏解，不能"等雄安"，必须立足于现实分散疏解，着眼于利益驱动机制，更加注重提升企事业单位的内在动力。

在共建方面，按照中央部署，针对重大建设项目，包括雄安新区规划建设、北京新机场建设、冬奥会场馆建设和京津冀交通网络建设等，北京有动力，津冀有拉力，京津冀携手共建投资基金，使重大建设项目取得显著进展。但由北京市政府和中关村管委会主导的在津冀布局的"4+N"科技产业园的建设，虽然采用共建、共享的方式，享受中关村国家自主创新示范区的优惠政策，形成了一些有一定规模和产业集群的科技产业园，但在这类科技产业园中，很多在京的高科技企业，只想"跑马占地"，享受优惠扶持政策，以组建分公司的形式，搞低成本规模扩张，既没有突出差异化和创新性的特色，也没有将企业总部、高端人才和重点科研项目迁出北京，以致出现了"京外撑面子、京内做里子"的被动局面，很难承担起京津冀共建协同创新发展共同体的重任。这说明在京的高科技企业缺乏真正迁出北京的内在动力，也说明北京牵头在津冀建设科技产业园，实际存在招才引智难、特色不突出、规模效益低、当地资源配置不到位等方面的突出问题，亟待提质增效。

（八）国际化发展有待拓展

北京高端服务业在国际化发展中存在大量服务贸易逆差的问题。如表3-18所示，2018年北京旅游业（即旅行）、金融业、科技服务业（即知识产权使用费）和文体娱乐业的服务贸易合计（以下简称高端服务贸易）逆差额高达491.9亿美元，比上年减少14.1亿美元，年负增长2.8%，改变了2014~2017年同类指标持续扩大的局面，但总体逆差格局没有改变，2014~2018年北京高端服务贸易逆差年均增长14.1%。2018年北京旅游业服务贸易逆差额最高，为393.4亿美元，占高端服务贸易逆差额的80.0%，尽管比上年减少25.2亿美元，但2014~2018年其年均增长速度高达13.8%，是北京高端服务贸易逆差持续扩大的主要来源。如此大量的旅游业服务贸易逆差，既说明北京每年出境旅游和消费的人群不断增长，也说明北京文化旅游业国际竞争力不强，无法吸引大量境外游客到北京旅游。2018年北京接待外国人游客仅339.8万次，比上年增长2.3%，与2011年447.4万人次的最高值相比，下降24.1%；接待港澳台同胞仅60.6万人次，与上年持平；旅游外汇收入55.2亿美元，比上年增长7.6%。[①] 从北京接待境外游客的人次看，要实现到2020年接待境外游客500万人次的目标肯定完不成，解决旅游业服务贸易逆差的问题也不可能一蹴而就，北京必须用创新精神和坚忍不拔的毅力，大力推进国际旅游业的高质量发展，强化文化旅游业的国际竞争力和对外开放的吸引力，靠久久为功，逐步解决问题。

---

① 北京市统计局：《北京统计年鉴2020》，中国统计出版社2020年版，第360-361页。

表3–18　2014～2018年北京高端服务业的服务贸易逆差情况

单位：亿美元

项目	2014年逆差	2015年逆差	2016年逆差	2017年逆差	2018年逆差
旅行	234.5	302.9	408.9	418.6	393.4
金融保险服务	20.6	17.1	36.8	40.0	42.1
知识产权使用费	26.0	31.7	30.1	37.5	45.4
文化和娱乐服务	9.0	5.1	7.3	9.9	11.0
合计	290.1	356.8	483.1	506.0	491.9

资料来源：根据《北京统计年鉴2015》《北京统计年鉴2016》《北京统计年鉴2017》《北京统计年鉴2018》和《北京统计年鉴2019》提供的数据整理和计算。

　　北京高端服务业国际化发展，虽然在利用外资方面取得了一定进展，但总体利用外资水平不高。2019年深圳商务服务业实际利用外资28.8亿美元[①]，而北京同类指标仅为11.0亿美元[②]，与之相差18.8亿美元，即2.6倍，这与北京作为国际商务和国际金融总部机构集聚区的地位是不相称的。在当今美国挑起中美贸易战、国际贸易保护主义盛行的条件下，北京高端服务业国际化发展更应主动配合国家扩大对外开放战略，紧紧围绕新一轮北京服务业扩大对外开放综合试点的改革措施，落实好《行动计划》提出的新要求，努力扩大实际利用外资的规模和效益。

　　北京高端服务业对外投资是以科技服务业、信息服务业和商务服务业为主，借助"一带一路"倡议，近年来发展很快，但也存在一定风险。例如，2013年北京中关村发展集团在美国硅谷设立"中关村斯坦福新兴创业投资基金"，用于孵化创新技术项目，运营至今，孵化的项目不少，但没有取得一项颠覆性和关键性创新技术成果，也没有孵化出一个"独角兽"企业。现在国际投资形势有了新变化，特别是美国以国家安全和知识产权保护为由，严控中国对美国科技公司的购并和科技合作，限制美国科技人才向中国流动，甚至美国前总统特朗普安言中国在美留学生都是"间谍"。面对这种打压中国科技发展的带有歧视性的国际投资新形势，要推进北京高端服务业对外投资，寻求国际科技合作，工作难度势必加大。同时也应认识到，北京高端服务业对外投资都是单个企业的独立行为，存在"中国溢价（比一般并购价高10%）"、生产服务分工协作不配套、管理难

①　深圳市统计局：《深圳统计年鉴2020》，中国统计出版社2020年版，第313页。
②　北京市统计局：《北京统计年鉴2020》，中国统计出版社2020年版，第240页。

度大、经营成本高、当地政府不配合等方面的问题，实际经营效益和质量也不高，很有必要面对新形势，制定对外投资新战略，更加注重投资收益，更加注重对发展中国家的投资，更加注重与欧洲国家的科技合作，更加注重以合作共赢的经营模式，借鉴政府搭桥、"集体下海"、"抱团取暖"的经验，稳步推进对外投资。

二、主要成因分析

北京高端服务业发展面临的突出问题是由多种主客观因素引发的，从政府治理维度分析，关键因素集中在以下四个方面。

（一）缺乏对高端服务业的认识

北京现在比较重视生产性服务业和现代服务业的发展。北京市"十三五"规划强调，推动生产性服务业向专业化和价值链高端延伸，积极发展现代物流业，发展壮大会展经济，形成创新融合、高端集聚、高效辐射的生产性服务业发展新模式。[①] 这种提法，实际把北京构建"高精尖"经济结构的主导产业定位于生产性服务业，而不是高端服务业。生产性服务业作为投入产出生产过程的中间环节，具有提升生产效率的功效，它的部门行业分类，按照北京市统计局的现行口径，包括金融业、科技服务业、信息服务业、商务服务业和流通服务业（主要涵盖批发业和运输仓储业）五大类。[②] 显然，生产性服务业与高端服务业是完全不同的范畴。虽然生产性服务业的外延或实际统计口径与高端服务业有交集，但它所涵盖的批发业和运输仓储业恰恰是北京产业疏解的重点，不代表北京未来产业发展的主攻方向，也不是北京创新发展的新高地。

同样，现代服务业作为本土化的范畴是相对于传统服务业而言的，突出强调采用高科技和管理手段改造升级传统服务业，以提升服务业的劳动生产率水平和现代化水平。现代服务业的提法，与国外主张提升服务业劳动生产率的先进服务业（Advanced services）或进步服务业（Progressive services）的提法相近。按照北京市统计局的现行统计口径，现代服务业包括九大统计门类，即金融业、科技服务业、信息服务业、商务服务业、文体娱乐业、教育业、医疗业、房地产业、公共设施和环境管理业。其中，教育业和医疗业具有准公共服务性质，盈利性功能弱化，不具备高收益性，并属于生活性服务业的范畴；房地产业在中国以居民

---

① 北京市人民政府：《北京市国民经济和社会发展第十三个五年规划纲要》，北京市发展改革委网站，2016年3月25日公布，第82—83页。

② 北京市统计局：《北京统计年鉴2016》，中国统计出版社2016年版，第43页。

住宅为主，虽然盈利水平高，但科技含量低，总体上属于生活性服务业的范畴；公共设施和环境管理业也具有准公共服务性质，不具备高收益性。由此可见，高端服务业与现代服务业的内涵存在高收益的差别，外延存在排除教育业、医疗业、房地产业、公共设施和环境管理业的差别。这种差别，使高端服务业更能集中体现现代服务业的核心产业群和高效益性，排除了生活性服务业和低收益服务业因素的影响。所以，高端服务业比现代服务业更能充分体现服务业的优质高效发展，是确立现代产业体系的主攻方向。

正是由于缺乏对高端服务业的认识，北京就不能准确把握未来产业发展和构建"高精尖"产业体系的主攻方向，也不可能出台针对高端服务业发展的"顶层设计"，以至于有关北京高端服务业发展的战略目标、战略重点和战略举措皆处于"整体空白"，只能从散见于《总规》、《行动计划》、相关具体产业发展规划和政府相关文献中窥视端倪。在这种没有大格局和总体战略部署的情况下，北京高端服务业发展必然缺失大方向，实际阻力不少，拓展迟缓，至今尚未确立高端服务业的主导产业地位，严重影响了北京现代产业体系的确立和高质量发展。

(二) 产业定位及其规划布局缺失科学性和严肃性

从历史发展进程看，在习近平总书记2014年2月26日视察北京发表讲话之前，北京没有京津冀协同发展的总体定位，功能定位虽然几经变动，但总体变化趋势是功能叠加，目的是集聚功能和资源，加速经济增长。与之相适应，北京就强调"优一产、强二产、大三产"的产业定位，实际上是什么产业都发展。在这种产业定位指导下，北京城市总体规划布局就让位于产业发展布局，各区政府纷纷出台产业发展规划，不与城市总体规划相衔接，只想多占地发展各类产业；乡镇和农村也各自为政，盲目占用集体土地发展低端产业，由此形成政府主导下的什么产业都发展的大格局，使规划成为产业发展的工具，随意变更和调整。在此条件下，城市总体规划和产业规划布局就失去了科学性、严肃性和约束力，可以"朝令夕改"，各区政府都可以根据自身资源优势，布局发展所谓"优势产业"。西城区有金融监管机构和金融企业总部集聚的优势，于是就打造金融街；朝阳区有驻外使馆和文化传媒机构集聚的优势，于是就打造商务中心区；海淀区有科研机构和高校集聚的优势，于是就打造科技产业园。如此循环往复，不断积累和扩张，最终导致北京高端服务业不仅在中心城区"摊大饼、摊厚饼"，引发了过度集中的问题，而且也导致北京高端服务业分散布局、"跑马占地"、良莠不齐、规模效益不高的问题。

(三) 产业集聚发展的组织模式不完善

产业集聚是北京高端服务业发展的主要形式，也是体现创新发展、融合发展、区域协同发展、国际化发展和高质量发展的空间载体。尽管在理论上，产业集聚的最佳模式是市场主导，由企业自发组织逐步形成。但在实践中，由于政府掌控土地资源和公共服务资源，北京高端服务业的集聚发展主要体现的是政府主导模式。在政府主导模式下，为尽快建立产业集聚区或各种类型的产业园，政府通常设立行政性的管委会，采取低价供地、税收房租优惠、优先保障公共服务等方式招商引资。同时，对入驻企业没有设立质量效益指标的准入门槛，包括人均研发投入、研发投入强度、人均增加值、人均税利、地均税利、地均研发投入、地均投资、地均增加值、地均能耗、地均水耗等指标都没有设立，市场准入实际无严格的科技质量标准管控，企业不论大小、水平高低都可以入驻，都可以享受不同条件的政策优惠，甚至把产业园搞成产品销售的"大卖场"。这种以提供优惠条件、不加筛选组织企业集群的模式，虽然可以大大降低企业的经营成本，快速形成产业园，但也会带来三个方面的后果：一是在产业园内引进了大量规模小、效益差的企业，甚至是低端服务企业，严重影响了产业园的规模效益和差异化竞争能力；二是给大中型企业提供了"房地产套利"的机会，使之通过土地涨价就能获取高收益，不必再费时费力从事艰辛的研发活动，严重影响了产业园的创新能力和高质量发展；三是大型企业可以进一步拓展与政府的相互合作关系，不断修订和扩张在中心城区的建设用地规划，造成中心城区的过度开发和高端服务业在中心城区的过度集中。

当然，近些年在京津冀协同发展和高质量发展的大背景下，政府更加注重减量发展和创新发展，采取疏解、整治、促提升的强力措施，在招才引智上下功夫，力推产业园的升级改造和"腾笼换鸟"，但在具体实践中市场机制的决定性作用，并没有充分显现。政府与企业合作的治理体系仍不完善，政府在主导"腾笼换鸟"中往往把握不准升级改造的"痛点"在哪里，怎样有效实施新的组织模式和服务模式，怎样重构创新发展的生态环境体系，怎样"引凤入巢"、提质增效。其结果导致固化利益冲突不断，产业园的升级改造进程迟缓，这也影响了产业园的高质量发展和高端服务业主导产业地位的确立。

（四）激励创新的政策体系不健全

北京高端服务业的创新发展和高质量发展，需要瞄准国际标准，占领产业价值链的中高端，依托科技研发能力、核心技术掌控能力、科技成果产业化运作能力和国内外市场开拓能力，提升国际综合竞争力。为达到此目的，按照保护"幼稚产业"理论，就需要发挥好政府的引导和扶持作用，建立完备的激励创新的政策体系，通过政策扶持，提升北京高端服务业的规模效益、乘数效应和盈利水平。在具体实践中，中国政府支持创新的政策体系，涉及很多方面的内容，包括放宽市场准入政策、加大科技投入政策、税收优惠政策、增加收入分配政策、降低服务收费政策等。其中，有些政策的事权集中于中央，地方政府无权制定，只能通过试点改革、配套改革的方式，获得中央授权，先试先行，总结经验，然后全国推广。北京市政府在实施激励创新政策方面，实际有三个层面：一是获得中央授权，进行试点改革，包括北京市服务业扩大对外开放综合试点和石景山区国家服务业综合改革试点等，北京市政府可以制定有关的激励政策和改革措施；二是针对少数特定的企事业单位和高端人才，政府可以单独"定制"激励政策，尤其是土地供给、房租补贴、研发经费资助、人才落户和公共服务方面的优惠政策。这类政策只惠及少数大型企业、重点投资项目和高端人才，具有特定的实效性，但不具备"普惠制"的功效；三是针对科研企事业单位，政府制定普遍适用的一般性激励政策。这类政策存在的问题较多，实际激励作用非常有限，下面做简要阐述。

在放宽市场准入政策方面，现在科研机构和高校按照公益一类和公益二类的财务规制管理，既不允许办企业，也不允许同时具有公益一类和公益二类的属性，更不允许在职职工与科研机构和高校共同出资办企业。这样一来，科研机构、高校及其职工，就只能"吃财政饭"，不能"下海"，其科研经费来源和科研成果转化就不能直接对接市场，严重阻碍了科研活动的市场化进程和创新发展。

在加大科技投入政策方面，现在没有针对小微型、小型、初创型、新兴型的企业进行创新能力和管理水平的综合跟踪评价政策，与之相配套的政府激励创新成果的奖励政策和投资政策也没有，与之相关的有助于解决融资难的政策性融资渠道也不畅通。特别是针对高科技类的大中型企业，政府没有明确设立研发投入强度的硬约束指标及其财务管理办法，也没有具体制定其内部闲置研发设施向社会开放、共享的引导性政策。

在税收优惠政策方面，现在主要采取降低税率和税额减免等直接优惠方式，容易造成企业过于追求商业模式的盈利，忽视长期自主研发能力和创新成果质量的提升。而间接优惠政策和"事后奖励"政策严重不足。特别是针对处于研发阶段的发明型产品，没有实施政府直接投资、专项补贴、政府采购、研发经费税前抵扣和加大知识产权保护力度等系统配套的间接优惠政策。

在增加收入分配方面，现行政策是政府和企业的研发经费投入不能当作购买合格研发成果的付费，直接转入个人账户，只能按照最高30%间接费的比例转化为个人收入，其余70%的直接费，仍需要按照预算细分用途履行烦琐的报销程序，让科研人员忙于预算审批、寻找合规使用资金的用途和履行合规报销程序，以至于常常出现研发经费花不出去的"怪现象"。同时，以股权、期权等间接方式转化为个人收入的部分占比例也很小，科研人员难以取财有道，只能多讲无私奉献。

在降低服务收费方面，虽然现在政府大力推进"放管服"改革，但政府性基金和行政事业性收费项目依然很多，行业协会和商会的收费依然缺乏由政府牵头行业协会和商会制定的降低服务收费的自律政策和监管机制，没有制定力促跨行业的企业相互支持、融合发展共同降低服务收费的引导性政策，没有开辟有效的直接融资渠道和政策性融资渠道以降低企业融资成本，也没有在疏解、整治、促提升的过程中制定有效应对政策，以抑制低端服务业和生活性服务业的价格上涨。这些政策的缺失，导致北京现有各种服务费用都非常高，包括辅助人工费、信息费、物流费、教育费、房租和投融资利率等，这对北京高端服务业的创新发展和融合发展有很大负面影响。

总之，现有一般性激励创新的政策体系不健全、不完备，政府规制改革还缺乏深度、广度和系统配套性，政策扶持的针对性、实效性和实用性不强，政策扶持的效果也不理想，亟待通过深化改革，健全激励创新的政策体系，以推进北京高端服务业的创新发展和高质量发展。

（五）统筹协调能力不足

北京高端服务业的高质量发展、创新发展、集聚发展、融合发展和国际化发展都需要政府出面统筹协调各方利益和诉求，辩证处理好四个方面的主要关系：一是"都"与"市"的关系。北京作为首都，首先是办好"都"的事，为中央服好务。其次才是办好"市"和"产城融合"的事，借力首都资源或中央资源，推进北京高端服务业的发展，而不能只顾"市"的利益，忽视或影响为中央服务的根本宗旨。在这方面，包括怎样搞活未来科学城，怎样加快怀柔科学城建设等，北京还存在服务不周的问题，亟待消除行政机关做派，强化办实事的绩效。二是京津冀协同发展的关系。北京发展高端服务业必须着眼于京津冀协同发展的总体定位，瞄准以首都为核心的世界级城市群建设和创新发展共同体建设，既要提高北京高端服务业发展的规模和质量水平，也要发挥核心作用和资源优势外溢作用，力推津冀的创新发展和"反磁力中心"建设。在这方面，北京还存在区域协同发展协议多、综合施策和配套服务少、缺失分工协作特色、实际落实难的问题，亟待提升统筹协调能力。三是高端服务业发展与低端服务业发展的关系。高端服务业是北京产业发展的主攻方向，低端服务业是北京功能疏解和减量发展的主要对象，两者之间不是绝对对立的关系，而是相互依存的辩证统一关系。低端服务业是高端服务业发展的基础，与人们的日常生活息息相关，如果失去这一基础，不但高端服务业发展不起来，还会产生生活不便的社会问题。因此，疏解低端服务业绝不是全盘否定、全部迁出，只允许高端服务业发展，而是重新调整低端服务业的布局和发展方式，对低端服务业进行便利化和智能化改造，减掉无关民生、过度集中在中心城区的部分，以利于为高端服务业发展腾退空间和"留白增绿"，建设国际一流的和谐宜居之都。在这方面，北京存在不分地点、不讲便民利民的先决条件，统一采取"一刀切"的做法，限时疏解低端服务业的问题，说明政府的统筹协调能力不足。四是政府与企业的关系。在高质量发展的新时代，政府与企业的关系，按照习近平总书记的提法，就是"亲"与"清"的辩证关系。从政府维度讲，政府不仅要采取"放管服"等改革措施放开市场准入，通过为企业排忧解难，拉近与企业"亲"的关系，还要制定激励创新的政策体系，通过对科技创新型企业的扶持，加深与企业"亲"的关系。在这方面，北京存在政府只讲与企业"清"的关系，行政许可清单仍然"卡"的太多，为企业办实事的少，让企业深感"亲"事难办，只想"远离政府"、守业，少谋发展。这说明政府统筹协调能力不足，严重影响了北京高端服务业的创新发展和高质量发展。

第四节　加快北京高端服务业发展的新思路、新目标和新战略

运用新发展理念，深化改革，创新驱动，促进开放，变革动能和效率，建设现代化经济体系和现代产业体系，提高产业数字化、数字产业的水平，打造现代化的产业链、供应链，根本解决"卡脖子"的问题，畅通国民经济循环，构建新发展格局，努力实现科技强国、质量强国和现代化强国的发展目标，是新时代、新阶段中国经济高质量发展的必然要求。北京作为中国的首都和北方地区的首位城市，不仅具有发展高端服务业的资源和要素优势，而且承担了建设以首都为核心的世界级城市群和牵头推进环渤海合作发展的重任。所以，北京必须破除"一亩三分地"的思维定式，立足国家发展大格局；依据《总规》主旨、总体产业布局、产业发展主攻方向、"两区"建设和《北京规划建议》等方面的新要求，坚守新发展理念和高质量发展的要义，用 21 世纪眼光，审时度势，提高对高端服务业发展的认识水平，抓住机遇、迎接挑战；本着问题导向与目标导向、减量发展与协同创新发展相结合的原则，瞄准国际标准，理清新思路，制定新目

标、部署新任务，实施新战略，全力推进北京高端服务业的优质高效发展。

一、新思路

北京治理"大城市病"，必须转变发展方式，不能什么产业都发展。要在疏解功能、促提升上下功夫，大力推进质量变革、效率变革、动力变革，着力确立现代化经济体系、现代产业体系和"高精尖"产业结构。要严格按照《总规》、"两区"建设和《北京规划建议》设定的发展目标和产业总体布局，严控城市开发边界和生态环境红线，节约集约资源，发挥科技创新和人才的优势，认准高点定位的国际标准和增量发展的"白菜心"，走创新发展、绿色发展和高质量发展之路，把高端服务业作为未来产业发展的主攻方向和新的增长极，围绕高端服务业发展统筹各方面的利益诉求和分工协作关系，深化改革，扩大开放，创新驱动，夯实产业高端化基础，推进数字产业化、产业数字化建设，打造现代化的产业链、供应链，畅通产业循环，提升治理现代化水平，构建新的生态体系和运作模式，增强产业国际竞争力，有效解决高端服务发展中的各种问题和阻力，尽快把高端服务业打造成主导产业和现代产业体系的核心，带动其他产业优质高效、数字化、智能化发展，这是加快北京高端服务业发展的基本思路和总体构想。围绕这一新构想，下面具体阐述新思路的要点。

（一）提高对高端服务业的认识

北京要实现产业结构以服务业为主导，需要转变发展方式，优化升级、提质增效，不能靠生产性服务业和高端服务业。高端服务业是现代产业体系的核心，具有高收益性、高产业带动性和绿色环保性的产出特性，能够充分发挥引领、融合、集聚、辐射、降杠杆和补短板的作用。按照产业升级的基本理论，在农业时代主导产业是农业，在工业时代主导产业是工业，在后工业时代主导产业是服务业，在服务经济时代主导产业必定是高端服务业产业，说明发展高端服务业完全符合产业优化升级的基本规律和大趋势。不仅如此，按照习近平总书记视察北京的系列讲话精神，按照国家设定的建设现代化经济体系和现代产业体系的发展目标，按照用21世纪眼光、高水平开放、创新发展、绿色发展和高质量发展的高标准看待北京产业发展，按照《总规》、"两区"建设和《北京规划建议》设定的产业发展总体布局，按照京津冀共建创新发展共同体的新要求，按照疏解非首都功能、发挥首都资源优势、构建"高精尖"产业体系的基本方略，北京产业发展的主攻方向必然是高端服务业，别无他途。因此，北京必须高度重视高端服务业的发展，树立以高端服务业立市的理念，把高端服务业发展放在更加突出的优先位置，制订专项行动计划，努力探索优质高效发展的新路径。

（二）实施新的产业发展运作模式

北京发展高端服务业必须摒弃设立行政性管委会、提供优惠政策、招商引资的传统做法。要按照招才引智和确立质量效益指标筛选的新思路，一方面，聘用领军人才，针对产业发展的"痛点"，搭建"技术标准＋大数据＋电商物流＋金融"的全产业链服务平台或产业园；另一方面，设立质量效益指标，包括人均研发投入、研发投入强度、人均增加值、人均税利、地均税利、地均研发投入、地均投资、地均增加值、地均能耗、地均水耗等，按照质量效益指标的高低，严格筛选入驻企业，以确保产业高端企业入驻，拒绝接纳产业低端企业。同时，针对创新服务平台或产业园的运营管理，政府可以出资设立投资有限公司，实施市场化运作，让领军人才具体负责，政府有关职能部门可以协助入驻企业组建商会，通过商会定期向投资有限公司反映入驻企业的意见和建议，让投资有限公司帮助解决；政府也可以通过投资有限公司和商会向入驻企业布置其应承担的社会责任。这种新型的运作模式，既适用于新建的产业园，也适用于对传统产业园的升级改造和"腾笼换鸟"。

（三）深化改革，完善激励创新的政策体系

北京创新发展的核心内容，就是以"三城一区"为主阵地，加快科技服务业和信息服务业发展，多出原创性、颠覆性、关键性的科技创新成果，从根本上解决核心技术、关键技术自主创新问题，打造"中国创造"和"北京服务"的品牌，为构建新发展格局多做贡献，真正把北京打造成具有全球影响力的科技创新中心。要完成这一事关科技强国、现代化强国和民族复兴大业的历史重任，按照《行动计划》、"两区"建设、《北京规划建议》的部署，北京就必须围绕创新产业链加快形成多层次创新人才梯队，围绕高精尖产业领域加快培育创新型企业，加速国际知名科技服务机构集聚，建设世界一流新型研发机构，搭建高水平产业创新平台和全域应用场景，创新科技成果转化机制和技术转移服务体系，全面深化科技创新体制机制改革。一方面，北京应与津冀携手，共建创新发展共同体，充分发挥自身科技资源外溢的优势，在更大的空间范围内，实现产学研用的分工合作和一体化发展；另一方面，北京必须完善和健全激励创新的政策体系。

就完善激励创新的政策体系而言，借鉴以往深圳特区、上海自贸区等成功改革经验，北京市政府就必须以中关村国家自主创新示范区为综合改革试点单位，力争设立"中关村科技创新特区"，主动谋划好科技创新综合改革试点方案，突出全面系统性和综合配套性，把放宽市场准入政策、加大科技投入政策、税收优惠政策、增加收入分配政策、降低服务收费政策统一纳入综合试点改革的范畴，向中央要授权和特殊政策，即在综合改革试点期间（一般为 3 年），现行规制和

政策一律暂缓执行，允许"中关村科技创新特区"依据授权或"改革大法"，自定规制和政策，并加快实施，努力推出可以复制并在全国推广的新经验、新办法、新规制和新政策。

具体来讲，通过设立"中关村科技创新特区"，实施综合改革试点方案，需要完善激励创新政策的主要内容是：

在放宽市场准入政策方面，要允许科研机构和高校同时具有公益一类、公益二类和企业的属性，允许在职职工与科研机构和高校共同出资办企业，其薪酬按照企业标准执行，其职称评定按照实际工作能力和研究成果质量水平，由专家评审决定。

在加大科技投入政策方面，要制定针对小微型、小型、初创型、新兴型的企业进行创新能力、创新成果和管理水平的综合跟踪评价的政策，以及相应的政府配套的创新成果奖励政策和投资政策，投资来源可以由政府设立中小企业科技创新投资基金提供，也可以采取企业发行创新券的方式，让政府设立的中小企业科技创新投资基金购买。对于不同类型的、规模以上企业的研发投入强度，要分类设定清晰的硬约束指标及其相应的财务管理办法。要制定政策，引导科研机构、高校和大型企业将内部闲置研发设施向社会开放、共享，以充分体现其时间价值。

在税收优惠政策方面，要强化直接优惠政策与间接优惠政策的有机结合，加大间接优惠政策和"事后奖励"政策的力度。要针对处于研发阶段的发明型产品，实施政府直接投资、专项补贴、政府采购、研发经费税前抵扣和加大知识产权保护力度等系统配套的间接优惠政策。

在增加收入分配方面，要采用科研经费全额直接购买科研成果的管理办法，允许政府和企业对验收或评审合格的科研成果，将预算研发经费一次性直接转入个人专项账户，由科研人员自由支配。如果科研人员完不成科研任务或科研成果验收评审不合格，则加罚扣除个人收入或资产。

在降低服务收费方面，要大力压缩政府性基金和行政事业性收费项目。要建立由政府牵头行业协会和商会制定的降低服务收费的自律政策和监管机制，以及鼓励跨行业的企业相互支持、融合发展共同降低服务收费的引导政策，促使电信企业降低信息收费，金融企业降低利率、佣金、担保费和管理费，物流企业降低物流费，商务服务企业降低服务费，房地产企业降低租金和物业管理费等。同时，政府要加快大公租房、幼儿园和中小学的规划建设，并采用"普惠制"的方式，向"双创"人员和科研人员提供相关优惠服务。此外，政府可以借助人力资源公司或劳务公司的力量，为其提供人员培训费、"五险"费和交通费的补贴，以有效降低科研企事业单位招聘辅助人员的劳务成本。

（四）强化治理能力和生态体系建设

北京高端服务业的高质量发展，有赖于首都资源或中央资源的支撑。由此决定，北京治理能力和治理水平的提高，首先就集中表现为强化为中央服务的意识。北京市政府必须兢兢业业、一心一意，围绕中央企事业单位的需求，开辟高效、便捷的服务通道和相关公共服务支持。特别是针对未来科学城、怀柔科学城、丽泽金融商务区和大兴机场临空经济区等新的中央单位集聚地的建设与发展，一定要做好住宅、教育、医疗、商贸、电信、交通、水电气供给和园林绿化等方面的配套服务，并强化精细化、智能化治理能力和管理水平，打造宜居宜业的、新的高端服务业集聚区。其次要完善治理模式。完善治理模式绝不能只讲政府与企业"清"的关系，必须辩证处理好政府与企业的"亲"和"清"关系，政府要主动为企业办实事，排忧解难。政府要按照"政府＋商会＋龙头企业"的基本运作模式，以政府、行业协会或商会、产业联盟、大型开发商和主要企业为主体，形成多元化的治理体系，以提升治理能力和水平。

在完善治理模式的基础上，要按照《行动计划》、"两区"建设和《北京规划建议》的部署，进一步深化改革，完善营商环境。完善营商环境的重点是，要进一步明晰和完善商事制度、各类清单制度和诚信惩戒制度，建立统一的服务标准体系和联合执法规制，加快"云、网、端"的基础设施建设和市域5G网全覆盖的建设，消除信息"孤岛"，实现政府公开信息和对外服务办公"一端通"和"一网通办"，行政审批中介服务推行网上"全程帮办制"，行政审批机构实行"一枚印章管审批"，工程建设项目审批实行"一张蓝图、一个窗口、一张表单、一个系统、一套机制"。通过商事制度改革，加快推进电子营业执照互认互通，推广使用电子印章，扩大电子发票适用范围，缩短办理证照的时间，取消不合理的审查证明材料，允许在私人住宅注册办公地点，禁止"拆墙打洞"，严惩失信违法行为。同时，要通过多元化的治理体系，按需修订不合理、不适用、不便捷的行政部门旧规，使规制更合理、更管用、更符合企业发展的实际需求，无须企业"跑部"，就能拉近与政府"亲"的关系，真正体现政府竭诚服务的亲民形象。

与完善治理模式和营商环境相联系，建设完备的服务生态体系，也是推进北京高端服务业高质量发展的重要举措。完善服务生态系统建设的重点，是用21世纪眼光盯住"互联网＋产业"的运作模式，广泛采用新一代信息技术和智能管理手段，主动适应智能生产和智能服务的变革，依靠创新驱动，聚焦北京具有创新优势的重点领域，包括金融创新、理论研究创新、信息技术创新、软件设计创新、新材料开发应用创新、生命科学技术应用创新、物联网和大数据应用创新、商务服务创新、文化影视技术创新等有效搭建全方位的、互联互通的、信息共享的精准服务平台。尤其是要加快制定统一的信息资源目录、数据库技术标准和数据采集运用标准，形成数据库架构、访问接口、数据集成、公共代码等一系列行业规范，按照统一的标准与规范，建设政府各部门业务信息系统模块，实现系统间的联通与互访，包括政府门户网、企业门户网和民众微信平台之间的互联互通，并确保网上办公数据的准确性、一致性、安全性和共享性，以营造标准化、网络化、远程化、智能化、服务化、协同化、融合化、互动化的服务生态体系，为北京高端服务业提质增效打下坚实基础。

（五）优化产业布局

《总规》对北京发展高端服务业发展的总体布局，仅仅是方向性和粗线条的，需要进一步细化。一方面，北京各区和乡镇要按照《总规》指明的方向和设定的发展指标，科学编制各区和乡镇的规划以同《总规》衔接，进一步明晰高端服务业的具体空间布局，并严格执行；另一方面，要处理好减量发展与增量发展的关系以及京津冀协同发展的关系，以有所为、有所不为，进一步优化高端服务业的空间布局。下面具体阐述三个方面的内容。

1. 减量发展布局

减量发展布局主要涉及中心城区的产业布局，实际包括两个方面的主要内容，首先是低端服务业的疏解。这种疏解不等于全部疏散和取缔。这就是说，鉴于低端服务业对高端服务业发展具有基础保障作用的现实，中心城区在疏解中，不仅要禁止"拆墙打洞"，关停大中型批发市场，还要从便民利民的维度出发，规划布局低端服务业的营销网店以及幼儿园和中小学的建设，以有效支撑高端服务业的发展。其次是高端服务业的疏解。按照《总规》设定的城市开发边界，到2020年，城市建设用地要由2015年的2921平方千米下降到2860平方千米，到2035年进一步下降到2760平方千米，说明北京已进入"减量建设"时代，绝不允许再"跑马占地"，特别是五环路以内不再新增土地供给。在这种新形势下，北京中心城区内的高端服务业发展，就不能再搞外延规模扩张，必须走内涵提质增效之路，千方百计提高土地利用率和规模效益。一方面，北京要以"腾笼换鸟"的方式，招才引智，对现有高端服务业集聚区进行升级改造，疏解和腾退低端业态，引入占地少、效益高的新业态和新产业，特别是具有产业融合性质的科技金融业、科技文化业、"互联网＋文化"和"互联网＋商务"等产业；另一方面，北京要建立综合治理体系，制定科学合理的补偿标准，与津冀携手，加快疏解高端服务业中的低端行业部分和低端企业。在此基础上，北京还要对中关村国家自主创新示范区内的占地多、规模效益差、特色不显著的科技园进行升级改造和整合。整合的关键是突出特色，着眼于未来创新发展。像怀柔科学城就可以同密云产业园整合，使之纳入怀柔科学城的范围，以体现国家大科学装置集群和国际一流综合国家科学中心的特色。

2. 增量发展布局

按照《总规》提出的产业总体布局，北京高端服务业增量发展布局应侧重于四个方面。第一，按照国际标准、高点定位、差异化、大规模布局的原则，着力建设新的产业集聚区，包括未来科学城、城市副中心的商务区和文化区、延庆冬奥会中心区等。第二，为解决北京城市南北差距问题，着力在城南拓展新的产业集聚区，包括丽泽金融商务区、新机场临空经济区、新首钢高端产业综合服务区、南苑—大红门的科技文化区和商务金融区等。第三，按照强化保护利用古都文化遗产、打造精品力作的要求，着力建设新的三大文化带，即大运河文化带、长城文化带和西山永定河文化带。第四，按照高点定位、特色化、适度规模的原则，对中心城区、城市副中心和"三城一区"之外的其他现有高端服务业集聚区进行升级改造和整合。在此基础上，为解决城乡差距的问题，北京可以依据文化中心的定位，借鉴房山长阳基金小镇、密云古北水镇建设的经验，以旅游文化、休闲娱乐、国际商务会议为主，依托自然资源和环境优势，布局新建一批高点定位、国际标准、各具特色、规模适度、吃住行玩便捷的旅游文化休闲小镇以及具有旅游休闲功能的国际商务会议中心，以加快北京文体娱乐业的发展，满足市民日益增长的旅游文化休闲需求，增加拓展国际旅游市场的吸引力。

3. 京津冀协同发展的布局

北京高端服务业在京津冀协同发展中的布局，主要涉及三个层面的内容：一是发挥中关村国家自主创新示范区的资源外溢优势，与津冀携手，共建"4＋N"的科技产业园，集中精力打造京津冀协同创新发展的共同体。这种产业园的布局，按照《总规》指明的方向，重点需要向"四轴"方向延伸布局，即北京—雄安方向轴、北京—保定—石家庄方向轴、北京—天津方向轴、北京—唐山方向轴。其中，北京—雄安方向轴极为重要。雄安新区规划建设是北京新两翼之一，是国家大事，千年大计，北京有责任和义务主动对接，按照中央提出的雄安新区只发展高端服务业、不搞中低端服务业的要求，全力以赴支持北京高端服务业中的部分中央企业总部和事业单位向雄安新区疏解，全力以赴高点定位、建设好雄安新区中关村科技产业园。二是充分利用北京城市副中心建设与河北的三河、香河、大厂三县统一规划、统一政策和统一管控的机遇，抓紧在统一规划区域内，布局北京高端服务业，特别是金融业、商务服务业和文体娱乐业，以充分利用当地土地资源充裕和生活服务低成本的优势，对接北京高端服务业的资源外溢，实现共建、共享。三是北京高端服务业中的低端行业向津冀疏解。这种疏解的布局一定要有都市圈的地域选择。根据伦敦和东京建设都市圈的经验，辅助服务行业在中心城区外围的布局，一般距离中心城的半径不超过 50 千米。借鉴此经验，北京可以在京津轴线、京唐轴线和京保石轴线上选择廊坊、宝坻、武清、涿州、高碑店五大节点，作为北京高端服务业中低端行业的主要疏解地，包括出版业、影视节目制作业、图书和档案馆业、商务和信息呼叫中心、数据中心、服务外包中心、地质勘查业、科技推广与应用服务业、展览业、包装服务业和安全保护服务业等，皆可以在五大节点区域布局。同时，张家口作为河北新两翼之一，自然环境优良，地价、电价和人工成本低，又与北京共同举办冬奥会，不仅有利于同北京携手共同打造文体娱乐业，还有利于其发挥要素资源优势，与北京共建大数据中心，北京金融业、信息服务业和商务服务业的数据中心业务可以向此地集中布局。

二、新目标和中心任务

北京高质量发展高端服务业必须设定发展目标，以明晰努力方向和担当责任。北京以往从未制定过高端服务业发展的目标。根据有关产业升级理论，结合对北京高端服务业现实总体发展情况的分析及发展趋势预测，我们认为，近期北京高端服务业发展的目标可以设定为：到 2025 年北京高端服务业增加值占 GDP 的比例超过 58%，使之成为主导产业。其中，金融业占 GDP 比重 20% 以上，科技服务业和信息服务业占 GDP 比重 27% 以上，商务服务业占 GDP 比重 8%，以上文体娱乐业占 GDP 比重 3%。同时，北京高端服务业的创新发展、融合发展、区域协同发展和国际化发展的优质高效水平显著提高，能够取得一批可复制的并在全国推广的经济体制改革的新成果和新经验。

根据这一新的近期发展目标，北京还要进一步明确实现发展目标的中心任务。从路径上讲，要把北京高端服务业打造成主导产业，一是靠高端服务业的创新发展，实现动力变革、质量变革和效率变革，取得高质量发展的优异成果，并切实增强产业集聚力、辐射力和产业带动力；二是靠高端服务业的集聚发展，节约集约资源，形成企业集群、服务综合配套、宜居宜业、各具特色的产业集聚区，提高产业规模效益、差异化效益和劳动生产率；三是靠高端服务业的融合发展，通过新一代信息技术的广泛运用，整合资源，冲破产业边界，充分发挥乘数效应和产业溢出效应，融合其他产业共同实现高质量发展；四是靠高端服务业的区域协同发展，在京津冀区域范围内优化产业布局，实现减重、减负，共建京津冀协同创新发展的共同体，拉动区域经济共同实现高质量发展；五是靠高端服务业的国际化发展，努力吸引外资和国际人才，加强国际科研合作与交流，扩大对外投资，做大国际旅游业，提升"北京服务"的品牌效应和国际美誉度。综上所述，北京高端服务业发展的中心任务就是创新发展、集聚发展、融合发展、区域协同发展和国际化发展。

三、新战略

围绕北京高端服务业发展的近期目标和中心任务，北京需要结合宏观经济大格局、高质量发展的新要求和新思路，具体制定新的发展战略，采取有效改革措施，从根本上解决发展中的突出问题，确保北京高端服务业的优质高效发展。我们认为，新战略是中心任务的具体体现和有效措施的载体，可以设定为五大战略，即创新发展战略、集聚发展战略、融合发展战略、区域协同发展战略和国际化发展战略，下面做具体阐述。

（一）创新发展战略

按照有关创新理论，创新发展的实质就是充分发挥科技和管理两大创新要素的作用，实现生产要素和生产条件的重新组合，创造出新的生产方式、组织方式和市场领域。具体创新的形式丰富多样，不仅涉及新产品的研发、中试、规模化生产和营销，还包括组织创新与公司治理和产业联盟组建，商业模式创新与要素重组、新型业态形成，企业购并、重组、技术垄断、知识产权保护，等等。同时，创新发展还突出强调发挥创客、极客、痛客和创业团队的作用，构筑创新生态链，发展天使投资和风险投资，全力支持种子企业和初创企业的发展，促进企业变革，培育真正的企业家，而不是唯利是图的商人。因此，创新发展是北京高端服务业高质量发展的主动力和引擎，也是北京落实好中央提出的建设国家科学中心、全球高端创新中心、国家科技成果交易核心区和创新型人才集聚中心的"四大"主要建设任务的必然选择。北京必须聚焦创新发展，以"三城一区"建设为重要抓手和新高地，统一制订和优先实施高端服务业创新发展的行动计划，明确优先创新发展的主要目标、主攻方向、重点改革发展领域和保证措施，加速推进北京高端服务业的创新发展。下面从有效解决实际问题的维度，阐明北京高端服务业创新发展需要采取的主要措施。

1. 深化体制改革，激发市场活力

按照《行动计划》、"两区"建设和《北京规划建议》的部署，北京必须坚持深化改革的方向，破除体制机制的障碍，在政府治理模式、服务方式和治理监管手段等方面进行根本性改变。北京要完善"三城一区"规划建设管理体制机制，积极争取和系统推进新的改革试点，涉及北京市政府事权的规制调整要主动整改、有效落实，涉及中央事权的规制调整要积极提改革构想方案、争取先行先试；要搭建北京市统一的互联网政务服务总门户，完善网上政务服务大厅功能，构建市、区、街道（乡镇）、社区（村）四级贯通的政务服务"一张网"，编制网上办事清单，实现政务服务（公共服务）事项"一网通办"；要完善资金投入、人才培养、知识产权、空间用地等配套政策，建立覆盖基础研究、应用研究、新技术产品开发和产业化的项目投资管理和信息公开联网的服务平台，培育和发展一批创新型的产业集群；要制定促进科技成果转化条例，构建科技创新基金运行机制，建立健全科技成果转化服务平台和引导激励机制，完善落实新技术新产品政府采购政策体系，促进科技成果在京落地转化；要完善科研机构、高校和企业的创新激励评价机制和配套政策，加大财政资金投入对社会资源的吸引力和融合力，引导更多社会资本进入研发创新领域，加快科技创新及其成果的转移转化，以充分发挥市场对资源配置的决定作用。

2. 努力建设创新型人才集聚中心

北京要大力引进国内外各类创新型人才，培养和引进一批世界级的科学家和领军人才，发现和培养一批创新活跃、敢闯"无人区"的青年人才、专业人才和顶尖人才，吸引集聚一批战略性高水平的科技创新团队，支持建设世界一流新型研发机构，鼓励国（境）外科学家参与北京科技创新，支持外籍科技人才参与北京科技项目，营造有利于激发创新人才的创新生态系统，赋予新型研发机构、领军人才团队人员聘用、经费使用、职称评审、运行管理等方面的自主权；要完善首都高校创新中心建设机制和配套政策，打造高校科技创新和人才培养高地；建立创新型人才管理智库，用"互联网+"和数字经济的思维方式集聚创新型人才，并借助"猎头公司"的力量，挖掘创新型人才，努力搭建和拓展创新型人才来源的新平台；对符合条件的创新型人才，在户籍、医疗、住房、个人所得税、保险、个人外汇业务便利、出入境、配偶安置、子女入学等方面给予优惠政策支持；建立与个人业绩贡献相衔接的优秀人才奖励机制，扩大对创新型人才的奖励范围，按规定程序增设科学技术人才奖，调整科学技术奖的种类和奖励等级，加大对战略科学家、科技创新领军人才、高技能人才、青年科技人才和"双创"团队奖励的力度。

3. 加强知识产权保护，优化知识产权服务体系

北京要健全知识产权办公会议制度，加快中国（北京）知识产权保护中心和中国（中关村）知识产权保护中心建设，在高端服务业领域开展专利快速审查、快速确权和快速维权的行动计划；要设立以政府出资为主导的知识产权保护

创新服务平台和全市统一的公共信用信息服务平台，整合行政、司法、金融、中介服务等多方资源，针对知识产权的创造、申请、索引、鉴定、管理、实施、转化、交易、融资、纠纷、仲裁等服务环节，提供精准便捷的"一条龙"服务；建立以信用承诺、信息公示、联合奖惩为核心机制的信用监管体系，为守信者提供"容缺受理"和"绿色通道"便利措施；提升知识产权专业化服务能力，大力培育知识产权运营试点单位，加速构建平台、机构、资本、产业"四位一体"的知识产权运营体系，有效解决企业和个人在知识产权保护方面遇到的各种难题，加大知识产权保护力度，严打、严办失信和造假案；通过知识产权全价值链的高效便捷保护机制，做大高端服务业领域的知识产权交易市场，推动知识转化为专利，专利转化为股份，股份转化为收益，以打通专利产品化和产业化的渠道，充分释放知识和创新成果对北京高端服务业发展的引领作用。

4. 适应新时代动力变革，着力发挥创客、极客、痛客的作用

当今以"互联网＋"和智能服务为代表的高质量发展，需要转换动能，广泛采用新一代信息技术，推进现代化经济体系和现代产业体系建设。这就要用"互联网＋"的新思维，看待创客、极客、痛客等创新型企业对新技术、新产品、新作品、新模式、新业态、新产业发展的催化和导向作用。对"双创"者创办创新型企业，不仅需要做好政府的服务工作和激励政策扶持工作，而且需要营造良好的社会化的创新生态环境。要打造良好的创新生态环境，就必须着力培育一批创新型的科技企业孵化器、工程中心、生产力促进中心和产业联盟等创新服务机构，进一步集成现有科技创新平台和中介服务机构的资源，优化全方位的生活服务保障体系，形成一批线上线下结合、功能多样、特色鲜明的"众创空间"和创业社区，吸引天使投资和风险投资向"双创"者和创新型企业注资，共同推进创新型企业的高质量快速增长。同样，在现有企业内部也要营造"双创"环境，搭建内部"微循环"创新生态体系，激励内部职工设立"双创"团队，拨付专项资金，专职开展专项创新活动，大力培育企业内部的创客、极客、痛客，形成企业内生变革力量，推动企业创新发展和组织结构演进。

5. 搭建高水平产业创新平台，完善创新中心网络平台运作机制

北京要全力支持未来智能系统平台建设，加快部署 AI、VR 智能大平台，建设高速互联智能算力云平台，建设基于区块链的可信数字基础设施平台，建设面向超大规模复杂网络的新型区块链算力中心等；探索智能化科技创新服务新模式，提供全新"一站式、个性化"服务体验，汇聚科技咨询、科技成果、政务信息，打造信息发布权透明、政策解读准确及时、互动交流规范高效、办事指引明确简洁的集成式创新网络服务平台。

6. 强化企业创新主体地位

北京要建立全方位的科技创新投资保证体系及其投资风险的化解和担保机制，引导企业培育创新文化，建立企业技术研发中心和创新智库，主动与科研院所和高校结成科技创新战略联盟，持续保持科学合理的研发经费投入强度。尤其是对国有大中型企业而言，要把年度研发经费投入强度作为硬约束指标，纳入预算和督查事项，确保有效落实。除此之外，北京还要建立第三方研发投入和创新成果的咨询评估机构，对不同类型、不同规模企业的年度研发经费投入强度指标实际完成情况，进行持续跟踪评价，并由财政出资设立专项研发奖励基金及其年度奖励办法，对完成情况好的企业予以奖励。为促进科研成果的产业化发展，政府可以结合专项科技投资，设立科技成果产业化扶持基金和担保基金，一方面，用于支持科技成果的实际应用及其示范工程建设；另一方面，用于创新产品的政府采购，扶持创新产品的规模化和品牌化发展。

7. 加快拓展与创新发展相适应的直接融资渠道

按照企业生命周期理论，企业发展要经历种子期、初创期、成长期和成熟期。在企业进入成长期之前，"双创"者的行为往往表现为产品技术创新、商业模式创新和新兴业态诞生，自筹资金、担保能力和政府创业投资都十分有限，也不易获得银行信贷资金支持和公募上市筹资。这表明，创新发展必须开辟更为有效的直接融资渠道，从根本上解决"双创"者或创新型企业"融资难、融资贵"的问题。为此，首先可以采取的主要措施是，政府应允许"双创"者或创新型企业自主发行"创新券"，并建立与之相对应的、定向募集政府专项科技发展基金的"创新券"发行市场，以改变政府专项科技发展基金的使用方式，强化"双创"者自主筹资能力。政府专项科技发展基金也可以通过公益参股和无息贷款的方式，投资于天使投资基金和种子基金，以加大对"双创"者或创新型企业的资金支持力度，提高资金使用效果。其次，采用政府购买服务的方式，设立民营基金管理服务平台，引导民营基金投资于创新型企业和有发展前景的研发项目。要鼓励国有创业投资企业、科研院所、高校和科技产业园利用自有资金与社会资金合作，共同设立天使投资和风险投资，参与对创新型企业的股权投资。要建立各种形式的担保、股权融资和债权融资机制，发展企业集合债券、私募债券等债券融资工具，拓展融资租赁市场，加大资产证券化力度，鼓励投资银行、商业银行和其他金融机构更灵活地提供金融产品服务，以拓宽创新型企业的融资渠道，增加社会资本投入。

8. 加强与中央在京创新资源的沟通与对接

在北京创新资源中中央占大头和绝对优势，北京必须主动与之对接，进一步完善部市会商、院市合作等中央与地方协同创新机制，为在京的科研院所、高校、创新型企业等创新主体提供便捷、高效的服务保障。特别是针对三大科学城的建设，北京必须主动与中央有关部门协商，做好服务工作，共建共享科技基础设施和创新服务平台。北京要主动对接利用国家重点实验室、国家工程技术研究中心和国家大科学装备等资源，主动与中央企事业单位合作，建立产学研用一体化的协作机制和产业联盟，促进中央企事业单位的科技创新成果就地在京转化。

（二）集聚发展战略

集聚发展战略不单纯研究产业在空间的集中布局，也分析产业集聚的动力和运作模式。按照产业集聚理论，相关企业在特定区域内集群，形成产业园，产业园内的企业就可以获得"外部经济"。其主要表现是同类企业集聚越多，劳动力、资金、能源、运输及其他专业化资源的供给就越多，从而导致整体产业的平均生产成本下降和劳动生产率的提高，这是地理上分散布局的企业无法获得的竞争力优势。决定产业集聚的成因有政府与市场两种基本主导模式。针对现实主要问题，北京高端服务业的集聚发展战略要着力做好以下工作。

1. 对现有产业集聚区进行升级改造

对现有北京高端服务业集聚区的升级改造，要以高点定位、科学规划、明晰资源优势、疏解低效企业和业态、吸引领军人才和领军企业、重构高端新兴业态为基本准则，设立研发投入强度、人均增加值、人均税利、地均税利、地均投资、地均增加值、地均能耗和水耗等硬约束性质量指标，"腾笼换鸟"，突出特色和资源优势，招才引智，搭建精准服务平台，有效提升产业集聚区的规模效益和对外辐射力、影响力。同时，在升级改造过程中，北京要盘活利用好房地产资源，制定"一区一策"的管用政策，允许将工业用地、集体用地转化为商业用地、公租房用地、幼儿园用地、中小学用地、便民利民商业网点用地，以扩大商业用地、生活性服务用地的供给及其相关服务设施的建设，努力打造服务功能配套、规模效益显著、宜居宜业的高质量产业集聚区。

2. 对新建产业集聚区要严把质量关

按照《总规》和《北京规划建议》部署，北京要集中打造多个规模较大的、新的高端服务业集聚区。这些新产业集聚区的建设具有高质量"样板间"的示范效应，必须严把质量关和效益关，绝不允许"跑马占地"，引入低效企业。为此，政府应高标准制定详细规划，设定质量硬约束准入指标和"一区一策"的特色产业、新兴产业发展目录，配套全方位的生活性服务设施建设布局，着力打造领军人才和领军企业集聚地，并通过领军人才和领军企业，搭建特色化、专业化、柔性化的生产服务分工协作平台，占领产业价值链的高端，形成高质量的企业集群，确保新产业集聚区的规模效益和对外辐射力。

3. 注重企业虚拟集群和跨区域网络集群的发展

北京高端服务业集聚区建设有多种具体类型，有些需要大量占地，靠大体量建筑物支撑，像怀柔科学城建设、冬奥会中心区建设、环球主题公园建设和新机场临空经济区建设等，但有些产业集聚区建设并不需要大量占地和大体量建筑物支撑，像"创业公社"和孵化器建设、文化创意产业园建设、西山永定河文化带建设、律师事务所建设等。对此，政府应对产业集聚区建设实行分类指导，对于占地少、适宜小规模发展的产业集聚区不必"一刀切"地疏解或统一整合，应因地制宜，适度降低有关市场准入的质量指标，严格按照规划布局和土地用途，制定有效的激励机制，引入领军人才和领军企业，由其主导建立企业虚拟集群、柔性集群和跨区域网络集群，使之能够在面对面就地服务的基础上，可以通过虚拟集群和跨区域网络集群向外辐射，覆盖更广阔的国内外市场和品牌信誉度，提升产业集聚区的规模效益。

（三）融合发展战略

融合发展战略涵盖高端服务业内部各行业融合以及高端服务业与其他产业融合的两部分。按照有关理论，在"互联网＋"和人工智能时代，融合发展的主动力源于生产企业对研发投入、信息技术运用、智能化服务、组织结构扁平化、柔性化生产、产出质量和高收益的高度重视，以及把服务作为竞争手段，把占领产业价值链高端、贴近客户价值等作为不断追求的目标，以试图摆脱单纯生产的束缚，推进产出方式的进化以及产业内部分工的精细化和外置化，激励生产企业和服务企业相互融合发展，整合资源，不断创新，努力开拓新产品、新服务、新市场、新竞争与合作机制，从而有效实现高端服务业引领、资源优化配置、经济高质量增长的发展格局。针对现实突出问题，北京实施高端服务业融合发展战略应着力做好以下几个方面的工作。

1. 着力清除阻碍融合发展的障碍

北京高端服务业融合发展遇到的主要障碍之一，就是生活性服务业和公共服务业的保障能力不足，缺失高效、便捷性，相关生产要素的成本太高。要解决问题，北京在疏解、整治中，必须着力提升生活性服务业、公共服务业的质量和保障能力，详细规划相关服务设施的布局，采取连锁经营、公投民营、公助民办、线上线下联网集群等方式，有效增加商贸、快递、幼小教育、家政服务等方面的优质供给。同时，北京要采取财政"普惠"补贴的方式，对企业聘用人员提供房租、"五险"和交通费的补贴，以有效降低人工成本。

针对大数据、物联网、云计算、人工智能等新一代信息应用和技术创新的

"瓶颈"，要由政府主管部门牵头，组织专家智库、行业协会、商会以及主要机关、企事业单位协同制定统一的大数据标准，包括数据采集、汇总、集成、存储、安全运营、公开展示的技术标准和服务标准，并建立可视化的数据运营服务平台、交易平台和网络体系，直接对接政府和企事业单位网站以及个人手机端，以消除信息"孤岛"，实现数据资源整合与共享，提升大数据应用价值和信息服务的融合功效。北京要增加政府对新一代信息技术应用的投资，发挥财政"挤入效应"，吸引社会资本广泛参与，采取公助民办、公投民营的方式，有效解决信息技术推广应用难的问题；完善诚信监管体系，以原则监管和事后监管为主，最大限度地减少事前和市场准入监管，主动采取政府购买服务的方式，委托中介服务机构建立"信息港"，实时对生产和服务企业的诚信情况进行跟踪测评和综合评估，对征信差的企业和个人要列入"黑名单"，及时向社会公布；善于运用"互联网＋"的思维，立足长远和创新发展，有效协调融合发展中的固化利益冲突，建立健全产业融合发展的机制和政策体系，广泛采用各类新技术和新的管理模式，对产业融合的"痛点"进行"消炎"和升级改造，推动产业结构升级、业态创新、链条优化、资源深度整合和共享，努力打造新组织模式、新商业模式、新业态、新产业，实现创新融合发展和高质量融合发展。

2. 提升高端服务业内部各行业相互融合、创新发展的水平

北京要借助"互联网＋"整合资源，集聚创新型人才，形成科技金融、科技文化、科技商务、文化金融、数据娱乐文化、虚拟现实影视、会展旅游、网上商务、网上娱乐、网上金融等新兴业态和新兴产业，全面提升高端服务业的智能化、可视化、融合化、集约化、便捷化、差异化和多样化水平，更好地服务于工农业生产发展和市民生活水平的提高。

3. 促进工业生产的数字化和高端化

在大力疏解一般制造业的前提下，北京工业发展必须依据产业数字化、建设智能制造示范区的新要求，着力发展智能制造、绿色制造、集成电路和新能源汽车等"高精尖"工业，其本质就是绿色、智能和高端化，突出研发、技术创新、数字应用和占领产业价值链高端环节的定位，促使工业与高端服务业的融合，靠研发和技术创新引领，舍弃低技术、低成本规模化生产方式。

要实现高端服务业与工业融合发展，北京必须对现有工业开发区进行资源整合、转型升级改造，着力提升科技含量、数字化智能化水平和生态效益。一方面，北京必须在工业开发区内引入高端服务业的内容，特别是研发设计和技术创新平台以及技术交易和网络营销平台等，使之成为依托科技服务业和信息服务业支撑的、综合功能配套的、占领产业链高端的智能制造示范区；另一方面，北京

的园区内的工业企业必须招才引智，追加研发投入，专注对接高端服务业的产业链，紧盯"互联网＋工业"和"互联网＋服务"的发展进程，着眼于同众创、创客、极客和痛客的融合发展，用"互联网＋工业"构成高技术创新的服务体系，形成创新发展的新机制和新动力，向拥有核心技术和品牌的高端服务企业的方向转变，以铸就工业高端化发展的新格局。

4. 促进农业高质量发展

北京农业发展定位于绿色、科技和服务，以林业和承担生态环保功能为主。按照《总规》《北京规划建议》的新要求，畜牧业要疏解，以提升生态环保功效；基本农田红线也只有150万亩，种植业发展没有增长潜力。在此条件下，北京农业只能通过与高端服务业的融合发展方式，才能获得发展机遇。具体发展模式，按照定位和现代化的要求，可以采用"大数据＋电商物流＋金融"的生产服务方式，在确保农产品绿色品质的前提下，把农产品生产基地与网络营销、物流配送、电子支付、互联网普惠融资等环节有效衔接起来，形成农产品全产业链的运营平台，促进农业与高端服务业的融合发展，有效解决农业提质增效和农民增收的问题。同时，要大力推进生态农业、科技农业、种子农业、无土栽培农业、观光旅游农业、休闲娱乐农业、会展农业和网络营销农业的发展，让农业融入更多的高端服务业的实际内容。当然，在实践中由于农业自身资本积累能力有限，农村也缺乏创新型人才，要发挥土地、生态资源和绿色农产品的优势，实现融合发展，就必须招才引智，寻求政府投资，吸引社会资本。所以，政府要着力做好新农村振兴规划，明确农业与高端服务业融合发展的主攻方向、特色和生态资源优势，加大对村镇服务设施和基础设施的投资，制定农村集体建设用地和农民宅基地市场化运作的具体办法，通过招才引智、土地租让的方式，打造有特色、符合融合发展标准的农业科技园、观光休闲园和旅游文化小镇，以促进农业与高端服务业融合发展，形成农业高质量发展的新格局。

5. 促进低端服务业高效、便捷、标准、优质、品牌化发展

北京低端服务业不仅面临疏解、减负的重任，还有升级改造、提质增效和补短板的发展余地，迫切需要与高端服务业相融合，形成便捷、高效的新业态，包括新零售、新商贸、新物流、新教育等。具体可以采取的主要战略措施是，运用"互联网＋"的技术手段实现线上线下"一条龙"服务和智能化服务，包括推行网上购物、网上订票、网上订餐、网上医疗、网上教育、智能零售店、智能运输仓储等，以促进低端服务业的高效、便捷发展。

（四）区域协同发展战略

在京津冀协同发展背景下，按照《行动计划》、"两区"建设和《北京规划

建议》的部署，北京不仅要加快向津冀疏解高端服务业中的低端部分，而且要与津冀协作，共建"4+N"的科技产业园，推动形成京津冀协同创新发展的共同体，这是北京高端服务业区域协同发展的战略重点。按照这一战略部署，北京高端服务业的创新发展就不能"一枝独秀"，必须具有带动津冀协同创新发展的辐射力和融合力，承担起完成建设以首都为核心世界级城市群和创新发展引领区的重任。北京高端服务业区域协同发展，必须围绕共建创新发展共同体的战略主攻方向，着力做好以下工作。

1. 营造良好的共建创新发展共同体的生态环境

京津冀三地政府要主导设立协同创新发展基金或投资有限公司，资金来源由北京出大头、天津出中头、河北出小头，吸引社会资本加入，资金用途主要是改善津冀协同创新发展的生态环境和公共服务设施，以按照《总规》布局指明的协同发展功能区和轴线方向，进一步拓展科技产业园建设或协同创新示范基地建设。在此基础上，北京市政府要引导企业加大动力，津冀两地要增强拉力，科技产业园区要凝聚吸引力，通过深化改革，完善营商环境，提升公共服务水平，配套相关产业优惠政策，招才引智，搭建针对"痛点"的精准创新服务平台，促使身在北京的创新型人才和创新型企业能够真正离开北京，"安家"津冀。

2. 推动区域协同创新中心建设

北京要牵头推动京津冀国家技术创新中心、京津冀基础研究合作平台、京津冀联合实验室的建设，加快京津冀地区重大科研成果的产业化。

3. 建立统一的科技成果转化服务体系和交易市场

京津冀三地要联合建立标准统一的科技成果数据库，制定科技成果统一登记制，形成京津冀三地技术交易数据信息共享机制和工作联动机制，定期交换技术交易监测信息，定期筛选一批技术先进、产业化前景良好的科技成果，优先在三地科技产业园应用示范和推广，并在津冀组建规模化生产基地。同时，京津冀三地要协作共建标准统一的技术交易市场、技术交易联盟及其相关的技术交易服务体系，联合建立新技术、新产品的采购平台和技术转移转化平台，共同推进技术交流和科技成果转化。

4. 对在津冀效益不佳的、由中关村国家自主创新示范区主导打造的科技产业园进行升级改造

升级改造的办法主要是制定质量约束硬指标和改善营商环境。一方面，"腾笼换鸟"，通过引进领军企业和领军人才，着力培育当地龙头企业和高端人才，形成内在科技创新驱动力；另一方面，发挥资源优势，提升服务水平，凝结文化向心力和吸引力，促使在京企业安心在津冀落户，从根本上解决"身在曹营心

在汉"的问题。

（五）国际化发展战略

在美国挑起中美贸易战和国际贸易保护主义盛行的新形势下，北京要积极融入"一带一路"倡议，紧紧抓住新一轮服务业扩大对外开放综合试点的机遇，全力推进高端服务业的国际化发展战略。其战略的主攻方向是引进和利用国际人才、扩大利用外资和对外投资以及解决旅游服务贸易逆差的问题。围绕这三大主攻方向，北京可以采取以下主要战略措施。

1. 引进与利用国外当地人才相结合，扩大国际人才队伍

就引进国际人才而言，政府应通过岗位特聘、放宽人才签证、加大海外寻访力度、深化外籍人才出入境管理改革试点等多种方式，加大国际人才引进使用力度。政府应针对领军人才、国际顶级人才的实际工作需要，一方面，深化财政科研项目和经费管理改革，落实项目承担单位和科研人员的自主权，赋予其更大的技术路线决策权、经费支配权和资源调动权；另一方面，要提供包括高等级职务职称、创办研发机构、设立经营场所和服务平台、配偶和未成年子女随迁、子女教育、购租住房、小客车指标摇号等方面的优惠政策。就利用国外当地人才而言，要通过在国外搭建创新服务平台、创建孵化器、设立研发机构、开办技术交易市场、资助研发经费等方式，有效实施。具体运作办法要以企业为主，政府要鼓励、提倡，做好辅助服务工作。

2. 努力扩大利用外资规模

北京要支持高端服务贸易新业态、新模式的发展，鼓励采用新一代信息技术实现高端服务贸易的数字化；建立来华就医签证制度，完善跨境自驾游的监管措施，允许符合条件的外籍人员在本市提供工程咨询服务等；鼓励在京设立外商独资或合资金融机构，并开展相关业务；设立国际绿色金融改革创新试验区，创新发展绿色金融工具，允许境外投资者直接参与试验区内绿色金融活动；扩大文体娱乐业和旅游业对外开放，支持在特定区域设立外商独资演出经纪机构，搭建文化展示交流平台，在全国范围内提供服务；探索文化贸易金融服务创新，设立文化创新发展基金，积极培育新型文化业态；允许在京设立的外商独资旅行社、中外合资（合作）经营旅行社从事中国公民出境旅游业务；激励跨国公司研发中心在京发展，创新国际科技合作机制，推进国际高端科技资源与北京创新主体合作；深化海关通关一体化改革，加快推动关检深度融合，全面落实通关"一次申报、分步处置"管理模式，进一步推广"汇总征税、自报自缴"方式，提高货物通关效率；全面落实准入前国民待遇加负面清单管理制度，进一步放宽外资准入；充分利用城市副中心、环球影城主题公园、第二机场等重大建设项目以及

新城、特色小镇规划建设项目，给北京高端服务业发展带来新的机遇，引导外商与建设项目相联系的产业开发项目和服务平台对接，展开投资；完善京交会办会机制和组织模式，丰富京交会的涉外功能和服务内容，建设京交会市场化、网络化服务平台，充分展现北京高端服务业的资源优势、人才优势和对外"窗口"优势，吸引外商投资。

3. 全力提升国际旅游服务水平

北京有享誉世界的独特旅游文化资源优势，并与世界 56 个城市结为友好城市。① 要增强国际旅游市场竞争力，吸引境外人员入境游，解决旅游服务贸易逆差的问题，北京就必须全力推进全国文化中心建设，做好首都文化这篇大文章，讲好"中国故事"和"北京故事"，以培育和弘扬社会主义核心价值观为引领，以历史文化名城保护为根基，以世界文化遗产、"三山五园"、中轴线和非物质文化遗产为名片，以地标性建筑物为载体，以大运河文化带、长城文化带、西山永定河文化带为抓手，推动公共文化服务体系示范区和文化创意产业引领区建设，有效增加文化产品特别是有北京特色文化产品的供给，挖掘和拓展文化产业市场，大力发展跨境文化电子商务，鼓励和支持文化企业"走出去"，增强首都文化的软实力及其对国际的辐射力和影响力。在此基础上，就提升北京国际旅游服务水平而言，可以采取的主要措施有：一是在打造特色旅游景区的基础上，按照国内外规范的服务标准，全面提升运输、金融、医疗保健、住宿、餐饮、文体娱乐、商品零售和生态环境保护等方面的服务水平；二是加大国际宣传力度，定期在友好城市国家开展旅游宣传周活动，推介北京独特的旅游文化产品，提升北京旅游品牌的知名度和美誉度；三是加强国际旅游合作，建立国内旅行社与国外旅游机构之间的产业联盟，开放国内旅游投资市场，鼓励外商投资国内旅游景区和景点的建设；四是创新发展国际旅游组织和旅游方式，提供国际旅游便利，开发形式多样的国际旅游产品，包括工业旅游、会展旅游、商务旅游、文化节旅游、花卉节旅游、农业观光游、农家乐旅游、医疗旅游、教育旅游、休闲健身旅游、体验旅游、房地产旅游、奖励旅游等，做大做强有特色的国际旅游服务；五是提高全民旅游服务意识，人人自觉用文明行为和互助行为代言旅游宣传和服务。

4. 有效扩大对外投资

北京高端服务业对外投资，要积极融入"一带一路"倡议，加强与"一带一路"沿线国家和地区的交流合作。一方面，北京要打造链接全球创新网络体

---

① 北京市统计局：《北京统计年鉴 2019》，中国统计出版社 2019 年版，第 224 页。

系，集聚全球创新资源；另一方面，北京应精选相关科技输出项目，避免盲目对外投资。在具体投资实践中，认真总结以往开展对外投资的经验教训，有效掌握国际科技投资的方式、发展趋势、技术诀窍、市场规则、营销网络、组织办法和风险规避，以降低对外投资的风险，坚定扩大对外投资的信心和勇气。北京要采取领军企业牵头、政府协助、企业分工合作、综合服务配套（金融、商务等）、"集体下海"的方式，扩大对外投资，提高国际市场竞争力；设立政府专项基金，支持有实力、有品牌、领军型的科研类企业，开展跨国研发、跨国技术产品营销、跨国搭建创新服务平台和跨国企业并购的经营活动。

第四章 北京高端服务业发展与空间布局

第一节 北京金融服务业发展与空间布局

金融服务是指金融机构运用货币交易手段融通等价物品，向金融活动参与者和客户提供的共同受益、获得利润的活动。按照中国2017年颁布的国家标准《国民经济行业分类》（GB/T 4754—2017），金融服务业主要包括四大方面，即货币金融服务、资本市场服务、保险业、其他金融业（含信托服务、控股公司服务、金融信息服务等）。

一、发展成就

（一）行业规模不断增大

自2016年以来，金融服务业行业规模不断增大，整体呈平稳增长态势。2019年，北京市金融服务业生产总值达到6544.8亿元，较2018年增长9.97%，具体如图4-1所示，占GDP比重达到了18.5%。如表4-1所示，2019年，北京金融科技指数排名全球第一，美国纽约排名第三；在中国金融中心指数（CDI·CFCI）排行榜中北京排名第二，与2018年持平，由此可充分证明北京已具备领先的金融科技创新实力。北京作为全国性大型金融机构总部集聚中心，在银行类、保险类机构方面具有显著优势，与此同时，北京专业服务优势明显，这主要得益于北京聚集着众多专业类人才与专业性机构。截至2019年底，在中国人民银行牵头、六部委共同组织的金融科技试点工作中，北京已聚集了100多家金融科技企业，年收入近千亿元。2019年，北京市银行业稳健发展，存贷款额增长速度平稳，人民币存款余额同比增长 9.3%；人民币贷款余额同比增长 10.2%，其中，非金融企业及机关团体贷款余额同比增长 11.2%，重点领域贷款增长显著，高新技术产业、文化及相关产业贷款余额分别同比增长 19.2%、23.4%，普惠小微企业贷款余额同比增长 32.4%。由此可见，北京市金融行业整体运行平稳，辖内货币信贷保持稳定增长，并紧紧围绕经济发展大局，创新支持民营企业、小微企业发展，不断提升金融服务和管理水平，有效促进了首都经济高质量发展。

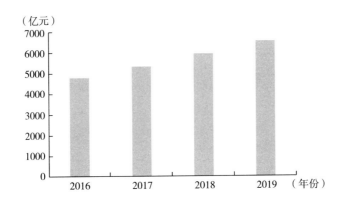

（亿元）

图 4 - 1　2016～2019 年北京市金融服务业增加值增长

资料来源：《北京统计年鉴 2020》。

表 4 - 1　三大全国性金融中心在 CFCI 11 中的评价结果

城市	综合竞争力		金融产业绩效		金融机构实力		金融市场规模	
	得分	排名	得分	排名	得分	排名	得分	排名
上海	271.80	1	260.56	1	258.27	2	384.30	1
北京	233.17	2	257.98	2	408.54	1	55.81	3
深圳	138.18	3	131.52	3	199.22	3	85.72	2

资料来源：中国金融中心信息网。

（二）发展环境不断优化

北京市以供给侧结构性改革为主线，着力构建金融业"高精尖"产业结构，并紧紧围绕"将北京建设成具有全球影响力的金融科技创新中心"这一总目标，编制了一系列政策与规划，具体如表 4 - 2 所示。一系列政策法规的颁布，为进一步推动北京金融业健康持续发展做出了突出贡献。如 2018 年 5 月，北京市提出进一步支持企业上市发展的建议，从流程、监管、政策、产业链等方面，大力支持企业上市发展，引导企业充分利用境内外证券交易平台，做深价值链、做好资本链，提高企业核心竞争力。2018 年 11 月，北京银监局等六部门为引导更多资金用于支持民营和小微企业发展，从货币政策、政策协同、考核机制、营商环境等方面提出二十项具体建议。2019 年，北京市进一步细化了金融业创新制度，即在落地支持、鼓励金融服务"高精尖"、公共服务、高端人才政策、金融创新奖、人才培养和引进、"一对一"精准服务、挂牌上市支持、对外开放、专项支持政策十方面进行推进。

表 4－2　2016～2019 年北京市金融业相关法规政策

时间	政策梳理
2016 年 1 月	北京市金融工作局等三部门印发《关于加快推动北京保险产业园创新发展的实施办法》
2016 年 9 月	北京市金融工作局、中关村科技园区管理委员会、中国银行业监督管理委员会北京监管局联合制定了《关于支持银行业金融机构在中关村国家自主创新示范区开展科创企业投贷联动试点的若干措施（试行）》
2017 年 9 月	北京市金融工作局联合七部门印发《关于构建首都绿色金融体系的实施办法》
2018 年 3 月	北京市金融工作局及中国人民银行营业管理部联合出台 14 条建议来进一步优化本市金融信贷营商环境，提升金融信贷服务水平
2018 年 4 月	北京市政府提出关于扩大对外开放提高利用外资水平的意见
2018 年 5 月	北京市人民政府办公厅提出进一步支持企业上市发展的意见
2018 年 11 月	北京银监局等六部门为引导更多资金用于支持民营和小微企业发展，从货币政策、政策协同、考核机制、营商环境等方面提出二十项具体建议
2019 年 1 月	国务院批复《全面推进北京市服务业扩大开放综合试点工作方案》
2019 年 3 月	北京市首次通过商业银行柜台发行地方政府债券 20 亿元
	北京市人民政府印发《北京市交易场所管理办法》（京政发〔2019〕4 号）
2019 年 4 月	北京市地方金融监督管理局等三部门共同研究制定《深化金融供给侧改革持续优化金融信贷营商环境的意见》，以优化北京市金融信贷营商环境
	北京市正式启动动产担保统一登记系统试点并全面取消企业银行账户许可
2019 年 5 月	中国人民银行营业管理部发布《全面深化北京民营和小微企业金融服务行动方案（2019－2020 年)》
2019 年 6 月	北京市金融工作局、中关村管委会、西城区政府、海淀区政府联合制定《关于首都金融科技创新发展的指导意见》

时间	政策梳理
2019 年 11 月	中国人民银行营业管理部等四部门联合发布《关于印发〈金融支持北京市制造业高质量发展的指导意见〉的通知》（银管发〔2019〕227 号）
2019 年 12 月	北京市地方金融监督管理局会同人民银行营业管理部（国家外汇管理局北京外汇管理部）等三部门联合发布《金融领域开放改革三年行动计划》政策解读

资料来源：北京市金融办、中国人民银行营业管理部。

二、空间布局现状

（一）十六个区行业数据比较

在空间布局方面，北京市近年来借助金融街与中关村的资源优势，着力打造北京金融科技与专业服务创新示范区（以下简称金科新区）。据了解，金科新区通过实施"十六项工程"，建成"五个创新体系"，形成"五项国际示范"。截至 2019 年 11 月，已推出"金科十条""十个支持"等重磅政策，数百家金融科技企业聚集此处，年收入近千亿元。如表 4 - 3 所示，从 2016 ~ 2019 年平均增速来看，石景山、大兴区、顺义区、北京市经济技术开发区、延庆区等区域增长较快，一方面其采取一系列举措带动金融业发展，如石景山区近年来大力发展科技金融；另一方面上述地区金融业基础较为薄弱、基数小，因而增长显得更快。从各区占全市金融服务业增加值比重变化来看，朝阳区、石景山区、顺义区等均有所增加；西城区占全市比重则由 2016 年的 39.34% 下降到 2019 年的 38.21%，但总体来看，以西城区、朝阳区、海淀区和东城区为主体的全市金融业空间布局结构仍未改变，并有所加强，即上述四个区占全市比重由 2016 年 77.12% 增加到 2019 年的 79.73%。

表 4 - 3　2016 ~ 2019 年各区金融服务业增长情况

区域	2016 ~ 2019 年平均增速（%）	2019 年增加值（万元）	2016 年各区占全市金融服务业增加值比重（%）	2019 年各区占全市金融服务业增加值比重（%）
东城区	17.30	7697704	11.17	11.76
西城区	14.17	25006203	39.34	38.21
朝阳区	20.43	10890102	14.60	16.64

续表

区域	2016~2019 年平均增速（%）	2019 年增加值（万元）	2016 年各区占全市金融服务业增加值比重（%）	2019 年各区占全市金融服务业增加值比重（%）
丰台区	15.75	2151872	3.25	3.29
石景山区	62.07	1628002	0.90	2.49
海淀区	18.74	8588153	12.01	13.12
房山区	23.17	479122	0.60	0.73
通州区	20.14	747952	1.01	1.14
顺义区	31.96	2880075	2.93	4.40
昌平区	16.94	697440	1.02	1.07
大兴区	39.39	840145	0.73	1.28
北京经济技术开发区	31.96	506910	0.52	0.77
门头沟区	28.00	202845	0.23	0.31
怀柔区	11.73	181708	0.31	0.28
平谷区	19.77	142651	0.19	0.22
密云区	9.67	163460	0.29	0.25
延庆区	30.53	107713	0.11	0.16

（二）六大高端产业功能区数据比较

目前北京已逐步形成中关村国家自主创新示范区、金融街、北京商务中心区、北京经济技术开发区、临空经济区和奥林匹克中心区六大高端产业功能区。其中，中关村示范区作为创新创业集聚地和战略产业策源地，以全国科技创新中心建设为金融服务重点，全面落实各项科技金融政策，促进金融和科技深度融合。金融街承载着中国改革开放的历史，也是中国金融对外开放的先行区，聚集了大规模的金融资源和金融人才。截至 2019 年，金融街已聚集了各类金融机构1900 余家，总部企业 175 家，资产总额达 113.6 万亿元，占全国的 34%，区域人民币支付业务与外汇支付业务在全国占比分别为 40% 和 60%。[①] 北京临空经济核心区成立以来，临空产业要素高度集聚，优势互补，逐步形成了以航空服务业为主导，现代物流、新兴金融、商务会展和高技术产业等为补充的"大临空"经济格局。截至 2019 年 4 月，核心区内共有金融类企业 270 余家，涵盖了投资

---

① 资料来源：《金融街发展报告（2020）》。

基金、银行保理、融资租赁等多种新兴金融业态，聚集了华夏基金、国开基金、中交基金、国投基金、中铝基金等知名企业，近年来保持着 20% 以上的高速增长态势。[①] 北京商务中心区（CBD）内国际金融机构超过百家，占全市国际金融机构的 70%。2018 年末，开发区共有金融业法人单位 1374 个，比 2013 年末增长 3.16 倍；金融业法人单位资产总计 32871 亿元，比 2013 年末增长 2.14 倍。[②]

（三）行业龙头企业空间分布

如表 4-4 所示，从全市银行、保险系统机构人员情况区域分布来看，西城区优势较为明显，其共有机构 477 个，其中总行、总公司机构 38 个，占全市比重达到 35.51%；从业人员总数约 11.9 万人，占全市比重 29.11%。东城、西城、朝阳和海淀四个区金融保险系统机构占全市比重超过 56%，从业人员超过 70%，表明全市银行、保险行业主要集聚于此四区。

表 4-4　2019 年全市银行、保险系统机构人员情况区域分布

各区	合计		总行、总公司		分行、分公司	
	机构（家）	从业人员（人）	机构（家）	从业人员（人）	机构（家）	从业人员（人）
全市	4482	409193	107	133163	192	62762
东城区	346	51194	9	7713	30	15692
西城区	477	119150	38	67559	44	29871
朝阳区	984	75288	31	22715	91	12613
丰台区	368	23101	4	8882	10	1294
石景山区	139	14039	5	7524	2	128
海淀区	704	44612	5	14516	12	2933
门头沟区	68	2464	1	23	1	44
房山区	162	9271	1	32	—	—
通州区	211	12930	1	27	—	—
顺义区	189	12229	2	286	—	—
昌平区	206	12609	3	3122	—	—
大兴区	237	9274	2	100	2	187

①　资料来源：《北京临空经济核心区五周年巡礼之产业篇》（http://www.iuion.com/cy/102373.html。

②　资料来源：根据《北京市第三次全国经济普查主要数据公报（第四号）》和《北京市第四次全国经济普查主要数据公报（第四号）》提供的数据计算。

续表

各区	合计		总行、总公司		分行、分公司	
	机构（家）	从业人员（人）	机构（家）	从业人员（人）	机构（家）	从业人员（人）
怀柔区	109	5799	1	59	—	—
平谷区	111	6215	1	22	—	—
密云区	105	7099	1	38	—	—
延庆区	66	3919	2	545	—	—

资料来源：《北京区域统计年鉴 2020》。

　　考虑到全市金融机构众多，且规模差距较大，以中央金融企业及金融上市公司为代表，分析其空间布局特征，具体如图 4-2 所示。全市中央金融企业及金

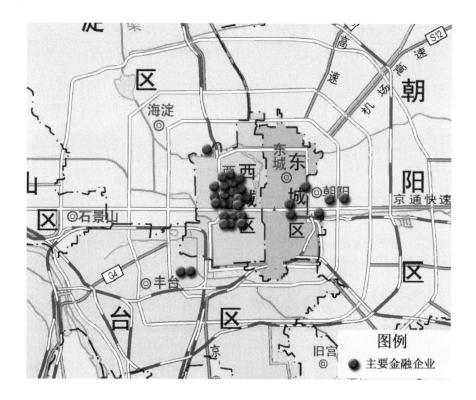

图 4-2　全市中央金融企业及金融上市公司空间分布示意

资料来源：财政部《中央金融企业名录管理暂行规定》（财金〔2020〕69 号）及中国证券监督管理委员会《北京辖区上市公司名录（截至 2021 年 3 月 31 日）》（http://www.csrc.gov.cn/pub/zjhpublicofbj/jgdx/202104/t20210408_395664.htm）。

融上市公司共计 31 家，其中西城区 22 家，集聚于金融街地区。既包括中国进出口银行、国家开发银行、中国农业发展银行等政策性银行，也包括工商银行、建设银行、中国银行等商业银行，还包括中国人保、中国人寿等保险企业，以及华融、长城、东方、信达等资产管理公司。东城区共有 3 家，主要位于东单及朝阳门地区；朝阳区共有 3 家，主要位于 CBD 地区；丰台区共有 2 家，均位于丽泽金融商务区；海淀区仅有 1 家。

三、重点区域分析

（一）金融街

金融街是北京市第一个大规模整体定向开发的金融产业功能区。金融街是中国金融业的资金结算中心，是中国人民银行清算总中心、中央国债登记结算有限责任公司、中国证券登记结算有限责任公司的聚集地。金融街发展指数由金融管理、金融产业、金融环境三部分构成，能够反映一定时间内金融街经营效果、产业发展以及营商环境的变化趋势。以 2015 年为基期年，从 2015 年至 2019 年，金融街发展指数累计增长 57.6%，呈稳步上升趋势；2018 年金融街发展指数为 137.98 点，同比增长 12.99%；2019 年指数结果为 157.60 点，同比增长 14.22%；指数年均增幅达到 12.07%。2019 年，金融街的金融管理功能稳步强化，金融管理子指数同比增长 3.71%，年均增幅为 5.30%，管理能力的提升为金融街未来产业发展奠定坚实基础；金融产业子指数增长幅度最大，2019 年同比增长 23.35%，年均增幅达到 16.70%，表征金融街发展动力强劲。金融环境子指数逐年攀升，2019 年同比增长 11.78%，年均增幅为 13.00%，表征金融街服务支持体系不断提升，满足了金融产业蓬勃发展对区域城市功能、政府服务质量、文化环境建设等多方面的要求。[①] 在政策的支持和相关产业的带动下，金融街发展成效明显，已建设成为集决策监管、标准制定、资产管理、支付结算、信息交流、国际合作为一体的国家金融管理中心，发展成为了大型机构总部聚集地、全国金融资产聚集地、高端金融人才聚集地、人民币资金流通枢纽以及金融市场信息发源地，国家金融管理中心功能将持续强化。

（二）中关村示范区

立足中国科技创新原点的中关村，以市场化方式搭建创新资源合作平台，提供普惠性服务，全力打造中关村资本、中关村金融服务、中关村科技服务、中关村社区等服务品牌，秉持合作共赢的发展理念，主动融入全球科技创新网络，服

[①] 资料来源：《金融街发展报告（2020）》和《金融街发展指数报告（2020）》。

务科技创新，以带动北京市金融科技更好更快发展。2010～2019年，中关村服务创新创业主体取得了显著成绩，累计服务科技企业5.8万家，为创新创业主体提供投融资总额4728亿元，落地北京高精尖产业项目和创新孵化项目3642个，面向社会发起设立300亿元中关村创新母基金，累计形成股权纽带企业达3299个。① 截至2019年底，中关村资本通过代持政府资金投资、自有资金投资、基金投资等方式，累计投资额近500亿元。集团体系共参与设立139只基金，基金总规模达1375亿元。中关村科技金融服务旨在解决创新型中小企业"融资难、融资贵"的问题，构建"投保—贷租"金融服务体系，打造科技金融服务平台，为创新创业主体提供一站式融资解决方案。截至2019年底，累计为4.9万家次企业提供科技金融资金支持3053亿元，其中，提供担保额2641亿元、融资租赁额185亿元、信贷额227亿元。② 2020年1～2月，中关村发展集团获得国际评级机构惠誉国际授予的A级主权评级，首次成功发行3亿美元高级无抵押债券，实现了国际资本市场的历史性突破。中关村科技租赁股份有限公司成为集团旗下首家正式在香港联合交易所有限公司主板上市的企业。针对中小微科技企业，中关村主动让利双创主体，为双创主体"解危济难"。

四、存在问题与不足

（一）企业规模偏小

法人金融机构的数量是衡量金融中心的重要指标，也直接影响着一个城市金融的发展进程。截至2019年底，北京共有金融机构4560家，法人机构121个，其中包含大型商业银行、小型农村金融机构、信托公司、外资银行等。其中，大型商业银行占比最高，共有1797个相关机构，小型农村金融机构和新型农村机构共有713家，法人机构12个。2019年全年北京市银行业金融机构资产总额为26.3万亿元，同比增长8.6%；实现利润2589.2亿元，同比减少4.9%，较上年同期下降9.9个百分点；银行业金融机构数量有所增加，2019年末机构网点总数减少45家；法人金融机构数量比上年增加1家；从业人数同比增长5.1%。可以看到，北京市金融业处于平稳增长态势，但企业规模较小。

（二）内部结构有待进一步调整

随着北京市金融市场化程度逐步提升，金融行业内部结构也在发生改变，金

---

① 资料来源：《中关村企业线上融资服务平台正式发布　中关村科技金融生态再升级》（http://zgcgw. beijing. gov. cn/zgc/yw/gzdt/10878876/index. html）。

② 资料来源：中关村发展集团《2010－2019企业社会责任报告》。

融部门的竞争性市场体系逐步形成，多元化的趋势也伴随着股份制银行、信托机构、农村金融机构而日趋成熟。从整个北京市金融业来看，整体结构在向着多元化、国际化的趋势发展，但行业内部结构还有调整的空间。当前，商业银行仍占据金融市场的主导地位。2019 年，北京市大型商业银行机构个数及资产总额都占全市的 30% 以上，该特征尤其表现在人民币存贷款领域。金融市场的结构还会体现在股票和企业债券等金融资产指标上。2019 年末，北京地区新三板挂牌公司共计 1190 家，同比下降 17.4%；挂牌公司总市值 5283.7 亿元，同比下降12.9%。因此，北京地区在融资灵活性上还有待加强，需要加快盘活存量、释放市场潜能、改善北京市金融业资产结构。此外，保险市场 2019 年保费收入共计2077 亿元，保险密度为 9640 元/人，保险深度为 6%，高于全国平均水平，但和发达国家 8% 的平均水平还存在一定差距。

（三）自主品牌效应与活力不足

自主创新金融品牌是金融业增强国际竞争力和牢固占领市场份额的客观需要，拥有品牌影响力的金融企业能充分地占据市场份额和地位。以 2013 年互联网金融元年作为起始点，北京金融业品牌建设经历了"业务—科技—合规专业"三次演变。在政策导向、业务研发、融资上市需求等因素的共同影响下，北京市金融企业定位开始向金融科技平台和科技驱动型平台过渡。现阶段，北京金融业尚处于成长阶段，辖内法人金融机构数量较少、企业规模未达到规模经济，综合实力尚待提高，多重因素影响下导致北京金融业自主品牌效应与活力不足，品牌知名度在国际金融市场不高，特别是地方金融机构的综合竞争力不强，难以满足区域金融中心的发展要求。因此，北京市应当重视面向监管的品牌策略，全面加强金融业品牌建设。

（四）空间布局有待优化

1. 北京市内部金融产业空间分布

北京市金融业发展初期，各区县产业自成体系，相互之间竞争度较低，金融产品的目标客户不存在过多交叉。随着北京市金融业的广度和深度日益增长，市场上的金融产品品类和数量大规模增加，金融业局部产业过剩出现，各区县的金融业面临多方面的竞争，因而出现了产业同构现象。目前，北京市大型金融机构多分布在北京的中部至北部地区，以金融街和中关村为典型代表，南部地区的金融业发展尚处于起步阶段，整体空间布局呈北高南低分布。金融业产业同构现象既影响各区县深度发展金融业，也会给北京市金融业自身改革带来较大的资源浪费。

2. 京津冀金融产业协同发展

京津冀协同发展战略实施后，目标同向、措施一体、优势互补、互利共赢的新格局逐步显现，三地百姓也切实感受到"互通如同城"的便利。随着《京津冀协同发展规划纲要》中期目标的展开，京津冀协同发展正在步入"快车道"。金融业则是促进京津冀协同发展必不可少的驱动力，京津冀协同发展需要高效的金融体系和统一的金融市场作为支撑。2016年以来，京津冀三省市均采取各种政策手段对金融业的创新发展给予支持，故京津冀三地的金融业都得到快速发展，但受地理区位、发展条件等因素影响，北京金融业发展最好，河北发展较差，与北京、天津发展差距显著。借鉴国际上其他国家的金融产业布局，在分散布局的基础上形成联动机制。美国的金融产业分布主要集中在国际贸易和货币市场都成熟的地区，90%集中在纽约、洛杉矶、西雅图、旧金山等大城市，每个金融城市之间的发展差距较小，因而也较容易形成金融产业协同发展。因此，为进一步推进京津冀金融协同发展，京津冀三省市的金融业发展应有所侧重，"北京应该强化金融监管，天津强化金融创新运营，河北强化后台服务"。

（五）市场监管有待完善

目前，金融市场的发展前景广阔，但市场监管还有完善的空间。首先，无牌照金融活动给参与群体带来巨大的风险隐患。其中，较为突出的问题是P2P网络借贷和非法集资问题。朝阳、海淀等中心城区存在一些非法金融机构，利用政策盲区在互联网上开展非法集资活动，在市场中产生了负面的影响。持牌金融机构违规行为还需继续治理。一些平台违规经营，进行不正当违规性交易，引发投机炒作，甚至操纵市场等行为。近年来，中国债券市场改革开放不断深化，服务实体经济功能持续增强，但随着国内宏观经济增速放缓，企业信用风险上升，债券市场违约进入多发期。特别是2018年民企信用债连环违约，成为债券市场关注的突出问题。其次，地方金融监管协调机制有待完善，北京至今仍存在地方金融监管需求与中央金融监管派出经所的职能不匹配问题。最后，发展与监管之间的矛盾也有待解决。

五、对策建议

（一）加快转型升级，创新服务业态

金融服务业是高端服务业的重要组成部分，是国民经济的驱动型支柱产业。在金融服务业领域，逐渐适应消费者日益增长的多元资金融通需求，正在成为金融服务业发展的新常态。北京在大力推动产业升级突破的进程中，提升金融服务业有助于招商引资引智，提升城市综合竞争力。北京要强化鼓励金融业创新，摆脱跟随发展的路径依赖，着力原始创新和颠覆性创新，保护和激发金融业转型升级的积极性和创造性，根据北京首都的定位，重点培育高端金融市场，创新金融机构、新兴业务模式等相关领域的新增长点。北京应加快推进人工智能、大数据、云计算等新兴科技在金融业的应用；鼓励互联网企业创新业态模式，通过创新体制机制合理管控风险；支持企业开展跨境人民币双向融资业务，在宏观跨境融资审慎管理政策框架下，拓展企业跨境融资空间。

（二）鼓励企业做大做强，提升品牌竞争力

在中国金融业进入新时代、国家倡导品牌发展战略的大背景下，金融业的品牌建设工作也应该适应高质量发展要求进行创新。北京在中关村科技园区等新型金融品牌的基础上，加快构建 CBD、金融街、蚂蚁金服等具有国际竞争力的金融服务业品牌；注重金融产品品牌化，将中国自有基金、银行、保险品牌推向国际，同时也有利于引入更多国际资本；注重探索影响金融业品牌建设的驱动因素，坚持以顾客为中心的价值探索，注重品牌内部的开发与营销，注重顾客的差异化管理；加强金融业品牌风险管理。与此同时，北京还应鼓励保险机构与银行业金融机构信息共享、优势互补，共同开展制造业领域股债结合、投贷联动等业务；加强金融业对外开放力度，充分利用国内外两大市场与资源，打造品牌形象，构建新发展格局，实现金融业强劲可持续的发展。

（三）围绕新版城市总体规划部署，优化空间布局

北京要借助金融服务业的发展特点，围绕"四个中心"，分别提出空间布局规划方案，并在资源要素等方面提供服务保障，以切实增强首都功能的服务保障能力；在 CBD、中关村产业园的集聚效应下，加快各类投融资机构聚集发展，形成金融产业生态；拓展金融服务业功能，积极促进京津冀金融业协同发展，着眼于增强金融集聚辐射能力，服务京津冀一体化发展；发挥中关村集聚辐射能力强的优势，助力北京市的金融企业"走出去"，强化与津冀两地金融的交流合作，将服务范围扩大到京津冀周边地区。

北京市未来的金融产业规划应突出高端引领，优化提升现代服务业。聚焦价值链高端环节，促进金融服务业创新发展，向高端领域迈进。在原有金融业产业功能区的基础上，聚焦北京市富有发展潜力的功能区，拓宽现代金融服务业的承载空间。在推动京津冀协同发展的背景下，立足南苑地区升级改造和大红门地区功能疏解，将南苑—大红门地区打造成带动南部地区金融业发展的增长极。

（四）加大人才培育力度

北京市要高度重视金融人才队伍建设。北京市应结合自身推进金融业发展的

目标，制定金融人才队伍建设目标，要坚持以人为本的观念，主动为金融人才提供发展环境与条件，充分调动金融人才的积极性、创造性；要加强金融人才队伍层次建设；组建好一支政治坚定、业务精良、能够正确预判经济形势、具有较强应变能力和掌控全局能力的优秀金融企业管理队伍。建设好一支精通现代金融知识、熟悉北京城市发展、善于开拓市场、通晓市场规律和国际惯例、具有较高道德素质的业务经理队伍；建立有效的薪酬机制和激励机制，按照"效率优先，兼顾公平"的原则，建立健全人才激励机制，强化竞争机制；注重引进和培养金融高端人才，以五大发展理念为引领，充分发挥市场在金融人才资源配置中的决定性作用，更好地发挥政府作用，进一步强化金融人才聚集效应，提升人才队伍整体的竞争实力。

（五）加强对市场主体服务和监管

在金融科技产业生态体系建设过程中，北京应重视金融科技这把双刃剑，加强技术背后人员管理。因此，应该探索将金融科技纳入京津冀常态化监管协调沟通机制，加强金融科技创新监管工具、监管科技等领域的交流合作。结合北京具体发展情况探索总结出好的经验和手段、相互借鉴，共同提高。提高大数据运用能力，增强政府服务和监管的有效性。推动简政放权和政府职能转变，促进市场主体依法诚信经营。提高政府服务水平、监管效率、政务信息透明度，降低服务和监管成本。政府监管和社会监督有机结合，构建全方位的市场监管体系。鼓励银行开展不良资产证券化试点，主动降低北京市产能过剩领域的信贷风险。支持先进制造业企业在银行间市场发债融资，充分运用大数据技术，提高对市场主体全方位服务的水平，加强对市场主体全生命周期的监管。

第二节　北京商务服务业发展与空间布局

商务服务业作为服务于商贸、商务等经济活动的新兴产业、新兴业态，兼具知识密集型和资金密集型等特征，是首都"高精尖"产业结构的重要组成部分和打造"北京服务"品牌的主要载体。根据 2017 年 10 月 1 日开始实施的国家标准《国民经济行业分类》（GB/T 4754—2017），其范围包括组织管理服务、综合管理服务、法律服务、咨询与调查、广告业、人力资源服务、安全保护服务、会议、展览及相关服务、其他商务服务业。

一、北京商务服务业发展成就

(一) 商务服务业规模不断增大

如图4-3所示,2016年北京市商务服务业(含租赁业)实现增加值1835.2亿元,同比增长1.6%。北京市商务委员会相关数据显示[①],规模以上高端商务服务业企业快速成长:法律服务营业收入123.4亿元,同比增长16.7%;咨询与调查营业收入1035.8亿元,同比增长11.6%;广告业营业收入1580.2亿元,同比增长10.3%;人力资源服务营业收入634.7亿元,同比增长12.4%,均高于重点服务业企业7.2%的平均增速。

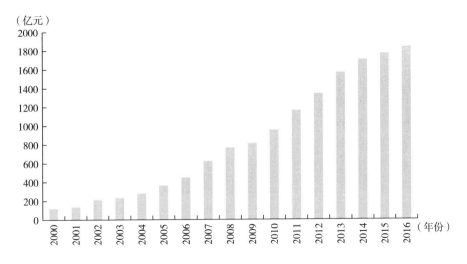

图4-3 2000~2016年北京市商务服务业实现增加值增长

资料来源:北京市历年统计年鉴和《北京市2016年国民经济和社会发展统计公报》。其中本表按当年价格计算,2013年之前行业按国家2002年版《国民经济行业分类》标准(GB/T 4754—2002)核算;2013年(含)之后行业按国家2011年版《国民经济行业分类》标准(GB/T 4754—2011)核算。

如图4-4所示,北京市商务服务业(含租赁业)实现增加值占地区生产总值的比重由2000年的3.76%上升到2014年的7.97%,近两年有所下降,到2016年其比重为7.37%,在北京市服务业各行业增加值占地区生产总值的比重中,仅次于金融业、信息传输、软件和信息技术服务业、批发和零售及科学研究和技术服务业,居第五位。其中,2005年北京市商务服务业(含租赁业)实现

---

① 阎密:《北京商务服务业:扬帆远航拥抱世界》,《国际商报》2017年5月31日第A08版。

增加值占地区生产总值的比重达到 5.18%，按照行业增加值占地区生产总值的比重超过 5% 的认定标准，即成为北京市支柱产业。

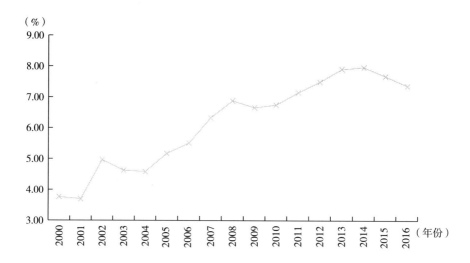

图 4 - 4　2000～2016 年北京市商务服务业实现增加值占地区生产总值的比重

资料来源：北京市历年统计年鉴和《北京市 2016 年国民经济和社会发展统计公报》。其中本表按当年价格计算，2013 年之前行业按国家 2002 年版《国民经济行业分类》标准（GB/T 4754—2002）核算；2013 年（含）之后行业按国家 2011 年版《国民经济行业分类》标准（GB/T 4754—2011）核算。

（二）品牌化建设成效显著

2013 年以来，北京市大力实施商务服务业品牌建设工程，加大对知名品牌、龙头企业的培育与宣传力度，使其市场竞争力不断提升。依托国内外大型展会平台，展示、推介本市商务服务业企业，为企业发展创造商机。2013 年北京市商务委在原"北京市商务企业法律顾问协会"基础上成立"北京商务服务业联合会"；2014 年，北京市商务委创办了北京商务服务业发展论坛。在 2017 北京国际服务贸易交易会期间，北京商务服务业发展论坛（暨第四届九环峰会）召开，通过主题日活动，进一步扩大了商务服务业的影响力，提升参与企业的品牌形象，为企业提供一个交流合作的高端服务平台。

（三）商务服务业发展环境不断优化

"十三五"时期以来，北京市不断优化商务服务业发展环境。2017 年 5 月，市商务委依托北京商务服务业联合会会员企业和商务楼宇、商务服务业集聚区管理机构，组织以企业管理、法律、调查咨询、财税、知识产权、投融资及资本营运等方面的社会机构、企业和专家，新组建 15 家北京商务服务中心，为商务楼宇和集聚区入驻企业就近提供各类商务服务的综合服务。2017 年 12 月，市商务局牵头出台《关于进一步促进展览业创新发展的实施意见》，提出推动展览业创新发展、转型升级，促进展览业品牌化、专业化、国际化、信息化发展。2019 年 5 月，市商务局牵头出台《关于促进我市商业会展业高质量发展的若干措施（暂行)》，提出要提升会展品牌影响力、推动品牌展会提质升级、促进会展创新发展。2020 年 3 月，市商务局出台《关于促进商务咨询服务业健康发展的若干措施》，提出为应对新冠肺炎疫情影响，出台一系列举措具体如表 4 – 5 所示。如对因受疫情影响经营暂时出现困难但有发展前景的商务咨询服务企业不抽贷、不断贷、不压贷，对受疫情影响严重的中小微企业到期还款困难的，可予以展期或续贷。

表 4 – 5 《关于促进商务咨询服务业健康发展的若干措施》

类别	主要措施
抗疫情、稳经营	缓解税费压力、给予信贷支持、加大政府采购支持力度、帮扶受疫情影响严重行业、实施援企稳岗和促进就业政策、提升服务便利度
补短板、提品质	大力引进国际领先企业、知名品牌和优质项目、提高会计服务国际竞争力、打造律师业务智能平台、构建商务咨询服务国际网络、提升广告业传播力、增强会展业影响力、提高旅行社服务质量、鼓励总部企业高质量发展、促进安全保护模式多元化、引进培养行业领军人才
抓统筹、建机制	创新工作机制、优化人才环境、加大支持力度

资料来源：北京市商务局网站（http://sw. beijing. gov. cn/tzgg/202003/t20200331_ 1750351. html）。

（四）商务服务业扩大开放全面推进

2015 年 9 月出台的《北京市服务业扩大开放综合试点实施方案》提出要推进商务服务领域扩大开放，放开会计审计、商贸物流、电子商务等领域外资准入限制，鼓励外资投向创业投资、知识产权服务等商务服务业，支持外资以参股、并购等方式参与国内商务服务企业改造和重组。2017 年 6 月国务院批复《深化改革推进北京市服务业扩大开放综合试点深化方案》，其中明确的 10 条开放措施涉及商务服务业的有 3 条，包括企业管理服务、法律服务和人力资源服务业。2017 年 12 月国务院印发《关于在北京市暂时调整有关行政审批和准入特别管理措施的决定》，意味着为全市新一轮扩大开放措施落地、推动商务服务业扩大开放综合试点向纵深推进提供了法治保障。2019 年 2 月，国务院批复《全面推进北京市服务业扩大开放综合试点工作方案》，进一步明确了租赁和商务服务业领域综合试点开放措施，具体如表 4 – 6 所示。

表4-6 租赁和商务服务业领域综合试点开放措施

相关规定	法律法规依据	开放措施
外商投资旅行社不得经营中国内地居民出国旅游业务以及赴香港特别行政区、澳门特别行政区和台湾地区旅游的业务，但是国务院决定或者中国签署的自由贸易协定和内地与香港、澳门关于建立更紧密经贸关系的安排另有规定的除外	《旅行社条例》	在扩大中外合资旅行社开展出境旅游业务试点中，支持在京设立并符合条件的中外合资旅行社从事除台湾地区以外的出境游业务
		允许在京设立的外商独资经营旅行社试点经营中国公民出境旅游业务（赴台湾地区除外）
参与试点的外籍律师应当符合下列条件：1. 不具有中华人民共和国国籍的自然人；2. 在中国境外从事律师职业不少于3年，且系正在执业的律师	《司法部关于开展国内律师事务所聘请外籍律师担任外国法律顾问试点工作的通知》（司发通〔2017〕32号）	进一步探索密切中国律师事务所与外国及港澳台地区律师事务所业务合作的方式与机制，在国内律师事务所聘请外籍律师担任外国法律顾问试点中，适当降低参与试点的外籍律师在中国境外从事律师职业不少于3年的资质要求
申请设立投资性公司应符合下列条件：1. 外国投资者资信良好，拥有举办投资性公司所必需的经济实力，申请前一年该投资者的资产总额不低于四亿美元，且该投资者在中国境内已设立了外商投资企业，其实际缴付的注册资本的出资额超过一千万美元；2. 外国投资者资信良好，拥有举办投资性公司所必需的经济实力，该投资者在中国境内已设立了十个以上外商投资企业，其实际缴付的注册资本的出资额超过三千万美元	《商务部关于外商投资举办投资性公司的规定》（商务部令〔2004〕22号）	放宽外商设立投资性公司申请条件，申请前一年外国投资者资产总额降为不低于两亿美元，取消对外国投资者在中国境内已设立外商投资企业的数量要求

资料来源：北京市商务局网站。

在肯定成绩的同时，也要看到北京市商务服务业发展存在企业规模偏小、内部结构有待优化、自主品牌效应与活力不足、市场监管有待完善等突出问题，需要在"十四五"期间加以破解，加快促进商务服务业高质量发展。

二、空间布局现状

2013年6月，根据《关于认定命名北京市总部经济和商务服务业集聚区（第一批）的通知》，北京商务中心区、东二环高端服务业发展带、中关村玉渊潭科技商务区、北京奥林匹克公园、银河综合商务区和北京市大兴区国基创新园被授予"北京市商务服务业集聚区"称号。其中，北京商务中心区入驻企业总量达 19000 家，规模以上企业 8900 家，年均增长 27%；注册资本过亿元企业 184 家，集中了北京市约 90% 的国际传媒机构，约 80% 的国际组织、国际商会，约 80% 的跨国公司地区总部，约 70% 的世界 500 强企业和国际金融机构，以全市 50% 以上的国际性会议、90% 的国际商务展览，已形成以国际金融为龙头、高端商务为主导、国际传媒聚集发展的产业格局。①

从空间分布来看，北京商务服务业形成了以朝阳、西城、东城、海淀为核心聚集发展的特点。如表 4 - 7 所示，2018 年以上四个区商务服务业（含租赁业）实现增加值占全市的比重达到 86.49%，其中朝阳区达到 51.26%，占全市的比重超过一半。2018 年朝阳区全年规模以上商务服务业单位实现收入 3942.4 亿元，比上年增长 5.1%。其中，组织管理服务实现收入 1065.4 亿元，比上年增长 1.7%；广告业实现收入 795.5 亿元，比上年增长 3.8%；人力资源服务实现收入 748.4 亿元，比上年增长 17.8%。

表 4 - 7　2018 年北京市各区商务服务业增加值、增长速度及占全市比重

区域	增加值 （万元）	同比增长 （%）	占全市商务服务业 增加值比重（%）
东城区	2256296	1.3	11.19
西城区	2836766	-0.2	14.07
朝阳区	10336502	7.8	51.26
丰台区	1333124	1.4	6.61
石景山区	249745	12.9	1.24
海淀区	2010576	1.1	9.97
门头沟区	43218	21.7	0.21
房山区	93599	4.2	0.46
通州区	91481	0.7	0.45
顺义区	688704	3.2	3.42
昌平区	307853	11.9	1.53
大兴区	175466	18.5	0.87
怀柔区	63854	38.3	0.32

① 资料来源：《夯实北京外向型经济发展根基　打造首都国际航空核心示范区》（http://www.doc88.com/p7817812427426.html）。

区域	增加值 （万元）	同比增长 （%）	占全市商务服务业 增加值比重（%）
平谷区	35759	−5.6	0.18
密云区	90797	12.0	0.45
延庆区	17720	28.3	0.09
北京经济技术开发区	147763	10.4	0.73

资料来源：《北京市区域统计年鉴2019》。

高端产业功能区是北京市服务业发展的主要平台。根据北京市第四次全国经济普查数据，2018 年末，位于朝阳区的北京市商务中心区和奥林匹克中心区，法人单位总数达到 13752 个，营业收入达到 1801.3 亿元，具体如表 4－8 所示。

表 4－8　2018 年高端产业功能区商务服务业规模

功能区	法人单位 （个）	资产总计 （亿元）	负债合计 （亿元）	营业收入 （亿元）
北京商务中心区	8964	8724	5719.8	1523.8
金融街	796	14887.3	6721.5	165.4
奥林匹克中心区	4788	9290.5	4893	277.5
首都机场临空经济示范区	2111	2665.4	1166.8	156.6

资料来源：北京市第四次全国经济普查数据。

三、重点区域分析

北京商务中心区（简称北京 CBD）作为首都六大高端产业功能区之一，商务服务业特色明显，完善的产业链支撑北京 CBD 高端商务活动。根据《2020 全球商务区吸引力报告》，北京 CBD 位于全球顶级商务区第七名、中国第一名。其商务服务业发展的主要经验有以下四点。

（一）以高标准规划引导空间布局优化

2000 年市政府提出，为了建设国际高水平的 CBD，首先要进行高水平的规划设计，坚持高标准的规划理念。按此要求，CBD 空间布局突出以商务办公为主的功能，将主要商务办公设施集中布置在"金十字"街两侧地段，设计形成混合功能区，既有利于可持续发展，又可避免商务功能过于单一所产生的弊病。同时，政府在 CBD 规划理念中提出重视文化功能，强调文化设施与商务设施的有机融合；重视生态环境建设，强调商务中心区内设置大面积公共绿地，并通过绿化带的连接，形成完整的绿化体系；重视交通体系，强调地铁与公交设施的建设，创建便捷的交通环境。

（二）打造 CBD 商务品牌

每年在 CBD 区域内举行的国际性高端论坛、商务活动、文化与艺术交流活动以及相关国际对话的数量与影响力均排在全国最前列。自 2000 年以来，一年一度持续举办的北京 CBD 创新发展年会（北京朝阳国际商务节、北京 CBD 国际商务节、北京 CBD 商务节），以活动丰富、国际性强等特点形成了独特的商务活动品牌，有效提升了北京 CBD 的商务交往能力，也使 CBD 品牌知名度大幅提高。CBD 区域及周边还云集了中国外交部、除俄罗斯以外的外国驻华使馆以及大量国际组织的驻华机构。达沃斯（夏季）世界经济论坛、博鳌亚洲论坛秘书处等国际组织也纷纷落户 CBD。中外跨国公司 CEO 圆桌会议、世界城市建设国际论坛、跨国公司中国论坛、济州论坛·中韩 CBD 分论坛、中国特色世界城市论坛等国际论坛的举办，有效传播了 CBD 的国际影响力。

（三）以优惠政策吸引高端商务服务业集聚

2009 年 2 月 10 日，朝阳区政府出台了《关于促进楼宇经济发展的奖励办法（试行）》，凡是在朝阳区工商登记注册纳税、使用面积在 5 万平方米以上的 5A 级或甲级商务楼宇，今后在吸引金融、商务服务、文化创意、跨国企业地区总部以及拥有关键产业资源等 5 类企业后，均可获得朝阳区政府提供的为期三年的财政补贴。按照入驻企业在朝阳区登记注册并纳税的比例不同，对商务楼宇的补贴标准也不同，最高可获得新入驻企业每年缴纳区级财政的 20% 作为补贴。

（四）以多元化公共服务强化社会管理

2017 年以来，朝阳区政府坚持统筹经济与社会协调发展，围绕 CBD 区域规划建设和产业发展，着力推进以改善 CBD 区域投资环境和商务环境为主旨的公共服务，如推出了一系列促进投资和产业发展的政策，开设了综合一站式服务大厅，为驻区跨国公司和各类型企业提供了较好的公共服务。特别是针对在 CBD 工作的外籍人士和高端人群，通常居住在 CBD 周边区域的特点，朝阳区政府明确要求，各类公共服务必须在更大的空间范围和领域内提供。朝阳区政府划定周边 86 平方千米为 CBD 功能区，意在打造 CBD 公共服务圈，通过整合 CBD 核心区及其周边街乡和部门各类资源，集中研究解决该群体的公共服务需求。

四、存在问题与不足

（一）企业规模偏小

北京市第三次经济普查数据显示，2013 年北京市商务服务业（含租赁业）法人单位共有 129459 家，而规模以上仅有 5911 家，占全部法人单位的 4.57%，表明商务服务业（含租赁业）法人单位中小企业占绝大多数。由于商务服务企业规模小，注册资金少、引资能力弱，对客户的依赖性很大，服务产品往往是小作坊式的随需而制，影响了企业在专业化道路上的延伸；在运营模式上，也没有连锁经营，规模效益未发挥出来。特别是北京商务服务业现阶段总体行业附加值较低，总体利润率偏低，产业效率有待进一步提升。2015 年，规模以上北京市商务服务业（含租赁业）法人单位共有 4833 家，平均每家从业人员数也仅有 192 人、平均利润总额也仅有 1.05 亿元，与金融业平均利润总额 7.80 亿元差距明显。

（二）商务服务业内部结构有待进一步调整

根据北京市第三次经济普查数据，如表 4 - 9 所示，从商务服务业（含租赁业）内部细分行业来看，包括企业总部管理、投资与资产管理企业在内的管理服务行业，其单位数占比仅为 14.18%，但贡献了 58.61% 的营业收入和 93.77% 的利润总额，表明面对总部经济的商务服务，在全市商务服务业中占据主导地位。而包括会计、审计及税务服务在内的咨询与调查行业，其单位数占比达到 21.71%，但仅贡献了 7.70% 的营业收入和 1.48% 的利润总额，表明咨询与调查行业规模普遍较小、利润率偏低。传统的旅行社及相关服务，其单位数占比达到 19.27%，其他新兴的法律服务、知识产权服务等细分行业占比均较小。

表 4 - 9　2013 年规模以上商务服务业（含租赁业）内部细分行业结构 单位:%

细分行业	单位数占比	营业收入占比	利润总额占比
合计	100	100	100
租赁业	2.28	0.83	0.15
机械设备租赁	2.06	0.75	0.14
文化及日用品出租	0.22	0.08	0.01
商务服务业	97.72	99.17	99.85
企业管理服务	14.18	58.61	93.77
法律服务	3.60	0.90	0.78

细分行业	单位数占比	营业收入占比	利润总额占比
咨询与调查	21.71	7.70	1.48
广告业	15.48	12.07	1.52
知识产权服务	1.86	0.62	0.30
人力资源服务	1.83	5.86	0.17
旅行社及相关服务	19.27	7.15	0.21
安全保护服务	0.91	0.81	0.10
其他商务服务业	18.88	5.44	1.53

资料来源：《北京经济普查年鉴2013》。

（三）区域竞争日趋激烈

"十三五"期间，北京市将加快"四个中心"功能建设，进一步提高"四个服务"水平，坚定不移疏解非首都功能，构建"高精尖"经济结构。商务服务业作为"高精尖"产业重要组成部分，"十三五"期间城六区均将商务服务业作为重点产业，提出加快发展商务服务业，具体如表4-10所示，资源、信息、人才、项目等竞争将进一步加剧。

表4-10　城六区"十三五"商务服务业内容比较

区域	重点内容
东城区	紧抓北京市开展服务业扩大开放综合试点机遇，构建符合核心区功能定位的"二三一"产业体系。做强文化创意产业和商业服务业两大优势产业，做优金融业、商务服务业和信息服务业三大支柱产业，培育健康服务业这一新兴产业。重点发展符合首都核心功能，聚集人员少、占用资源少、能耗低、附加值高、资本和知识密集的业态，基本形成"高精尖"经济结构
西城区	优化发展以金融服务为支撑，科技服务、商务服务、信息服务为依托，文化创意产业与高品质生活性服务业等共同发展的服务经济结构
朝阳区	进一步推进商务服务、金融、文化创意、高新技术四大重点产业发展，加快优化调整产业内部结构。商务服务业以国际化、高端化、品牌化为发展理念，重点支持企业管理、人力资源、会计法律、管理咨询、会展经济等高端业态发展，进一步强化管理决策、市场营销、商务咨询等功能，构建符合区域定位的国际高端商务服务体系
海淀区	推进服务业扩大开放综合试点，提升科技服务业等生产性服务业发展水平。引进世界著名酒店管理集团，加快发展高端商务服务业

续表

区域	重点内容
丰台区	提升商务服务产业层级。加快建设丽泽、科技园区等重点功能区，优化商务楼宇及配套设施品质，重点发展企业管理、会展、广告和中介咨询等商务服务业高端行业，推进商务服务业的高端化和品牌化发展
石景山区	按照"高端绿色、集聚发展、重点突出"的原则，培育和打造以现代金融为核心，高新技术、文化创意、商务服务、旅游休闲为支撑的产业体系。大力推动商业保理产业高端、规范、集聚化发展，通过搭建融资平台、项目平台等方式，优化发展环境，重点培育扶持一批龙头商业保理企业，提升北京商业保理品牌影响力

资料来源：城六区"十三五"规划。

（四）自主品牌效应与活力不足

根据北京市第四次经济普查数据，2018 年北京市商务服务业（含租赁业）法人单位共有 184764 家，其中外商投资和港澳台商投资企业 3284 家，仅占 1.78%，但利润占比 10.31%，外商投资和港澳台商投资企业在高端市场占据重要地位。[①] 而内资商务服务企业由于成立时间短、品牌意识薄弱，缺少技术和专业化的服务培训，特别是缺少商务服务知识的积累、共享和更新，其核心资源仅限于个人或小团队小可复制的知识能力，品牌乘数效应未充分发挥[②]。

（五）市场监管有待完善

商务服务业的市场化运作，需要有良好的经济平台和政策环境作支撑，但目前北京商务服务业企业信用信息体系不够健全，加之国家放开了相关服务价格，而一些企业又缺乏自律机制，导致行业内企业的失信行为及在业务竞争中竞相压价现象大量存在。由于现阶段大部分商务服务市场进入的门槛较低，缺少行业准入标准的限制，不同规模和品质的商务服务企业在同一层面上竞争，造成市场秩序混乱。比如广告业，与国内其他城市相比，北京市广告业的竞争秩序相对较好，但在广告创意和知识产权保护、广告发布、市场规范化监管等方面，与国际广告市场还存在一定的差距；同时由于广告企业数量较多，规模普遍偏小，无序、违法竞争现象仍然存在，广告企业为争夺客户对广告内容自查不严，不实、虚假广告时有发生。

---

① 资料来源：《北京第四次全国经济普查主要数据公报（第三号）》。
② "北京市商务服务业发展对策研究"课题组：《北京市商务服务业发展对策研究》，《中国流通经济》2006 年第 3 期。

五、对策建议

（一）紧抓机遇，加快高质量发展

在经济全球化和信息化的推动下，全球产业结构呈现出从"工业型经济"向"服务型经济"的重大转变。服务全球化已成为经济全球化进入新阶段的典型特征，其中商务服务业发展迅猛，产业分工的精细化、专业化程度的不断提高，都凸显出商务服务业的地位和作用。在世界经济仍处于政策刺激下的脆弱复苏阶段，商务服务业正成为拉动经济发展的重要力量。此外，服务投资贸易全球化拓展服务业发展空间，商务服务业国际转移呈现加快趋势。

北京市十二次党代会提出构建"高精尖"经济结构，进一步明确了商务服务业发展符合北京城市定位和首都经济发展方向。"一带一路"倡议、京津冀协同发展、建设河北雄安新区和北京城市副中心、筹办2022年冬奥会和冬残奥会等重大历史机遇，将进一步拓展首都商务服务业发展空间。2017年12月10日，国务院印发了《关于在北京市暂时调整有关行政审批和准入特别管理措施的决定》（国发〔2017〕55号），意味着2017年6月25日国务院批复的《深化改革推进北京市服务业扩大开放综合试点深化方案》中明确的10条开放措施涉及的法规规章已调整到位，其中，这10条中涉及商务服务业的有3条，包括企业管理服务、法律服务和人力资源服务业。为全市新一轮扩大开放措施落地、推动商务服务业扩大开放综合试点向纵深推进提供了法治保障。此外，北京市围绕高精尖产业结构，2017年12月20日出台《中共北京市委、北京市人民政府关于印发加快科技创新构建高精尖经济结构系列文件的通知》，所提出的科技、信息等现代服务业，以及节能环保、集成电路、新能源等新兴产业和高技术产业均与商务服务业密切相关。下一步促进高端商务服务业发展的具体实施意见也将出台，将为加速发展北京商务服务业创造良好的政策环境。

（二）建立高精尖商务服务业企业数据库，加大培育与扶持力度

"高精尖"产业是北京"高精尖"经济结构的重要组成部分，是高端引领、创新驱动、绿色低碳产业发展模式的重要载体。北京"高精尖"产业是以技术密集型产业为引领，以效率效益领先型产业为重要支撑的产业集合。其中，技术密集型"高精尖"产业指具有高研发投入强度或自主知识产权，低资源消耗特征，对地区科技进步发挥重要引领作用的活动集合。效率效益领先型"高精尖"产业指具有高产出效益、高产出效率和低资源消耗特征，对地区经济发展质量提升和区域经济结构转型升级具有重要带动作用的活动集合。

高精尖商务服务业属于效率效益领先型"高精尖"产业。从产出结果看，高精尖商务服务业之所以高，必定具有高收益、高产业带动力和绿色环保的突出特征，这是高精尖商务服务业的最根本的特性；从投入要素和运作方式看，高精尖商务服务业必然具有高智力（集中体现脑力复杂劳动）、知识密集（反映高频率的知识创新、整合、应用、传播和储存）、高技术导向和应用、高诚信、特色性或差异性、集聚性或集群性、创新性和新兴性的突出特征，使之与低端服务业相区别，也不易被智能化服务所取代①。当然高精尖商务服务细分行业内部也存在低端部分，不是百分之百"纯高端"。

　　围绕北京市"四个中心"功能定位和商务服务业发展趋势，依据《北京市国民经济和社会发展第十三个五年规划纲要》、《北京市新增产业的禁止和限制目录（2015 年版）》、《北京市人民政府关于进一步优化提升生产性服务业加快构建高精尖经济结构的意见》（京政发〔2016〕25 号）、《北京市统计局北京市经济和信息化委员会关于印发北京"高精尖"产业活动类别（试行）的通知》，根据 2017 年 10 月 1 日开始实施的《国民经济行业分类》国家标准（GB/T 4754—2017）进行产业活动类别表界定，北京市高精尖商务服务业产业活动类别包括 8 个行业中类和 24 个行业小类，具体如表 4 – 11 所示。

表 4 – 11　高精尖商务服务业产业活动类别表

中类行业代码与名称	小类行业代码	小类行业名称	说明	判断依据	备注
721 组织管理服务	7211*	企业总部管理	仅包含具有高产出效率和高产出效益的总部企业活动	市统计局、市经信委《北京"高精尖"产业活动类别（试行）2017》	
	7212*	投资与资产管理	仅包含具有高产出效益、高产出效率和低资源消耗特征的企业活动	《北京市人民政府关于进一步优化提升生产性服务业加快构建高精尖经济结构的意见》（京政发〔2016〕25 号），市统计局、市经信委《北京"高精尖"产业活动类别（试行）2017》	
	7213*	资源与产权交易服务	仅包含具有高产出效益、高产出效率和低资源消耗特征的企业活动	北京市"十三五"规划提出大力支持北京产权交易所等做优做强，加强北京产权交易机构和"京津冀产权市场发展联盟"建设，推动三地产权市场融合发展；完善拓展碳排放权交易市场，开展水权交易和排污权交易，推动水权交易平台建设，培育和规范交易市场	

---

　　① 朱晓青：《北京高端服务业发展的总体情况和新要求、新思路、新战略》，中国社会科学出版社2017 年版。

中类行业代码与名称	小类行业代码	小类行业名称	说明	判断依据	备注
722 综合管理服务	7224 *	供应链管理服务	仅包含具有高产出效益、高产出效率和低资源消耗特征的企业活动	《国务院办公厅关于积极推进供应链创新与应用的指导意见》（国办发〔2017〕84 号）	
723 法律服务	7231	律师及相关法律服务		市统计局、市经信委《北京"高精尖"产业活动类别（试行）2017》	
	7232	公证服务			
	7239	其他法律服务			
724 咨询与调查	7241	会计、审计及税务服务		市统计局、市经信委《北京"高精尖"产业活动类别（试行）2017》	
	7242	市场调查			
	7243	社会经济咨询		依托中国社会科学院、中国科学院等机构，以及清华大学、北京大学等高校，培育智库服务业态	
	7244	健康咨询		北京市"十三五"规划提出建设健康活力城市，需要加快健康咨询行业发展	
	7245	环保咨询		《北京市人民政府关于进一步优化提升生产性服务业加快构建高精尖经济结构的意见》（京政发〔2016〕25 号），提出积极发展节能环保服务	
	7246	体育咨询		北京市"十三五"规划提出促进奥运经济发展，激发潜在市场需求，带动体育产业结构升级	
725 广告业	7251 *	互联网广告服务	高产出效益、高产出效率和低资源消耗特征的企业活动	市统计局、市经信委《北京"高精尖"产业活动类别（试行）2017》	
	7259 *	其他广告服务	高产出效益、高产出效率和低资源消耗特征的企业活动	市统计局、市经信委《北京"高精尖"产业活动类别（试行）2017》	

续表

中类行业代码与名称	小类行业代码	小类行业名称	说明	判断依据	备注
726 人力资源服务	7262*	职业中介服务	高产出效益、高产出效率和低资源消耗特征的企业活动	北京市"十三五"规划提出支持设计咨询、资产评估、信用评级、法律服务等国际服务中介机构发展	
	7264	创业指导服务		北京市"十三五"规划提出完善创新创业生态系统，提升创新创业服务	
728 会议、展览及相关服务	7281	科技会展服务		北京市"十三五"规划提出：发展壮大创意交易行业，做大做强设计服务、广告会展、艺术品交易三大创意交易行业；推进会展业品牌化经营，提升精细化服务能力；依托冬奥会场馆及配套设施等优质资源，大力发展体育文化、旅游休闲、会议展览等产业；依托怀柔雁栖湖生态发展示范区，打造国际会议会展活动重要承载区；发展壮大会展经济	城六区严格控制新增会议及展览服务中的展览类设施
	7282	旅游会展服务			
	7283	体育会展服务			
	7284	文化会展服务			
	7289	其他会议、会展及相关服务			
729 其他商务服务业	7294	翻译服务		北京市国际交往中心建设，需求加强翻译服务业发展	
	7295	信用服务		《北京市人民政府关于进一步优化提升生产性服务业加快构建高精尖经济结构的意见》（京政发〔2016〕25号）	

注：本类别中"＊"，表示该行业小类仅有部分企业活动属于"高精尖"产业活动。

围绕依据《北京市国民经济和社会发展第十三个五年规划纲要》、《北京市新增产业的禁止和限制目录（2015年版)》、《北京市人民政府关于进一步优化提升生产性服务业加快构建高精尖经济结构的意见》（京政发〔2016〕25号）、《北京市统计局北京市经济和信息化委员会关于印发北京"高精尖"产业活动类别（试行）的通知》、《中共北京市委、北京市人民政府关于印发加快科技创新构建高精尖经济结构系列文件的通知》等文件，加快对全市"高精尖"商务服务业企业进行筛选认定，建立"高精尖"商务服务业企业数据库，对入选商务服务业企业进行跟踪评估，加大扶持力度，并实施动态调整、有出有进。支持符合高精尖商务服务业发展方向的企业开展股权激励工作；对高精尖商务服务重大项目及企业给予股权投资扶持。对经营状况良好的重大产业项目、示范项目、高成长企业（瞪羚企业、独角兽企业），直接以股权投资方式给予扶持，直接投资资金主要用于支持被投资企业开展生产经营、转型升级、技术创新、管理创新、商业模式创新；对快速成长高精尖商务服务重点企业给予资金扶持；支持高精尖商务服务企业并购重组做大做强，鼓励高精尖商务服务企业实施跨地区、跨行业或境外重大并购和产业整合。

（三）创新服务业态，加快商务服务业行业融合

商务服务业作为生产性服务业的重要组成部分，上下游关联度大，涉及农业、工业等产业的多个环节，具有专业性强、创新活跃、产业融合度高、带动作用显著等特点，特别是企业管理服务、法律服务、咨询与调查、广告业、人力资源服务等行业，是现代制造业和其他现代服务业健康发展的重要支撑。商务服务业具有全产业链特征，上下游产业链复杂。如图4－5所示，要加快商务服务业与新一代信息技术、集成电路、节能环保、新能源、新材料等战略性新兴产业的融合，同时也促进商务服务业与金融业、信息服务业、科技服务业与文化创意产业等其他现代服务业的融合，培养行业发展新业态。

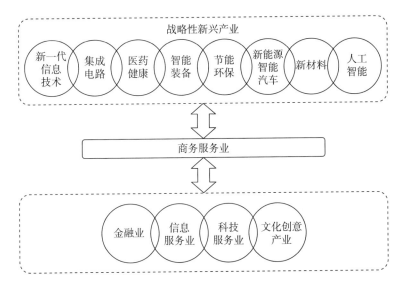

图4－5　商务服务业与相关行业融合发展

同时，加快商务服务业内部业态融合，促进商务服务业集群化发展，其重点就是要围绕商务服务业内部产业链关系，增强各行业之间的关联，使商务服务业发展能实现融合互动、协同创新，从而使整个商务服务业的发展能保持创新活力。

（四）加强商务服务业公共平台建设，优化高精尖商务服务业空间布局

以商务楼宇和各类园区为载体，加大商务服务业主题商务示范楼宇和商务服务业集聚区公共服务平台的建设及政策支持力度，优化商务服务业企业发展的营商环境，提升服务能力和服务水平，带动商务服务业企业集聚发展。加强与统计部门的合作，依托大数据，建立健全市商务服务业重点企业运行监测和公共服务体系，强化市场动态监测和交互式服务功能，构建政府行业主管部门、商务服务业各行业协会和重点企业之间互动式交流合作公共服务平台，为企业提供多元化、全方位的服务。发挥行业协会的业务引领作用，支持商务服务业各行业协会制定相关标准，整合行业优势资源，探索以商务服务业各类行业协会、中介组织和机构为主体，搭建行业公共服务平台。

贯彻落实《总规》关于全市"一核一主一副、两轴多点一区"市域空间结构，按照立足基础、彰显特色、功能互补、集聚集群集约发展原则，围绕四大成熟功能区与四大潜力功能区发展定位，进一步优化高精尖商务服务业空间布局，促进商务服务空间布局与全市产业布局、城市空间布局相适应、相协调，具体如图4-6所示。同时，要以商务楼宇和各类园区为载体，加大商务服务业主题商务示范楼宇和商务服务业集聚区公共服务平台的建设及政策支持力度，优化商务服务业企业发展的营商环境，提升服务能力和服务水平，带动商务服务业企业集聚发展。

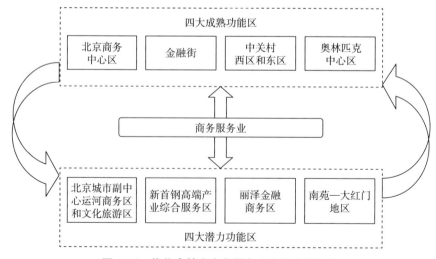

图4-6　优化高精尖商务服务业空间布局示意

（五）创新商务服务业开放，提升商务业国际影响力

为全市新一轮扩大开放措施落地、推动商务服务业扩大开放综合试点向纵深推进提供法治保障。发挥北京市服务业扩大开放综合试点的政策优势，抓住2017年12月10日北京新一轮服务业扩大开放综合试点建设国家服务业扩大开放综合示范区的重大机遇，进一步扩大吸收利用外资和对外投资规模；发挥大型企业引领带动作用，依托其人才、资本、技术、管理等优势，开展资源整合、境内外并购与上市、业务模式创新，提高参与全球资源配置的能力。进一步加大商务服务领域对社会资本开放力度，鼓励外资投向创业投资、知识产权服务等行业，在国家外商投资产业指导目录范围内，支持外资以参股、并购等方式参与商务服务企业改造与重组。加快重点商务服务领域服务标准体系与国际标准接轨，拓展国际市场，在全球范围内提供商务服务，构建全球化服务网络及服务机构，有效拓展国际市场，增强北京市商务服务业的国际影响力。

（六）实施品牌化战略，促进商务服务业健康有序发展

商务服务龙头企业要在规模增长的同时，更加注重品牌建设和质量提升。小微企业要做专、做精、做特、做新，形成品牌竞争优势。发挥品牌的导向和示范作用，建立品牌建设政府激励引导机制，对特色优势突出，带动作用明显，具有较强市场影响力的商务服务品牌，给予一定政策资金支持。加强对品牌建设的宣传力度，搭建品牌展示平台，营造有利于品牌成长的舆论和社会环境，以品牌建设提升商务服务业发展水平和质量。通过多渠道、多手段、多方式开展商务服务业企业品牌宣传推介活动，依托国内外大型展会平台，展示、推介本区商务服务业企业品牌，为企业发展创造商机；通过服务"一带一路"、京津冀协同发展、雄安新区建设、长三角一体化发展、粤港澳大湾区建设等国家发展战略，提升企业知名度和市场占有率。

加快建立商务服务企业的信息共享和磋商机制，建立商务服务业统计调查制度和信息管理制度，完善商务服务业统计调查方法和指标体系，逐步建立商务服务业及相关产业统计指标体系。加大政府对商务服务业重点行业发展的支持，特别是用于商务服务业各重点行业发展的激励、高端人才的引进和培训、商务服务业品牌行业的奖励等；推动股权投资市场发展，引导社会资金投资商务服务业。发挥财税体制和投资体制调节作用，与相关部门积极沟通，对于国内外知名商务服务企业适当减免税收与补贴。加强对进驻企业的服务、咨询、指引和监管、简化审批程序，规范行业行为，加大对知识产权的保护力度，打击非法侵权活动，整顿不正当竞争和严重的短期行为，清理违规运作和无序竞争，形成与国内外资本平等竞争、良性循环的多元化商务服务的规范体系。

第三节 北京信息服务业发展与空间布局

信息服务业是利用计算机、大数据、云计算、互联网等现代科技手段，生产、收集、处理、存储、传输、检索和利用信息的产业，它是指服务提供者以独特的方式、内容帮助信息使用者解决问题的社会经济行为。信息服务业主要包含国家标准《国民经济行业分类》（GB/T 4754—2017）中的电信、广播电视和卫星传输服务、互联网和相关服务、软件和信息技术服务业，统称"信息传输、软件和信息技术服务业"，后文的数据分析均采用北京市"信息传输、软件和信息技术服务业"的相关数据。

一、发展成就

（一）产业规模和质量不断提升

根据北京市历年的软件和信息服务业发展报告数据可知，规模以上信息服务业企业从业人员的规模在不断增加，2015～2019 年规模以上信息服务业的从业人员数从 74 万人增加到 89.9 万人，年均增长 4.99%。北京市信息服务业 2019 年营业收入达 13464.2 亿元，同比增长 23.37%，在全国软件和信息服务业营业收入中占比 23.0%，其中互联网信息服务业创造的收入达四成以上，成为产业发展主力军。① 如图 4-7 所示，2019 年，北京市信息服务业实现增加值 4783.9 亿元，同比增长 23.97%。据北京市 2019 年国民经济与社会发展统计公报显示，第三产业增加值占地区生产总值的比重达到 83.52%，其中信息服务业占第三产业增加值的比重达到 16.19%，仅次于金融业之后位居第二，在国民经济结构中占据重要地位。

2019 年北京市信息服务业上市企业新增加 25 家，创造历史最高值；根据支柱性产业的认定标准，2019 年北京市信息服务业实现增加值占地区生产总值的13.52%，已经远大于 5%，所以信息服务业已成为北京市支柱性产业。规模以上企业的平均营业收入为 3.8 亿元，全行业人均营业收入将近 150 万元。百强企业的研发人数高达 29 万余人，是 2018 年底的 1.12 倍，同比增长 12.6%。其中研发人员数排名前 5 的信息服务业企业共计 16.7 万人。相比于上海、杭州、广

---

① 资料来源：2016-2019 年《北京统计年鉴》。

州发展高端信息服务业的代表性城市，北京市信息服务业规模以上企业在营业收入和营业利润方面都位居第一，具体如表4-12所示。

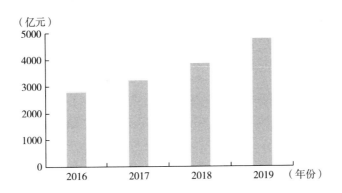

图4-7 2016~2019年北京市信息服务业实现增加值

资料来源：2017~2020年《北京统计年鉴》。

表4-12 2019年先进城市规模以上信息服务业企业主要经济指标

城市	营业收入（亿元）	营业利润（亿元）
北京	13464.2	2158.0
上海	5870.9	712.6
杭州	7505.0	1533.0
广州	3603.5	509.9

资料来源：北京统计局、上海统计局、杭州统计局、广州统计局。

（二）产业技术创新再上新台阶

2018年大型企业在信息传输、软件和信息技术服务业的R&D经费内部支出、期末有效发明专利数、新产品销售收入同比增长分别为16%、57.4%、7.0%。2020年1~8月北京在信息传输、软件和信息技术服务业的研究开发费用合计1109亿元，同比增长24%，期末有效发明专利数68873件，同比增长26.5%。互联网、云计算、区块链、大数据、人工智能等领域的研究成果不断应用于实际生活，形成新的增长极。北京在全国工业互联网领域占有领先地位，网络、安全和平台三大产业体系取得显著成效。云计算应用不断深化，从互联网扩展到工业应用；区块链技术加快实施步伐，应用范围不断扩大，2019年中国区块链企业百强榜中北京企业占比40%。在关键技术、应用和推广方面，"北斗+"和

"+北斗"场景应用不断深化。大数据应用领域不断扩大,智慧城市、电子商务、健康医疗均成为大数据的热门应用领域。2019 年北京大数据企业营业收入规模突破 2000 亿元,同比增长 26.9%。人工智能产业取得竞争优势,已形成完整产业链。2019 全球 AI 公司五强中,百度排名第四,成为唯一上榜的中国企业,百度 AI 的多项指标在中国都位列第一。

（三）产业营商环境进一步优化

北京市通过打造政策"组合拳",多角度全方面优化信息服务业的营商环境。北京"十三五"时期服务业发展规划中提出要融合发展信息服务业,高标准建设信息传输服务网络,提升基础设施网络化水平,开展"智慧北京"建设;2017 年 12 月北京市政府出台了《加快科技创新发展新一代信息技术等十个高精尖产业的指导意见》,进一步强化了北京市科技创新中心定位的重要举措,对每个行业的支持政策都设立了具体的任务、目标及保障措施等内容;2019 年 2 月为充分发挥信息服务业对北京市经济和社会各个领域发展的重要支撑作用,推动构建高精尖经济结构,制定了《北京市加快科技创新发展软件和信息服务业的指导意见》;同年 3 月为促进信息消费产业健康有序发展、持续释放发展活力和内需潜力,北京出台了《北京市进一步扩大和升级信息消费持续释放内需潜力的行动计划（2019－2022 年）》等文件,从发展目标、重点任务以及保障措施三方面制订计划;为推动实施北京数字设计制造创新中心等重大项目,出台《互联网信息领域开放改革三年行动计划》,取消电信增值业务外资股比限制,加快落实一批境外新兴技术项目,助力企业获取更多收益。

图 4－8 为 2013～2018 年北京市信息服务业三类细分行业规模以上企业法人单位数量变化。软件和信息技术服务业规模以上法人单位数量在 2013～2017 年呈上升趋势,2018 年略有下降;互联网和相关服务业企业数量一直呈上升趋势,且增加速度最快,增长率逐年增加;电信、广播电视和卫星传输服务自 2015 年开始规模以上企业法人数量不断增加。2018 年信息传输、软件和信息技术服务业城镇单位在岗职工平均工资为 20.7 万元/年,同比增长 13.3%,仅次于金融业,[①] 全市 2018 年共有 7.7 万家信息服务企业,相比于 2013 年增长 62.2%,年平均增长 12.44%。[②] 2019 年,信息服务业从业人员数量达 89.9 万人,同比增长 3.69%,占第三产业从业人员比重为 14.6%,[③] 且高学历归国人才比例略有提

---

① 资料来源:《北京统计年鉴 2019》。
② 资料来源:根据《北京市第四次全国经济普查主要数据公报（第三号）》和《北京市第三次全国经济普查主要数据公报（第三号）》提供的数据计算。
③ 资料来源:《2020 北京软件和信息服务业发展报告》。

高，中关村示范区规模以上企业在电子与信息方面的研究开发人员达449221人，同比增加3.8%；研究开发费用1464.4亿元，同比增加19.0%。[①] 2018年信息服务业的固定资产投资额同比增长31.2%。[②]

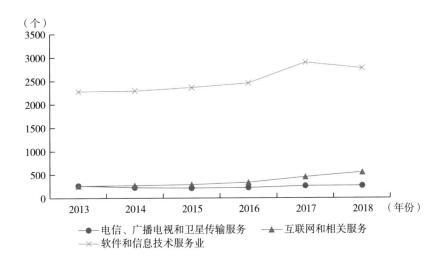

图4-8 按行业大类细分信息服务业2013~2018年规模以上企业法人单位数量变化
资料来源：《北京统计年鉴（2014-2019）》。

（四）应用随用户需求迭代升级

北京市政府国际版门户网站开始运行上线，网站依托市级政府网站集约化平台开发建设，以北京国际交流中心功能建设为重点，以服务型网站为导向，建设一站式、多语种互联网国际服务平台，增强首都对外开放力度，展示首都新形象。

在政务领域方面，太极坚持以用户为核心，打造安全、可靠的太极政务云环境，与合作伙伴共同打造政务云超市，共铸政务云生态链。万户网络根据政务信息化的需求变动，结合前沿科技，不断优化自身产品与服务，力争为政务信息化全面升级提供有力支撑。在产业升级改进方面，中交兴路将AI和大数据赋能物流行业，构建物流科技，开发创新性产品，利用先进科学技术手段推动物流行业升级进化。2019年，中交兴路继《网络平台道路货物运输经营管理暂行办法》

---

① 资料来源：根据2018年、2019年"中关村示范区规模（限额）以上企业研发活动情况"提供的数据计算，北京统计局。
② 资料来源：《北京市2018年国民经济和社会发展统计公报》。

出台后发布首个物流行业解决方案，助力公路货运市场智能化、集约化发展。荣程钢铁集团在利用该解决方案两个月后，运输车辆平均等货时间优化率接近80%，车辆利用率约提高70%。

二、空间布局现状

（一）信息服务业空间分布特色鲜明

如图 4-9 所示，从各区域信息服务业产值占全市信息服务业增加值的比重角度来看，2018 年海淀区信息服务业增加值占全市信息服务业增加值的62.870%，占比最高；朝阳区次之，占全市信息服务业增加值的比重为15.189%；东城区和西城区作为首都功能核心区，其信息服务业对全市的贡献率分别为 9.556%、4.876%；石景山区贡献率为 2.951%，丰台区贡献率为1.815%，这两个区域虽与海淀区和朝阳区同为城市功能拓展区，但信息服务业基础薄弱，发展也相对缓慢；延庆区、门头沟区、密云区、平谷区以及怀柔区的贡献值微乎其微，接近于0。

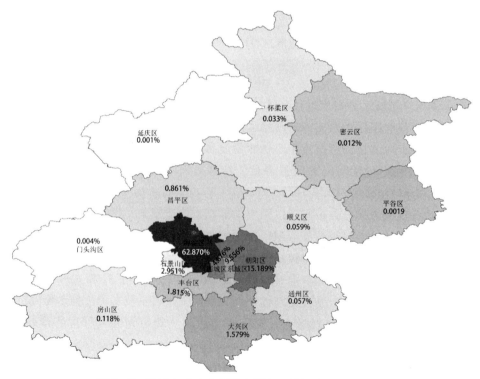

图 4-9　2018 年北京各区信息服务业增加值占全市比重

资料来源：《北京区域统计年鉴2019》。其中：大兴区数据含经济技术开发区数据。

如表 4－13 所示，从同比增长率来看，虽然怀柔区的信息服务业对北京市的贡献率极低，但同比增长率最高，达到 36.3%。据相关资料显示，2018 年 2 月怀柔区经信委启动项目归集工作，全方位采集有转移意向的企业项目信息，高效利用政策和基金，全力支持高精尖项目发展，在政务方面做足准备，及时做到精准服务，助力怀柔区高精尖产业发展；2018 年门头沟区同比增长 －2%，5 年来首次出现负值，据悉 2019 年上半年门头沟区信息服务业规模以上法人单位营业收入达 12172.2 万元，利润总额 －2786.5 万元，同年 7 月，门头沟区人民政府办公室转发区商务局关于门头沟区全面推进"北京市服务业扩大开放综合试点工作"行动方案的通知，方案要求结合本区实际，在全区范围内开展试点，以中关村门头沟园为重点试行区域，提升区域内服务业发展水平，该行动方案对区域内信息服务业发展具有明显的促进作用，2019 年全年门头沟区规模以上信息服务业法人单位利润总额达到正值，为 903.3 万元，呈现盈利状态；2018 年丰台区信息服务业增加值同比增长 0.4%，近 5 年来信息服务业增长率呈下降趋势。

表 4－13　2018 年北京市各区信息服务业增加值、增长速度及占全市比重

区域	增加值（万元）	同比增长（%）	占全市信息服务业增加值比重（%）
东城区	3229475	19.4	9.56
西城区	1647996	8.9	4.88
朝阳区	5133287	26.3	15.2
丰台区	613220	0.4	1.81
石景山区	997134	4.4	2.95
海淀区	21246944	19.1	62.9
门头沟区	1401	－2	0.00
房山区	39783	1.3	0.12
通州区	19187	5	0.06
顺义区	19963	15.1	0.06
昌平区	290993	3.3	0.86
大兴区	29110	2.6	0.09
怀柔区	11269	36.3	0.03
平谷区	6518	33	0.02
密云区	4178	20.7	0.01
延庆区	240	17.7	0.00
北京经济技术开发区	504475	12.6	1.49

资料来源：《北京市区域统计年鉴 2019》。

（二）产业龙头企业集聚效应增强

支柱性龙头企业迅速集聚，构成良好的产业生态，龙头企业带动作用增强，产业集中度提高；骨干企业主导优势明显，新兴领域企业快速成长。

2018 年北京市软件与信息服务业综合实力百强企业前 50 强中，石景山区、丰台区各 1 家，东城区 2 家，大兴区 3 家，朝阳区 8 家，海淀区 35 家。2019 年，北京市软件与信息服务业综合实力百强企业 66% 位于海淀区，其中 50 强企业中有 37 家位于海淀区，较上年增加 2 家企业；6 家位于朝阳区，较上年减少 2 家企业；2 家位于大兴区的经济技术开发区，比去年减少 1 家企业；2 家位于石景山区，较去年增加 1 家企业，其余丰台区、房山区、东城区各 1 家，如图 4 - 10 所示。根据 2018 ~ 2019 年软件与信息服务业综合实力前 50 强企业空间分布变化状况可知，龙头企业在向海淀区集中，且龙头企业之间的直线距离在不断拉近。各企业间通过产业协会沟通、交流经验，共享资源，彼此相互影响、相互促进，实现共同发展进步，促使海淀区形成富有鲜明产业特色的区域。由图 4 - 10 可以看出，海淀区的软件与信息服务业的龙头企业多位于中关村、上地等地区。该区域的地理条件优越，涵盖多所名牌大学，如清华大学、北京大学等高校，还有中关村、清华科技园、北大科技园区以及中关村软件园等园区，便于信息服务业龙头引进高端人才，集聚发展形成产业发展极。

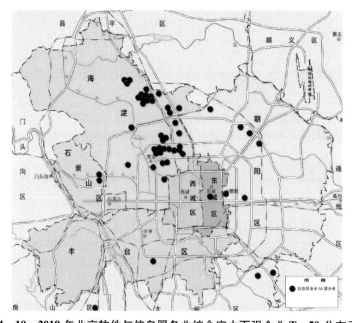

图 4 - 10　2019 年北京软件与信息服务业综合实力百强企业 Top50 分布示意

资料来源：2019 北京软件和信息服务业综合实力百强（https：//www. bsia. org. cn/site/content/5796）。

三、重点区域分析

（一）中关村国家自主创新示范区

中关村国家自主创新示范区作为中国创新发展的一面旗帜，始终坚持"发展高科技、实现产业化"宗旨，一直发挥着改革试验田和创新排头兵的重要作用。在新时代背景下，中关村国家自主创新示范区积极落实高质量发展理念，根据北京建设全国科技创新中心总体要求，2018 年，中关村管委会牵头研究制定了《中关村国家自主创新示范区创新引领高质量发展行动计划（2018－2022年)》，《2019 北京软件和信息服务业综合实力百强企业名单》中，中关村软件园 15 家园区企业上榜，百度、腾讯（北京）、亚信科技三家中关村软件园入驻企业，凭借多年行业深耕和出色的创新表现，位列百强名单前十。中关村国家自主创新示范区已形成覆盖网络、平台、安全三大体系的工业互联网产业链生态，集聚了东方国信、安世亚太等一批头部企业。2018 年园区有 43 家企业承担的项目入选"国家工业互联网创新发展工程支持项目"，约占全国的 1/2。园区不断融入"一带一路"倡议，与沿线国家开展合作，智能物流系统以及物联网技术等在多个国家和地区应用。

表 4－14　2019 年中关村国家自主创新示范区信息服务业经济发展情况

	企业数（家）	总收入（亿元）	新产品销售收入占总收入比重（%）	技术收入占总收入比重（%）	利润总额（亿元）	出口总额（亿元）	研究开发经费合计（亿元）	从业人员期末人数（人）
软件和信息技术服务业	6716	6829.4	6.8	49.0	483.2	198.3	1062.6	691812
互联网和相关服务	877	4132.1	0.2	72.7	142.8	8.2	424.0	167971
电信、广播电视和卫星传输服务	242	832.1	0.6	51.5	114.5	44.4	126.6	57719

资料来源：中关村国家自主创新示范区、中关村科技园区管理委员会产业数据。

表 4－14 为 2019 年中关村国家自主创新示范区信息服务业经济发展情况，其中软件和信息技术服务业共有 6716 家企业，是互联网和相关服务以及电信、广播电视和卫星传输服务企业数量的 7.8 倍和 27.8 倍；创造收入 6829.4 亿元，分别是另两个行业大类的 1.7 倍和 8.2 倍；新产品销售收入占总收入比重的

6.8%；技术收入占总收入的49.0%；利润总额达到483.2亿元；研究开发经费合计1062.6亿元，从表4-14中可以看出，中关村国家自主创新示范区在软件和信息服务业的各项指标均占有优势地位。

（二）北京经济技术开发区

2019年以来，北京经济技术开发区积极应对复杂的外界挑战，灵活配置各项资源，加速高精尖项目落地，开发区积极招商引资，构建"1+1+N"政策体系，为信息服务业提供强有力保障。为强化行业协会合作，推动信息服务业迈向新台阶，组织了首届"世界5G大会""2019世界机器人大会""双创周亦庄会场""创客北京2019"等活动。全年推介合作需求56项、释放投融资需求超过100亿元。2019年经济技术开发区信息服务业收入为289.1亿元，同比增长15.1%，利润总额为71.2亿元，同比增长42.30%，虽然两项指标在2019年有所增长，但与中关村相比还相差甚远。

四、存在问题与不足

（一）龙头企业创新能力亟须提升

北京信息服务业领域的百度网讯、京东、腾讯科技、小米移动软件等领军企业在技术研发投入、创新成果产出以及经营收入方面，与美国的亚马逊、Facebook、Google、杭州的阿里巴巴以及深圳的华为都存在较大差距。从创新投入来看，2019年Facebook、Google研发投入分别达到892.3亿元、1110亿元，华为研发投入1317亿元，阿里巴巴研发投入431亿元，而百度网讯、小米集团研发投入仅为183亿元、75亿元。从创新产出成果来看，世界知识产权组织公布了2019年PCT专利榜，其北京中关村的京东为1864件，位列全球第六，而百度网讯科技有限公司、小米集团、腾讯科技（北京）有限公司等北京软件和信息服务业龙头企业均未上榜。从企业经营效益来看，2020年8月《财富》发布世界500强名单，上榜的互联网相关公司共7家，分别为美国的亚马逊、Alphabet公司、Facebook公司，以及我国的京东、阿里巴巴（杭州）、腾讯控股（深圳）和小米集团。亚马逊2020年营收达2805亿美元，分别是京东、小米的3.36倍、9.42倍。虽然百度在2019年全球AI五强中排名第四，但相比于华盛顿的微软、加利福尼亚的苹果公司而言还有很大差距，仍需要提高科研投入产出，不断创新技术，增加营业效益。

（二）龙头企业的利润率较低、高端人才欠缺

2019年中国互联网百强企业前6名的企业中北京市占2家，但利润率最低，分别为1.92%、2.11%，如表4-15所示，杭州的阿里巴巴集团的利润率是百

度和京东的 12 倍左右。在互联网百强企业 Top6 中浙江省表现突出，其两家企业收入占比之和为 30.74%，利润占比之和为 47.5%，利润占比接近 6 家企业利润总体的一半，而北京的两家企业利润占比之和仅为 6.07%。深圳虽在 Top6 中仅有腾讯公司，但其利润占比接近 40%，是北京两家企业利润总和的 6~7 倍。

表 4-15   2019 年中国互联网百强企业的前六名经济指标

排名	企业名称	营业收入（亿元）	净利润（亿元）	利润率（%）	收入占比（%）	利润占比（%）
1	阿里巴巴（杭州）	3768.44	934.07	24.79	23.29	39.80
2	腾讯（深圳）	3772.89	933.1	24.73	23.31	39.76
3	百度公司（北京）	1074	20.57	1.92	6.64	0.88
4	京东集团（北京）	5769	121.84	2.11	35.65	5.19
5	浙江蚂蚁小微金融服务集团有限公司	1206.18	180.7	14.98	7.45	7.70
6	网易集团（广州）	592.4	156.6	26.43	3.66	6.67

注：此处的利润率＝净利润/营业收入。

2020 年度全球最具影响力分析科学家中，中国共有 6 人入选，但无一人从事计算机软件、信息技术行业。Guide 2 Research 学术网站根据发表文章被引用量和影响力 H-index 指数对各国计算机科学家进行排名，评选出了全球最顶尖的 1000 位计算机科学家。其中，美国计算机科学家入选人数最多，达 632 人，中国入选人数总计 29 人，排名第六。其中，北京地区的人才分布在源码资本、今日头条、北京大学、百度、中国科学院自动化研究生、中国科学院、清华大学各 1 名，共计 7 名，相对于国内市场北京计算机科学家人才占有较高比例，但与美国的 MIT（马萨诸塞州）49 名、斯坦福（加利福尼亚州）39 名、微软（华盛顿州）25 名、谷歌（加利福尼亚）13 名的好成绩相比，北京市在计算机领域的尖端人才存在很大缺口。

（三）行业品牌在国内外竞争优势仍有待提升

2019 年全球品牌百强企业中，技术行业品牌共 9 家，分别为 iPhone、Google、亚马逊、微软、三星英特尔、Facebook、华为和优步，北京市的信息服务业企业均未上榜。2019 年中国软件业务收入百强企业中，北京上榜 32 家、广东 18 家、上海 10 家，其中华为技术有限公司位居榜首，Top10 企业中北京仅有小米和京东 2 家企业入榜。在 2019 年中国民营企业 Top10 中有 3 家信息服务业企业，分别为华为、京东、联想，其营收分别为 7212.02 亿元、4620.20 亿元、3589.20 亿元，华为是京东、联想的 1.56 倍、2.0 倍。相比于广东省，北京作为首都和科技中心，其信息服务业的品牌效应不强。波士顿咨询（BCG）公布"2020 全球创新 50 强企业"榜单，苹果、Alphabet、亚马逊位居前三，而北京的小米、京东排名靠后，分别为 24 名和 31 名。2019 年中国软件和信息服务业最佳产品中有三个奖项，其中两个奖项均颁给了珠海的远光软件股份有限公司。以上现象均说明北京信息服务业的品牌竞争力不强，品牌价值不高，效应、活力不足，仍存在很大的提升空间。

（四）产业内部结构、空间布局有待调整优化

从规模以上信息服务业法人单位主要经济指标来看，如表 4 - 16 所示，电信、广播电视和卫星传输服务的单位个数占比仅为 6.66%，营业收入占比 14.37%，但却贡献了 72.92% 的利润总额，表明信息传输服务业效益较高，这与行业垄断存在一定关系。软件和信息技术服务业的企业单位个数占比高达 80.80%，营业收入 66.82%，但其年末的利润总额仅贡献了 20.22%，这表明软件和信息技术服务业规模较小，市场竞争激烈，行业效应较低。互联网和相关服务企业单位个数、营业收入以及利润总额占比均较小。

表 4 - 16   2017 年规模以上信息服务业法人单位主要经济指标   单位：%

	企业单位个数占比	营业收入占比	利润总额占比
电信、广播电视和卫星传输服务	6.66	14.37	72.92
互联网和相关服务	12.54	18.81	6.87
软件和信息技术服务业	80.80	66.82	20.22

资料来源：《北京经济年鉴 2019》。

北京市内部发展差异大，根据前文对北京市信息服务业空间布局状况的分析，可以发现北京市信息服务业以海淀区为核心发展区，龙头企业集聚海淀，且大多落址在中关村软件园、清华科技园、中关村以及各类名牌大学附近，对海淀区经济发展做出了突出贡献。但北京信息服务业发展具有一定的"马太效应"，以海淀区为核心的发展增长极并没有向周边地区发挥强有力的辐射带动作用，其周边发展区如昌平区、石景山区等，产业增加值占总体经济比重低，发展速度缓慢。

（五）产业政策对北京信息服务发展产生一定影响

首先，近年来北京市空间成本、人力资源成本以及生活成本不断增加，"大

城市病"现象加剧，加之京外省市人才吸引政策、创新创业政策不断优化升级等因素，使得企业业务拆分或外迁现象加重，高精尖人才外流，创新型外资企业落户他省。北京部分企业为降低运营成本、获取更多优惠待遇，外迁意愿加强，如百度无人车业务在境外布局，著名应用商店 GooglePlay 和英国电信等将国内业务落户上海自贸区。其次，由于企业外迁和人口调控政策，人才落户和指标引进成为难题，不利于企业吸引高端人才。再次，现有的税收等方面的优惠政策并未完全覆盖到信息服务业的所有企业，如专门从事服务而非软件开发的信息服务企业无法享受到优惠政策。最后，北京的财政支持政策较其他一线城市没有明显优势。

五、对策建议

（一）坚持科技创新，打造核心技术

当前，中国正处于经济转型升级的关键时期，应抓紧构建国内大循环，融入国内国际双循环，通过科技创新激发新的发展动力，培育信息服务业发展新动能。北京市作为全国信息服务业发展的高地，要发挥带头示范作用。首先，明确城市战略定位，坚持和强化"四个中心"的核心功能定位，聚焦云计算、人工智能、区块链、大数据、物联网等前沿信息服务领域，积极探索技术攻关、科研成果转化、科学技术交流的新模式、新机制，加大对企业创新的支持和引导力度，推动政产学研合作，以合力加快培育基于新技术的现代信息服务产业，推动北京信息服务业向"高精尖"方向发展。其次，抓住重点领域、关键环节和核心问题，加强向上述信息服务新领域倾斜"科技创新基金"的支持力度，积极引导和支持风投资金、创投等民间资本进入信息服务行业，破解资金难题，促进企业向高技术、高附加值业务升级。最后，依托中关村科技园区、北京经济技术开发区、金融街以及首都重点高校、科研院所，不断提高信息产业基础研发和技术创新能力，从核心技术上抢占信息产业发展的制高点，摆脱在核心技术上受制于人的现状；发挥龙头企业带动作用，削弱"马太效应"。

（二）培养高端人才，凝聚中坚力量

北京市应加强信息服务行业人才培养，实现"订单式"培养向"定制化"人才培养模式的转变，发展校企合作与"产学研用"相结合的人才培养模式，注重多元化知识体系培养，使人才不仅具备过硬的技术技能，还拥有创新意识和市场敏锐性。除此之外，北京市还应充分利用高校的资源优势、科研院所和企业的相关资源，以满足产业发展的需要；制定政策建议信息服务企业为学校提供人才需求信息和实习场所。根据相关就业人员的后续发展，学校应实时更新教学机制和计划，通过校企"双向"培养实用型高水平人才。政府和企业加大激励措施吸引人才流入，加快高端信息服务业人才发展的法律制度建设，为其提供健全的法律保障。集中选拔科技尖端人才，支持创新型企业引进和培养人才；建立信息技术研发人才库，实现高端人才的合理流动，持续增强人才市场活性。

积极出台"引才"政策，主动破解人才工作待遇、落户以及科研条件等方面的问题，增加自身高精尖人才的储备量，形成更强劲的辐射带动作用。企业自身要加强内部培训，树立正确的员工培训理念，设立符合自身发展需要的员工培训课程，根据技术需要开展技术培训，实现"所学即所需、所学即所用"；支持并鼓励员工提高自身教育水平，积极主动为员工创造学习平台，如在线培训、在职求学等。企业须考虑自身的产业特点、经营方式、内部结构以及市场竞争力合理设置薪酬等级，灵活选择薪酬策略，针对不同等级、不同业务能力的员工给予差异化薪酬，拉开收入差距，激发员工自主创新活力。

（三）打响行业品牌，提升竞争优势

北京市应延伸信息服务产业链，努力实现全产业链服务。推动大数据、云计算、物联网等新技术创新，加快新技术在生产生活领域的应用，将信息技术与传统产业和工业相融合，打造智慧城市、智慧医疗、工业云、政务云等，推动产业智能化、信息化发展，提高工业化软件的普及率；促进"互联网＋"模式创新发展，拓展网络运营服务、网络智能服务，提高信息技术服务水平和保障，制定行业标准和规范，实现产品和服务标准化。

推进更高水平对外开放，抓住互联网信息服务业等重点领域，允许外资进入软件、信息服务、集成电路等高科技产业，不设置股份限制措施。出台相应的优惠政策，吸引跨国公司在北京设立研发中心、离岸服务中心和商务总部，通过引进人才、先进技术和管理理念，加快技术升级，还可以采用合作开发等方式开展合资合作，鼓励信息企业进入国际市场参与竞争，提升产业、企业的国际竞争力，打响产业品牌，提升品牌价值。支持外资在京投资信息技术，开放金融领域，简化服务外包审批手续，提高效率，拓展国际市场渠道，提升北京信息服务业企业品牌在国内外的竞争优势。

（四）完善产业结构，优化发展环境

北京市应通过不断优化产业结构，加快集成电路、平板显示、数字电视等重点行业发展，加强技术成果转化，培育与扶持重点龙头企业，促进产业链完善，以实现其信息产业"多极支撑"的新局面；不断拓展信息服务业与其他传统产业融合发展，扩宽应用范围，瞄准市场需求，抓住后疫情时代机遇，发挥平台优势，打通产业链、行业链上下游的联系，增加营业收入来源，服务北京经济社会发展。

北京市政府要加强实施知识产权维护战略，资助并支持软件企业攻克重点领域的核心技术，增强自有知识产权的竞争实力，积极参与和主导国家、国际标准的制定；不断迭代政策法规，有序推进财税扶持、金融支持和人才保障，营造开放包容、跨界融合的信息服务业的发展环境；围绕产业链部署创新链、围绕创新链布局产业链，在开放合作背景下，强化信息服务业对北京市经济发展的旗帜作用，加快北京信息服务业"高精尖"的发展步伐。

（五）合理空间布局，加强集群联动

从全国范围角度看，北京市信息服务业集聚水平远远领先于其他城市，但从各区的发展状况来看，产业发展水平不均衡，内部区域发展差异较大。因此从空间上，政府应积极引导北京市信息服务业进行合理布局，优化资源配置，提升产业集群联动效应。北京市需要细化各区在信息服务业发展中的功能定位，针对各区产业发展水平及资源禀赋状况实施差异化发展战略，利用各区产业集群的空间依赖性作用，推进"一带多点"的信息服务业发展格局，形成以区带区促进北京内部市信息服务业的协调发展。与此同时，加强北京对津、冀等地区信息服务业发展辐射力度，将信息服务业低端环节向周边地区有序疏解，积极打造以首都为核心的京津冀信息服务业产业集聚。

第四节　北京科技服务业发展与空间布局

科技服务业作为运用现代科技知识、现代技术等手段向社会提供智力服务的新兴产业，在扶持传统产业科技创新、辐射带动新兴产业发展、推动发展方式加快转变等方面的作用日益凸显，成为国民经济体系中的战略性产业。北京市作为科技创新中心，科技服务业是北京高端服务业的重要组成部分。根据 2017 年 10 月 1 日开始实施的国家标准《国民经济行业分类》（GB/T 4754—2017），科技服务业范围包括科学研究与试验发展服务、专业技术服务、科技推广和应用服务三大类，共 48 小类。

一、发展成就

（一）科技服务业规模不断增大

如图 4 - 11 所示，2019 年，北京市科技服务业实现增加值 2826.4 亿元，同比增长 9.6%。根据北京市统计年鉴相关数据显示，2018 年规模以上科学研究和技术服务业法人单位数达到 3106 家，资产总计 22732.2 亿元，实现利润总额 535.1 亿元，比上年增长 3.9%。规模以上企业单位个数 3230 家，其中研究和试验发展领域 301 家，专业技术服务业 1616 家，科技推广和应用服务业 1313 家，资产总计达 19280.5 亿元。

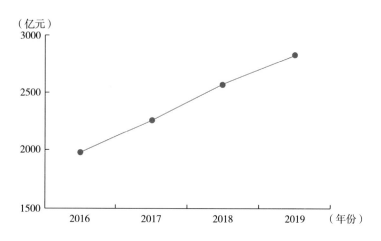

图 4 – 11　2016 ～ 2019 年北京市科技服务业实现增加值增长

资料来源：根据历年《北京统计年鉴》数据计算得来，图中数据按当年价格计算。

　　如图 4 – 12 所示，北京市科技服务业实现增加值占地区生产总值的比重由 2016 年的 7.32% 上升到了 2019 年的 7.99%。在北京市服务业各行业增加值占地区生产总值的比重中位居第四，仅次于金融业、信息服务业、批发和零售业，是北京市支柱产业，在第三产业的所占比重由 2016 年的 8.9% 上升到了 2019 年的 9.6%。从全国范围内来看，2018 年北京市科技服务业增加值占全国比重为 12.8%，技术市场成交额 4957.8 万元，全国占比 28%[①]。

　　（二）科研投入力度不断加大

　　如图 4 – 13 所示，2019 年科技服务业研究与试验发展（R&D）人员达到 464178 人，在所有行业门类中占比达到 38.1%，居于首位。科研投入力度不断加大，特别是近两年以来，投入资金增速加快，研究与试验发展（R&D）经费内部支出由 2006 年的 432.99 亿元提高到 2019 年的 2233.59 亿元，年均增长 13.45%，研究与试验发展（R&D）经费内部支出相当于地区生产总值比例由

---

① 资料来源：2017 ～ 2020 年《北京统计年鉴》。

2017 年的 5. 29% 提高到 2019 年的 6. 31%^①。

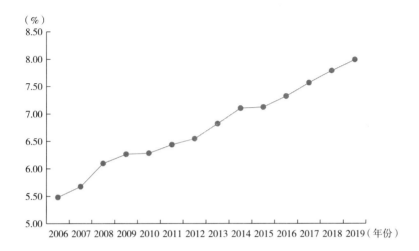

图 4 – 12　2006～2019 年北京市科技服务业实现增加值占地区生产总值的比重

资料来源：历年《北京统计年鉴》。

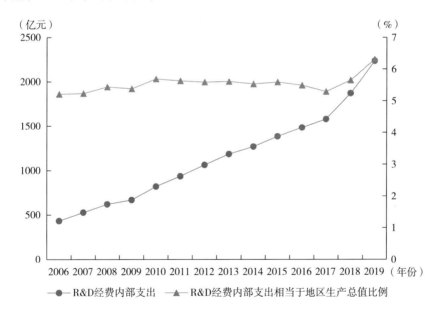

图 4 – 13　2006～2019 年研究与试验发展（R&D）经费内部支出情况

资料来源：根据《北京统计年鉴 2020》提供数据绘制。

---

①　资料来源：根据《北京统计年鉴 2020》提供的数据计算。

(三) 创新能力不断增强

2017 年以来，北京市科技服务业创新能力不断增强，科技成果产出不断增加，根据《北京统计年鉴 2020》提供的数据，2019 年全市专利申请量达到 226113 件，同比增长 7.1%，其中发明专利占比最多，达到 57.46%，从申请主体来看，企业是专利申请的主体，占比高达 72.06%。北京市技术交易市场规模不断扩大，创新投入成果转化进一步加快。如图 4 - 14 所示，根据统计年鉴数据，技术合同成交量由 2006 年的 51575 件增长至 2019 年的 83171 件，增长 61.3%。2019 年技术合同成交额实现 5695.3 亿元，比上年增长 14.9%。在各个交易主体中，企业是技术交易的中坚力量，企业技术合同成交量和成交额占全市技术合同成交额比重一直在 80% 以上，2019 年分别为 84.26% 和 96.73%。

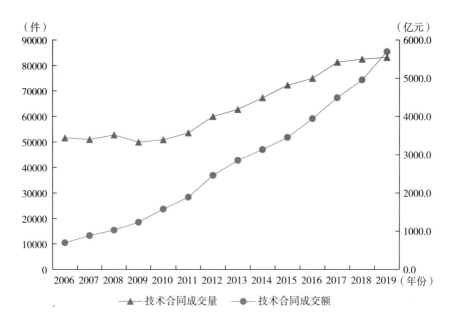

图 4 - 14　2006 ~ 2019 年北京市技术合同成交量与成交额

资料来源：根据《北京统计年鉴 2020》提供的数据绘制。

如表 4 - 17 所示，从技术流向来看，北京市科技服务业对外输出的能力较强，2019 年流向外省市的技术合同成交量为 47897 件，成交额占比为 50.34%，技术合同交易额出口占比 13.18%。北京市科技创新投入不断增加、对外输出能力保持稳定的同时也越来越多地吸引了科技成果向本地的转化，2019 年北京市技术合同流入 34158 件，技术合同成交额占全市技术合同成交额的比例由 2018

年的24.60%上升到了36.48%。①

表4-17　2019年北京市技术合同交易情况

技术流向	技术合同成交数（项）	技术合同成交额（亿元）	技术合同成交额占比（%）
流向本市	34158	2077.7	36.48
流向外省市	47897	2866.9	50.34
技术出口	1116	750.7	13.18
总计	83171	5695.3	100

（四）发展环境不断优化

北京市科技服务业发展环境不断优化。2015年北京市发布《关于加快首都科技服务业发展的实施意见》，从资金投入、人才支撑、集群建设等方面出台相应政策，加快构建"高精尖"经济结构，努力提升科技服务业对首都科技创新和产业发展的支撑能力。2017年12月，北京市委、北京市政府印发了关于加快科技创新构建高精尖经济结构系列文件，其中《北京市加快科技创新发展科技服务业的指导意见》提出要充分发挥科技服务业对科技创新和产业发展的支撑作用，为科技服务业的发展创造了条件，如表4-18所示。2019年11月，北京市人大颁布《北京市促进科技成果转化条例》，进一步规范了科技成果转化活动，推动了科技成果的转化、法制化与规范化，为科技创新中心的建设营造了良好环境。

表4-18　《北京市加快科技创新发展科技服务业的指导意见》

类别	主要内容
主要任务	加快发展科技金融服务业、壮大提升工程技术服务业、做优做强研发服务业、做精做深设计服务业、积极发展创新孵化服务业、着力培育科技推广与技术转移服务业、加快培育技术转移服务业、支持发展检验检测服务业、大力发展科技咨询服务业
产业布局	打造特色鲜明的科技金融业集聚区、发展壮大工程技术服务业集聚区、设高水平研发服务业集聚区、推动形成多点联动的设计服务业集聚区、培育与国际接轨的创业孵化集聚区、建设优势明显的科技推广与技术转移服务业集聚区、巩固提升知识产权服务业集聚区、布局建设特色检验检测服务业集聚区、打造高端科技咨询服务业集聚区
保障措施	加强组织领导、加大资金支持、强化人才支持、做好监测分析

---

①　资料来源：《北京统计年鉴2020》。

二、布局现状

(一) 各区域发展规模

北京市科技服务业集聚现象明显,从空间分布来看,北京科技服务业形成了以海淀、朝阳、丰台、东城、西城为核心聚集发展的特点。如表4-19所示,根据北京市区域年鉴统计数据,2018年以上五个区科技服务业实现增加值合计为2465.56亿元,占全市的比重达到76.5%,其中海淀区达到32.6%,接近全市比重的1/3,但与2016年相比,海淀区所占比重减少2.2%。在所有区域中下降比重最高。朝阳区科技服务业增加值在全市所占比重位居第二,与2016年相比上升0.3%,发展状况稳定。相比而言,发展速度最快的为怀柔区,2018年科技服务业增加值与2016年相比年均增速高达55.8%,全市占比由2016年的0.2%增长至2018年的0.5%,主要得益于近年来怀柔科学城的快速发展。此外增速较快的为密云区和延庆区,科技服务业增加值与2016年相比分别增加23.8%和21.0%,但由于其发展基础较弱,在全市所占比仍然较低。

表4-19 2016年、2018年各区域科技服务业增加值及占全市比重

区域	增加值(万元)		占全市科技服务业增加值比重(%)		年均增速(%)
	2016年	2018年	2016年	2018年	
东城区	2109906	2641911	8.4	8.2	11.9
西城区	1993661	2470680	7.9	7.7	11.3
朝阳区	4797428	6254608	19.1	19.4	14.2
丰台区	2040827	2786051	8.1	8.6	16.8
石景山区	388332	536116	1.5	1.7	17.5
海淀区	8734069	10502350	34.8	32.6	9.7
门头沟区	77397	85658	0.3	0.3	5.2
房山区	247076	300424	1.0	0.9	10.3
通州区	189029	219984	0.8	0.7	7.9
顺义区	369874	496277	1.5	1.5	15.8
昌平区	960035	1283077	3.8	4.0	15.6
大兴区	260458	357886	1.0	1.1	17.2
怀柔区	59982	145690	0.2	0.5	55.8
平谷区	19591	23140	0.1	0.1	8.7
密云区	44726	68515	0.2	0.2	23.8

区域	增加值（万元）		占全市科技服务业增加值比重（%）		年均增速（%）
	2016 年	2018 年	2016 年	2018 年	
延庆区	13309	19496	0.1	0.1	21.0
北京经济技术开发区	563901	780661	2.2	2.4	17.7

资料来源：《北京区域统计年鉴2019》。

（二）科技企业与科技园区布局情况

根据北京市认定的高新技术企业名单，截至 2020 年 2 月，全市共 21416 家企业被认定为高新技术企业，如表 4−20 所示，从其分布范围来看，主要聚集在海淀区、朝阳区、昌平区、丰台区四个区域，四区域占比超过全市的一半以上，共计 65.94%。其中海淀区主要依赖于中关村科技园，高新技术企业数量在全市居于领先地位，占比达 38.11%。

表 4−20　北京市高新技术企业分布情况

区域	企业数量（家）	在全市占比（%）
东城区	644	2.35
西城区	865	3.16
朝阳区	3985	14.54
丰台区	1691	6.17
石景山区	903	3.29
海淀区	10448	38.11
门头沟区	479	1.75
房山区	717	2.62
通州区	1077	3.93
顺义区	1147	4.18
昌平区	1952	7.12
大兴区	818	2.98
怀柔区	604	2.20
平谷区	370	1.35
密云区	429	1.56
延庆区	143	0.52
北京经济技术开发区	1144	4.17

资料来源：北京市科学技术委员会，数据更新至 2020 年 2 月。

作为中国第一个国家级高新技术产业开发区,中关村科技园区是承载北京市科技服务业发展的核心。通过政策引导、自然集聚,中关村科技园以海淀为核心区向周边园区辐射集聚,现已形成"一区多园"的发展格局。海淀园作为中关村科技园的核心区域,其主要功能是高新技术成果的研发、辐射、孵化和商贸中心,集聚了各细分智慧产业,如表4-21所示,从各个园区的高新技术企业数量来看,超过半数以上企业分布于海淀园。其他分园区功能主要是以高新技术产业的发展基地为主,在个别细分智慧产业形成集聚优势。在全国范围内,中关村国家自主创新示范区、上海张江高新区、武汉东湖高新区、苏州工业园和济南高新区位列国家生物医药产业园区综合竞争力榜单前五位,其中中关村国家自主创新示范区在全国生物医药产业园区竞争力居于首位。

表4-21 中关村科技园各园区高新技术企业分布情况

园区	企业数量(家)	占比(%)
东城园	345	2.24
西城园	571	3.70
朝阳园	914	5.93
丰台园	987	6.40
石景山园	685	4.44
海淀园	10448	67.79
通州园	111	0.72
昌平园	1217	7.90
大兴生物医药基地	135	0.88

(三)科技孵化器空间布局情况

科技企业孵化器是培育和扶植高新技术中小企业的服务机构。它对推动高新技术产业发展、完善国家和区域创新体系以及繁荣经济有着重要的作用,具有重大的社会经济意义。在科学技术部火炬高技术产业开发中心官网中列出了全国各地国家级科技企业孵化器名单,如图4-15所示,北京市共有61家,其中海淀区有20家,占北京市科技孵化器企业近三成的比重;昌平区有9家,占比14.75%;丰台区、大兴区各有8家,占比13.11%;朝阳区有6家,占比9.83%;西城区有4家,东城区有3家,石景山区有2家,顺义区有1家。可以看出,海淀区国家级孵化器优势明显,凸显了海淀区科技服务业特色化发展。

从图4-16北京市国家级科技孵化器企业地理集聚示意可以看出,其主要分布在中关村、软件园以及丰台科技园区域,形成了三个典型集聚区。

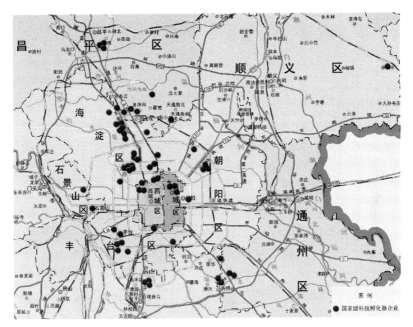

图 4 – 15　北京市国家级科技孵化器企业分布示意

资料来源：科技技术部火炬高技术产业开发中心北京市国家级科技孵化器企业。

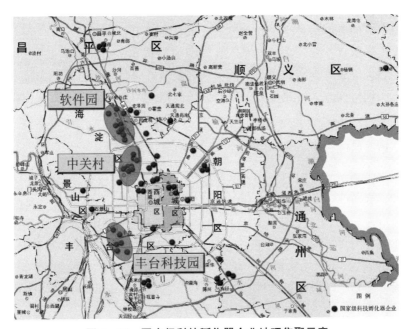

图 4 – 16　国家级科技孵化器企业地理集聚示意

资料来源：科技技术部火炬高技术产业开发中心北京市国家级科技孵化器企业。

（四）"三城一区"的科创中心建设主平台

立足于全国科技创新中心的功能定位，北京市科技服务业形成了"三城一区"的平台支撑，为科技服务业的发展创造了产业资源聚集、创新能力活跃等优势，增强了科技创新发展的引领性。

中关村科学城位于海淀区，作为中关村科技园区的核心区，是承载北京高端科技创新功能、培育高精尖产业、推动北京高质量发展的强大引擎，是北京市建设科技创新中心的核心力量。该区域内聚集了清华、北大等 27 所国家重点院校、中科院等 30 多家研究所[①]，是中国科技资源最为密集、科技条件最为雄厚、科技研发成果最为丰富的区域。

怀柔科学城以打造"世界级原始创新战略高地"为定位，重点布局国家重大科技基础设施和前沿科技交叉研究平台，建设综合性国家科学中心。目前，怀柔科学城聚集了北京应用数学研究院、海创研究院等众多科研机构，科学创新氛围浓厚。

未来科学城位于昌平区南部，是连接中关村科学城和怀柔科学城的重要节点。目前区域内汇集了国家电网、国家能源集团等多家大型企业，北航、北邮、中财等多家重点高校，依托于企业集聚优势和高校科研能力，未来科学城形成了先进能源、先进制造、医药健康等高精尖产业的集聚。

北京经济技术开发区位于大兴亦庄地区，是"三城"科技成果转化承载区，是高精尖产业的重要增长极。北京经济技术开发区工业基础好、开放程度高，产业发展聚焦于信息技术、高端汽车、新能源智能汽车、智能制造装备和机器人、生物医药和大健康等高精尖产业。其未来的发展方向一方面对接三大科学城的创新成果，实现科技成果转化，另一方面促进高精尖产业的落地，实现企业向高精尖方向转型。

三、重点区域分析

海淀区作为中关村国家自主创新示范区的核心区，科技优势是其核心竞争力，科技服务业增加值在全市居于首位。2019 年规模以上科学研究和技术服务业法人单位数为 1117 家，收入合计达到 2797.67 亿元。2019 年科技服务业从业人员 273076 人，在所有行业中仅次于信息传输、软件和信息技术服务业。[②]

（一）科技服务业发展资源丰富

海淀区拥有全国最密集的科教资源优势，区域内有以北大、清华为代表的高

---

① 资料来源：北京市科学技术委员会。
② 资料来源：《2020 年北京海淀统计年鉴》。

等院校 83 所，以中国科学院为代表的科研院所 170 家，其中隶属中央的科研院所 135 家，占比达到 79.41%，市级科研院所 32 家。另外中关村科技园海淀园内聚集了 10448 家高新技术企业，在全市范围内居于首位。海淀区大力支持创新创业载体建设，建立起一批以科技孵化器为核心，集众创空间、小企业创业基地等形态为主的创业创新载体。截至 2019 年，海淀区拥有各类孵化器 238 家，其中国家级孵化器 21 家，2019 年在孵企业 33751 家，比 2015 年增长 157.27%，在孵企业总收入达到 395.68 亿元，接近 2015 年的 3 倍，发展速度迅猛。众多的高等院校与科研院所为海淀区科技服务业发展提供了充足的科技、人才资源，推动了海淀区科技创新的进一步发展。[1]

（二）产业集聚现象明显

科技服务业作为海淀的优势产业集聚现象明显，区域内形成了清华科技园、北航科技园、中国科学院计算技术研究所、中关村软件园、中关村东升科技园、中关村集成电路设计园等众多的典型产业集群。作为海淀区科技服务业发展的中坚力量，中关村科技园区海淀园 2019 年总收入实现 27459.4 亿元，比上年增长 14.52%，园区内企业 12331 家[2]。如表 4-22 所示，从园区内高新技术产业发展情况来，电子与信息业是其主导产业，2019 年总收入实现 20810.0 亿元，在所有高新技术产业中占比高达 85.1%；而先进制造技术盈利能力较强，在总收入占比仅 4.4% 的情况下创造了 27.2% 的利润。[3]

表 4-22 中关村科技园海淀园高新技术产业情况　　单位:%

行业	总收入占比	利润总额占比	出口创汇总额占比
电子与信息	85.1	58.9	82.8
生物工程和新医药	1.5	3.0	2.7
新材料及应用技术	4.7	6.0	8.3
先进制造技术	4.4	27.2	3.8
新能源与高效节能技术	2.3	2.0	2.2
环境保护技术	2.0	2.9	0.1

[1] 资料来源：根据《2020 年北京海淀统计年鉴》提供的数据计算。
[2] 资料来源：北京市科学技术委员会、中关村科技园区管理委员会发布的"2019 年按园区统计主要经济指标"（http://zgcgw.beijing.gov.cn/zgc/tjxx/nbsj/2019nsj/index.html）。
[3] 资料来源：根据《2020 年北京海淀统计年鉴》提供的数据计算。

（三）政策环境良好

近年以来海淀区积极探索科技服务业机制体制改革路径，先行先试国务院批准"1+6"改革政策，出台了"1+4"政策体系，即《关于进一步加快核心区自主创新和战略性新兴产业发展的意见》这1个意见，《海淀区优化创新生态环境支持办法》《海淀区激发科技创业活力支持办法》《海淀区提升企业核心竞争力支持办法》《海淀区促进重点产业发展支持办法》这4个支持办法，重点聚焦科技创新能力提升、优化创新生态环境、激发科技创业活力，推进国家双创政策执行和落地。海淀区始终走在科技体制改革的前列，不断进行政策完善，为全国深化科技体制改革积累了宝贵经验，成为了全国深化科技体制改革的试验田和风向标。

四、存在问题与不足

（一）产业创新能力有待提升

通过对北京市科技服务业多角度分析，不难发现北京地区在科技服务业领域拥有得天独厚的优势，发展基础在全国范围内处于领先地位。2017年以来科技服务业发展迅速，产业规模不断扩大，已成为北京重要支柱性产业，并且涌现出一批具有全国影响力的科技服务龙头企业，这些得益于国家以及北京市市委市政府扶持科技服务业创新发展的相关政策，为北京科技服务业的发展营造了良好的环境。然而，与发达国家和地区相比，北京科技服务业发展总体水平仍处于追赶阶段，位于产业价值链的低端，面临产业升级的压力。

目前，国际发达国家科技服务业的集成发展能力较强，在开展国际合作等服务中能够提供全方位的、专业性强的高水平服务。北京市科技服务业资源尚在整合中，导致综合服务水平较弱，参与国际合作机会较少，国际竞争力不强。

（二）龙头企业品牌效应不强

在生物医药领域，北京市的阿里健康与中国生物制药入围2020胡润中国百强大健康民营企业Top10排行榜，分别排名第四和第八；苏州的恒瑞医药以市值3720亿元位居第一，深圳的迈瑞医疗位列第二，市值2910亿元。恒瑞医药与迈瑞医疗是北京阿里健康的2.3倍和1.8倍，是中国生物制药的2.9倍和2.27倍。国外生物技术网站GEN发布的《2019年全球25大生物技术公司》中，共有五家中国生物技术公司上榜，分别为恒瑞医药（江苏）、药明康德（上海）、豪森药业（江苏）、云南白药（云南）以及国药集团，北京生物技术企业并未入选。

在智能制造领域，《全球智能制造企业科技创新百强报告2020》通过对近5年全球智能制造产业5万余家企业的科技创新水平进行了量化评测，遴选出全球智能制造企业科技创新百强，其中前 50 名上榜企业中中国占 5 家，仅有两家北京企业，分别为国家电网（排名第 12）和百度（排名第 27），头部企业品牌价值还有很大提升空间。

在芯片研发领域，2020 年全球十大芯片公司中，多数为美国的龙头企业，虽然近年来中国的华为与中兴有所成就，华为旗下的海思科技在全球芯片公司中排名第六，但北京市尚未出现具有代表性的芯片品牌。

（三）产业发展结构亟须调整

1. 产业内部结构不平衡

科技服务协作体系不完善，科技服务业内部行业之间的有效联动亟须加强，研发设计、技术转移、创业孵化等产业培育关键环节尚未形成有序对接和协同，融合互动进而激发高精尖产业衍生的效能没有充分发挥出来。表 4 – 23 为 2019 年北京市科技服务业规模以上企业的财务状况，其中研究和试验发展企业单位数最少，仅占整个行业的 9.32%，专业技术服务业以及科技推广和应用服务业企业数量在产业中的比重占近半数左右，占比为 50.03% 和 40.65%。虽然研究和试验发展企业数量少，但其单位企业平均利润额高达 2068 万元，分别是专业技术服务业、科技推广和应用服务业的 0.91 倍、2.29 倍；科技推广和应用服务业虽然规模以上企业数量较多，但其对科技服务业的利润贡献率却不大，仅有 21.66%，表明其企业效益相对较低，需要加快调整产业内部结构。

表 4 – 23　2019 年北京市科技服务业规模以上企业财务状况

	企业个数（个）	企业个数占比（%）	利润总额（亿元）	利润总额占比（%）	单位企业平均利润额（万元）
科学研究和技术服务业	3230	100	548.8	100	1699
研究和试验发展	301	9.32	62.3	11.34	2068
专业技术服务业	1616	50.03	367.7	67.00	2276
科技推广和应用服务业	1313	40.65	118.9	21.66	905

资料来源：《北京统计年鉴 2020》。

如图 4 – 17 所示，从利润率角度来看，研究和试验发展的利润率 > 专业技术服务业的利润率 > 科技推广和应用服务业的利润率，即使经营科研和发展的企业数量少，但其有较高的利润率，相比之下科技推广和应用服务业单位数量较多，但利润率较小。

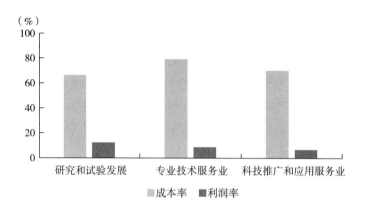

图 4 - 17   2019 年科技服务业细分行业成本率与利润率

2. 产业空间结构不均衡

图 4 - 18 反映了 2018 年北京市各区科技服务业增加值占比情况。2018 年北京市科技服务业增加值达到 3223.91 亿元，较上年同比增加 10.4%，海淀区对北京市科技服务业贡献率最大，占比为 36.25%，其中，中关村海淀区科技园为北京市科技服务业极具特色的聚集区；贡献率在第二梯队的为朝阳区（21.59%）、丰台区（9.62%）、东城区（9.12%）、西城区（8.53%）；第三梯队则有昌平区、北京经济技术开发区、石景山区、顺义区、大兴区以及房山区，这 5 个区域在北京市科技服务业占比为 1%～5%；其他区域的科技服务业发展薄弱，对北京的贡献率不足 1%。如表 4 - 24 所示，从北京市科技服务业四大功能区的角度来看，首都功能核心区占据两成，城市功能拓展区占据近七成，区域差距较大，尤其是生态涵养区中的各地区占比均不足百分之一。北京的产业结构有待进一步加强。

3. 区域产业发展不稳定

如图 4 - 19 所示，它反映了 2017～2018 年北京市各地区科技服务业增长率情况。从增幅角度分析，朝阳区、丰台区、海淀区增幅相对稳定，且实力相对雄厚，产业发展已经达到相对稳定状态；相比之下，门头沟区虽然增幅相对稳定，但该地区科技服务业在北京市占比接近 0%，区域产业实力单薄，发展增速缓慢，亟须政策和资金上的支持；其他地区如顺义区、怀柔区、平谷区波动幅度较大，基础比较薄弱，存在更多的偶然性不确定性因素，需要加强宏观与微观的双重调控，使产业发展达到稳中求进的效果。

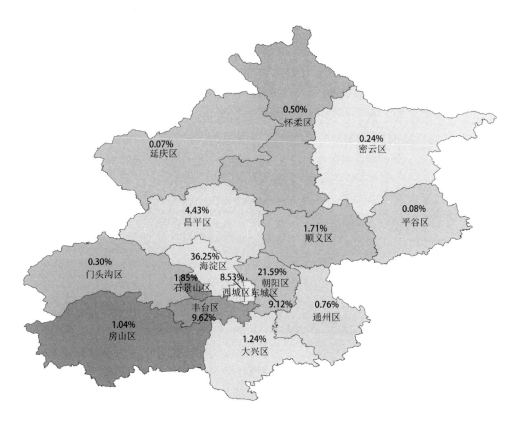

图4-18　2018年北京市各区科技服务业增加值占全市比重

资料来源:《北京区域统计年鉴2019》。

表4-24　北京四大功能区科技服务业对北京贡献率　　　　单位:%

首都功能核心区	城市功能拓展区	城市发展新区	生态涵养发展区
17.65	69.30	11.87	3.88

(四)产业的劳动生产率较低

根据2010~2019年北京市服务业和科技服务业的就业数据和产值数据,如表4-25所示,测算北京市科技服务业的产业结构偏离度[①]。从表中数据可得,

---

① 产业结构偏离度是指某一产业的就业比重与产值比重之差,偏离度为正,说明该产业的就业比重大于产值比重,说明劳动力出现冗余,可能会有转出需求,这也就意味着劳动力生产率较低;若偏离度为负,则说明该产业的就业比重低于产值比重,劳动力短缺,且说明劳动力生产率较高的同时,偏离度绝对值数值越大,说明就业结构与产业结构之间发展越不平衡,产业结构的效益越低。

"十二五"期间 2014 年偏离度为负，说明科技服务业当年的劳动力短缺，劳动生产率较高，其他年份均为正值，且有较平缓的增长态势，说明劳动生产率在逐渐下降；"十三五"期间，2018 年的偏离度有所下降，但依旧为正数，说明劳动生产率低的发展现状有所缓解，但在 2019 年偏离度又以 67.37% 的速度上涨到 1.59%。因此可知，这十年间劳动生产率大部分处于低水平状态，虽然 2014 年和 2018 年偏离度有所下降，劳动生产率有所提高，但并没有持续改善。

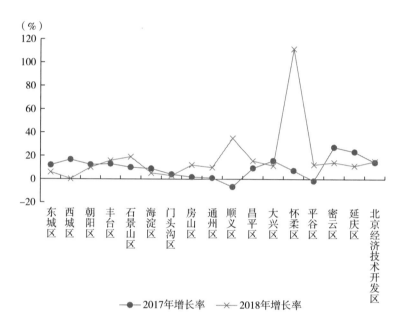

图 4-19　2017~2018 年各地区科技服务业增长率

表 4-25　2010~2019 年北京科技服务业与服务业就业人员数及产值

年份	从业人员数（万人）		产值（亿元）		就业比重（%）	产值比重（%）	偏离度（%）
	科技服务业	服务业	科技服务业	服务业			
2010	65.3	767.5	940.2	11608.1	8.51	8.10	0.41
2011	67.9	791.4	1106.6	13491	8.58	8.20	0.38
2012	73.9	837.4	1245.9	15020.3	8.82	8.29	0.53
2013	79.1	874.7	1442	16806.5	9.04	8.58	0.46
2014	82.7	984.4	1628.9	18333.9	8.40	8.88	-0.48
2015	88.5	935	1765.4	20218.9	9.47	8.73	0.73

续表

年份	从业人员数（万人）		产值（亿元）		就业比重（%）	产值比重（%）	偏离度（%）
	科技服务业	服务业	科技服务业	服务业			
2016	99.8	977.5	1980	22245.7	10.21	8.90	1.31
2017	106.8	1005.2	2260.5	24711.7	10.62	9.15	1.48
2018	104.3	1010.2	2578.4	27508.1	10.32	9.37	0.95
2019	118.1	1058.1	2826.4	29542.5	11.16	9.57	1.59

资料来源：历年《北京统计年鉴》。

五、对策建议

（一）推动产业创新发展

科技服务业的创新发展最需要依托的是区域科技的领先。加强顶层设计，明确列出现代科技服务产业未来发展趋势、特点与模式，以此规范北京科技服务产业的健康发展。鼓励企业加入科技服务创新联盟，构建面向产业链的科技服务业集成服务平台。科技服务企业通过融合北京市内外与国内外优质创新要素，推动科技服务业从传统型业态向创新型业态转变升级，利用京外地区相对低廉的空间资源和优惠的营商环境，增强服务竞争力和影响力，实现科技、资本和人力等创新要素的价值新增长。

以"政府＋市场"合力的形式整合创新资源，建设市场化创新资源整合平台；优化创新创业孵化器，提升北京科技服务业的专业程度，促进高精尖产业发展。

（二）加速产业品牌化进程

通过建设科技服务集群形成品牌效应，扩大服务规模，提高服务效率。完善科技服务业管理制度体系，将市场化专业服务能力培育制度化，夯实管理与制度保障，提升产业实力。完善现代企业制度，健全服务操作流程和服务标准，完善激励与约束制度，通过制度设计激发企业创新活力，促进北京市各企业在市场竞争中做大做强，增添北京发展特色，进一步突出北京"科技中心"的功能地位。加强品牌和标准体系建设，培育具有国际品牌影响力的龙头科技服务企业。依托科技服务业集聚区和高精尖产业园区，通过龙头企业带动、科技服务行业协会引领、产业链上下游关联等模式，实现科技服务业集群式发展。推进上下游企业、大中小型企业协同合作以及服务链互动和知识外溢，夯实科技服务网络体系，为科技创新全过程提供全方位一站式服务。利用北京现有的政策和资金便利条件，引进国内外高端 IP 人才，利用好低端产业退腾空间，"腾笼换鸟"，引进一批科技服务企业总部机构或跨国科技服务企业分支机构入驻，培育一批有较强竞争力的本土民营科技服务龙头企业，打造品牌科技服务机构，提升科技服务水平。充分发挥"中关村"重要载体作用，对内整合"科技服务基础设施及产业服务平台"，对外赋能合作伙伴，通过"开放合作、广泛链接"整合北京市科技服务资源形成生态圈层，立足京津冀、辐射全国，形成平台化、共享型、生态型、全周期、一站式、管家式的科技服务新模式，为北京市建设世界一流的科技中心提供重要支撑。

（三）促进产业均衡化发展

充分利用北京丰富的创新资源和高端创新成果，充分发挥首都的优势，将其转化为科技服务业的发展效果和核心竞争力，统筹整合创新资源，实现高校、科研院所以及企业等创新主体的联结发展，支撑产学研协同创新；重视科技服务业服务能力的重要作用，形成综合性、网络化、链条式的服务体系。发挥海淀区作为产业增长极的辐射作用，政府政策与资金的支持作用，带动周边区域发展，增强薄弱企业、产业机构的实力，做好统筹规划，降低发展偶然性。通过建设行业诚信体系、规范行业服务标准、制定有效机制模式，实现机构之前、区域之间的有效合作，形成有效的服务链条。通过地理关联、资金关联、价值关联等方式加强科技服务业与其他区域产业集群的产业关联，并通过税收优惠等方式促进服务贸易发展。

（四）构建高素质人才队伍

研究制定科技服务业人才建设规划和具体实施细则，依托重点实验室、科研院所等创新基地，吸引国内外高技术人才和高级管理人才的加入。制定出台相关优惠政策措施，放宽户籍以及就业市场等方面的限制，解决好紧缺人才引入后的生活问题。在资金支持方面，设置各种技术类、智力类专项资金，通过资金支持吸引一些国内高素质人员或国外优秀人员加入到北京科技服务业的建设之中。

加大优秀人才培养力度。一方面，挖掘本地高校的人才资源，鼓励相关高校设立相关科技服务行业课程，开设相关专业，基本能力合格后授予相关学位；还可以设立资金鼓励高校及相关科研机构内部人才参与科技服务业相关课题建设，通过深入培养挖掘本地人才，提高科技服务业人才内部储备。另一方面，加大对现有科技服务业从业人员的培训力度，鼓励企业内部培训、在职外部培训，根据现有从业人员的知识储备和工作技能，有针对性地进行系统培训计划，提高现有从业人员的知识技能，提高素质。

（五）优化政策与金融环境

实行结构性减税和普遍性降费，从财政上对科技服务类的高新技术企业给予大力支持。一方面，对认定为高新技术企业的，以减征企业所得税等方式扩大科技服务企业创新利润；另一方面，积极探索如政府购买服务、"后补助"等政策方式支持科技服务企业的创新发展，对取得科技创新成果或服务绩效的单位，给予经费补助，借此吸引更多有资质、有潜力的企业加入到科技服务业中来，扩大科技服务类企业的市场份额。

通过建设多元化科技金融服务体系，打破融资难题。借助于整合放大国有资本，探索科技金融特色产品，面向科技创新，构建覆盖科技企业整个生命周期和产业发展全链条的科技金融生态体系。支持股权众筹、互联网保险、第三方支付等科技金融新模式发展。在科技服务企业资金的投入上，要更大激发民间投资活力，多管齐下改革投融资体制，缩减政府核准投资项目范围，下放核准权限，放宽民间投资市场准入，引导社会资本投入科技服务领域。

第五节　北京文体娱乐服务业发展与空间布局

文体娱乐服务业是指生产和销售文化、体育、娱乐类服务产品的生产部门和企业的集合，从服务对象来看属于生活消费性服务业。根据2017年10月1日开始实施的国家标准《国民经济行业分类》（GB/T 4754—2017），文体娱乐产业的范围包括新闻和出版业，广播、电视、电影和录音制作业，文化艺术业，体育以及娱乐业。文体娱乐服务业作为北京市高端服务业的重要组成部分之一，其高质量发展对北京市产业结构升级、实现"文化中心"的定位具有重要意义。

一、发展成就

（一）行业规模不断壮大

2006年北京市明确提出将文化产业作为支柱产业，并相继出台一系列政策措施进行重点扶持。在此背景下，北京市文化产业快速发展，产业规模持续扩大。根据北京市统计年鉴数据，2006~2018年北京市文体娱乐服务业增加值逐年增加，如图4-20所示，2018年达到645.9亿元，同比增长5.7%。规模以上企业发展迅速，2017年全市规模以上文体娱乐业企业单位1011个，营业收入实现1088.81亿元，与2014年相比增长36.62%，其中新闻和出版业营业收入占比为43.28%，广播、电视、电影和影视录音制作营业收入占比为36.55%，文化艺术业占比为8.62%，体育业占比为8.20%，娱乐业占比为3.35%。

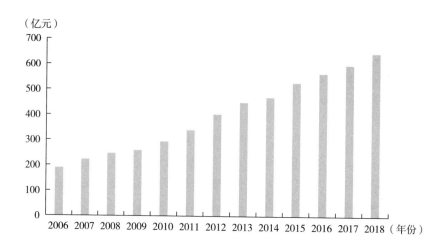

图4-20 2004~2018年北京市文体娱乐服务业实现增加值增长

资料来源：历年《北京统计年鉴》。

（二）行业优势持续增强

北京市作为全国文化中心，拥有丰富的文化资源，聚集了众多文体娱乐企业，文体娱乐服务业发展迅速，辐射能力较强。根据云河都市研究院和国家发展改革委发展战略和规划司发布的"中国城市综合发展指标"，2019年北京市文体娱乐产业辐射力在全国297个地级及以上城市中排名居于首位，在文体娱乐业领域对外输出产品和服务的能力较强。从营业收入来看，北京的文体娱乐产业营业收入全国占比高达24.8%，创造了全国近1/4的营业收入，与国内其他城市相比，北京市在文体娱乐产业领域具有绝对优势。此外，文体娱乐产业领域的优质资产和优质人才资源丰富，北京市文体娱乐产业行业资产全国占比高达26.4%，行业从业人员数和行业法人单位数量全国占比分别为12.8%和10.4%。北京市作为全国的文化中心，拥有的国家文化重点企业和重点项目的数量均居全国各省市首位，文化机构和文化设施数量、主要文化产品和服务供给方面在全国也占据绝对领先位置。由此可见，北京市文体娱乐服务业优势显著，发展潜力在全国居于领先地位。

（三）文体娱乐贸易发展迅速

如图4-21所示，2016年，文体娱乐服务贸易出口额为2.17亿美元，占服务贸易出口总额的比例仅为 0.41%；2018 年，文体娱乐服务贸易出口额达到 5.68 亿美元，实现 162.2% 的增长，文体娱乐服务贸易出口额占比增长至 1.01%。根据商务部服贸司公布的 2019～2020 年度国家文化出口重点企业和重点项目名单，北京共有包括五洲传播出版社、中国图书进出口（集体）总公司、人民天舟（北京）出版有限公司、北京华录百纳影视股份有限公司等在内的 78 家企业上榜，全国占比达到 23.28%，较 2015～2016 年度增长 3.38%，重点项目数量 36 项，占比达到 27.91%，文化出口重点企业与重点项目数量均居全国第一位。

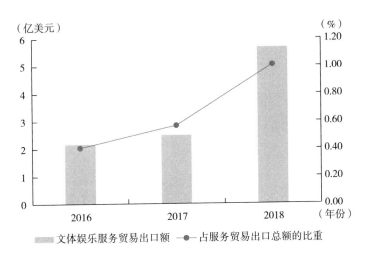

图 4 - 21　2016～2018 年北京市文体娱乐服务贸易出口额及占比

资料来源：历年《北京统计年鉴》。

（四）发展环境不断优化

如表 4 - 26 所示，从文化产业发展环境来看，北京市自 2005 年率先提出发展文化产业以来，文化产业的发展环境不断优化。2018 年 6 月，北京市委市政府印发《关于推进文化创意产业创新发展的意见》，确立了由"两大主攻方向、九大重点领域环节"构成的文化产业高精尖内容体系，并提出九大产业促进行动，为北京市文化产业下一阶段发展锚定方向、指明路径。2019 年，国务院发布了关于《全面推进北京市服务业扩大开放综合试点工作方案》的批复（国函〔2019〕16 号），为大力发展文化贸易、推进文化行业、扩大对外开放提供了支持；2020 年 1 月，北京市文化改革和发展领导小组印发《北京市文化产业高质量发展三年行动计划（2020 - 2022 年)》，明确了未来三年北京市文化产业实现高质量发展的路径，提出着力实现创作生产精品化、文化创意品牌化、新兴业态多元化、市场体系现代化，初步形成首都文化产业高质量发展体系。

表4-26　2006~2020年北京市发布的文体娱乐产业主要政策

文件名	发文时间	主要内容
《北京市促进文化创意产业发展的若干政策》	2006年	从市场准入机制、税收政策优惠、知识产权保护、加大资金支持、拉动需求、优化资源配置、加强人才支撑七个方面支持文化创意产业发展
《关于大力推动首都功能核心区文化发展的意见》	2010年	进一步明确推动首都功能核心区文化发展的重要意义、指导思想及原则目标，通过科学规划大力推进文化功能街区建设；占领高端，大力发展文化创意产业
《关于进一步鼓励和引导民间资本投资文化创意产业的若干政策》	2013年	鼓励民间资本进入文化创意产业领域，鼓励民间资本参与国有文化企事业单位改革，鼓励民间资本参与重大文化项目的建设与运营等十六项措施
《北京市推进文化创意和设计服务与相关产业融合发展行动计划（2015—2020年）》	2015年	以中关村国家自主创新示范区为重点，加快推动20个文化创意产业功能区建设，进一步集聚文化人才、技术、资本等创新要素资源，促进产业紧密协作、共同发展
《北京市人民政府关于加快发展体育产业促进体育消费的实施意见》	2015年	进一步深化体育体制改革和机制创新，积极引导社会资本参与体育产业发展，着力扩大体育服务和产品供给，着力优化体育产业结构和空间布局，着力促进大众体育消费，促进体育产业加快发展
《北京市"十三五"时期文化创意产业发展规划》	2016年	重点优化文化创意产业发展布局，推进重点文化创意产业功能区建设，推动京津冀区域协同发展；建设高精尖文化创意产业体系，激发传统行业活力，深入推进文化创意产业融合发展
《关于保护利用老旧厂房拓展文化空间的指导意见》	2017年	对保护利用老旧厂房发展文化创意产业项目的，需按照法定程序开展保护利用，有关部门要加强组织实施，加大资金支持，注重健全保障措施
《关于推进文化创意产业创新发展的意见》	2018年	文件明确文化创意产业重点聚焦的领域，指出"文化空间拓展、重点企业扶持、重大项目引导、文化消费提升、文化贸易促进、文化金融创新、文创品牌集成、服务平台共享、文创人才兴业"九大行动

文件名	发文时间	主要内容
《关于加快市级文化创意产业示范园区建设发展的意见》	2018 年	对示范园区建设硬件设施，开展公共服务、文化金融服务，保护利用老旧厂房建设分园等给予资金支持，并在园区文化企业培育、文化人才服务、品牌建设推广等方面给予政策倾斜
《北京市文化产业高质量发展三年行动计划（2020－2022 年)》	2020 年	着力实现创作生产精品化、文化创意品牌化、新兴业态多元化、市场体系现代化，初步形成首都文化产业高质量发展体系

从体育产业发展环境来看，近年来，北京市委市政府连续出台了《关于促进体育产业发展的若干意见》、《关于加快发展体育产业的实施意见》（京政发〔2012〕17 号）、《关于加快发展体育产业促进体育消费的实施意见》（京政发〔2015〕36 号）等文件，为提升北京市体育产业发展质量和水平提供了政策支持，为体育产业成为全市经济转型升级的新亮点和新增长点创造了条件。另外，北京市体育局印发了《关于金融支持首都体育产业发展的意见》（京体办字〔2014〕61 号）、《北京市体育产业基地管理办法》（京体产业字〔2016〕21 号）、《北京市"十三五"时期体育发展规划》等文件，这一系列政策文件的出台，具有很强的针对性和延续性，初步构建起具有首都特色的体育产业发展政策体系，为实现体育产业持续健康快速发展提供了良好的政策环境。

二、空间布局现状

（一）文体娱乐产业聚集情况

北京市文体娱乐产业空间聚集现象明显。如表 4－27 所示，根据北京市统计年鉴数据，2018 年东城区、西城区、朝阳区、海淀区四个区域文体娱乐服务业增加值合计为 554.7 亿元，占全市文体娱乐服务业增加值比重高达 85.88%，其中海淀区占比 39.63%，居于全市最高水平。东城区 2018 年文体娱乐增加值占全市比重 17.47%，全市排名第二。从发展速度来看，顺义区、东城区、密云区、通州区文体娱乐产业增加值同比增长均达到 18% 以上，而平谷区、朝阳区、门头沟区、房山区、昌平区等地出现负增长，其中平谷区最为严重，同比下降 26.3%，产业规模呈现下滑态势。

表4-27　2018年北京市各区文体娱乐服务业增加值、增长速度及占全市比重

区域	增加值（万元）	同比增长（%）	占全市文体娱乐服务业增加值比重（%）
东城区	1128608	18.9	17.47
西城区	1044640	2.7	16.17
朝阳区	813627	-0.2	12.60
丰台区	341321	9.8	5.28
石景山区	162660	7.2	2.52
海淀区	2559847	0.5	39.63
门头沟区	15428	-2	0.24
房山区	19462	-0.2	0.30
通州区	21144	18.3	0.33
顺义区	25099	21.7	0.39
昌平区	36144	-1.2	0.56
大兴区	38129	4.3	0.59
怀柔区	127072	14.2	1.97
平谷区	16683	-26.3	0.26
密云区	11607	18.5	0.18
延庆区	27275	9.6	0.42
北京经济技术开发区	1650	1.6	0.03

资料来源：《北京区域统计年鉴2019》。

如图4-22所示，从文化产业企业收入来看，2018年北京市规模以上文化产业法人单位收入达到10703亿元[1]，其中海淀区占比高达41.76%，朝阳区以21.18%的占比位于第二，仅朝阳区与海淀区两个地区就创造了全市文化产业法人单位收入的一半以上。东城区、西城区、朝阳区、海淀区四个区域规模以上文化产业法人单位收入占比共计85.90%。海淀区文体娱乐服务业增加值及规模以上文化产业法人单位收入占全市比重均为最高，产业优势明显。朝阳区文化传媒产业资源丰富，另外依托于商务服务业资源、中关村电子城为代表的高科技产业研发资源、高等教育资源等优势，使得朝阳区文体娱乐产业基础较好。东城区与西城区是历史文化遗产分布的核心区域，金融机构、总部企业在此区域聚集，其中东城区在艺术品交易、文化演艺、全媒体出版、文化旅游等领域具有优势，西

---

[1]　资料来源：《北京区域统计年鉴2019》。

城区则在高端设计服务、演艺精品生产、艺术品和版权创新交易等领域特色鲜明。石景山区近年来盘活首钢老厂房，积极发展文化产业，取得一定成效。其他区域文化产业发展相对较弱。

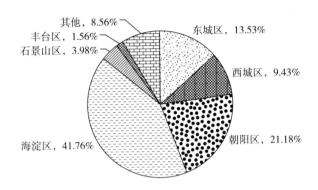

图4-22 2018年北京市各区规模以上文化产业法人单位收入占全市比重

资料来源：《北京区域统计年鉴2019》。

（二）文化产业园区集聚情况

表4-28是北京市2019年公布的首批文化创意产业园区名单，包括798艺术区、莱锦文化创意产业园等在内的33家产业园区上榜，其空间布局位置如图4-23所示。数量最多的前三个区分别是朝阳区、西城区、海淀区，其中朝阳区有10家，占比达到30.3%，位居各区之首。朝阳区不仅有北京市CBD、奥林匹克中心，而且有798、古玩城、中央美院等著名的文化潮流地标，文化创意产业密集，是全国文化创意产业最具规模和代表性的地区。依托于金融、商贸发展优势，以及作为国际新闻机构聚集区，朝阳区文体娱乐产业的发展以文化传媒为主体，同时作为高端广告公司聚集区以及国际及大型会展举办地，朝阳区借助丰富的产业资源，为大力发展广告会展、设计服务、旅游休闲、文化艺术等产业提供了有力条件，是全市文化创意产业发展示范区。西城区有包括中国北京出版创意产业园、西什库31号、北京天桥演艺区等在内的8家园区上榜，占比为24.2%，大部分园区是在老工业厂房的基础上改建而成，促进了城市工业印记的文化新生。海淀区文化创意园区数量为6家，占比18.2%，形成了以中关村软件园、清华科技园为代表的文化创意产业园区，其发展模式主要是依托于海淀区良好的科技发展基础，文化产业发展与信息科技产业形成了良好的互动关系。

表4-28 北京市首批认定的文化创意产业园区

地区	占比（%）	园区
朝阳区	30.3	751D·PARK 北京时尚设计广场、798 艺术区、北京电影学院影视文化产业创新园平房园区、北京懋隆文化产业创意园、北京塞隆国际文化创意园、东亿国际传媒产业园、恒通国际创新园、莱锦文化创意产业园、郎园 Vintage 文化创意产业园、尚 8 国际广告园
西城区	24.2	北京 DRC 工业设计创意产业基地、北京天桥演艺区、北京文化创新工场车公庄核心示范区、天宁 1 号文化科技创新园、西什库 31 号、西海四十八文化创意产业园区、"新华 1949"文化金融与创新产业园、中国北京出版创意产业园
海淀区	18.2	768 创意产业园、清华科技园、腾讯众创空间（北京）文化创意产业园、中关村东升科技园、中关村软件园、中关村数字电视产业园
东城区	12.1	77 文创园、北京德必天坛 WE 国际文化创意中心、嘉诚胡同创意工场、中关村雍和航星科技园
大兴区	9.1	北京城乡文化科技园、北京大兴新媒体产业基地、星光影视园
通州区	3.0	弘祥 1979 文化创意园
经济技术开发区	3.0	数码庄园文化创意产业园

资料来源：北京文化创意产业综合信息服务平台（http：//www.bjci.gov.cn）。

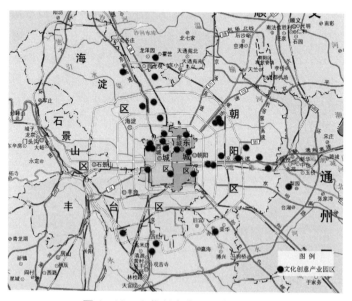

图4-23 文化创意产业园布局示意

资料来源：北京文化创意产业综合信息服务平台（http：//www.bjci.gov.cn）。

（三）龙头企业布局

如表4-29所示，以注册资金3000万元以上为标准，筛选北京市各区域文体娱乐企业数量，共5848家，其中朝阳区数量最多，文体娱乐企业共2129家，占比达到36.41%；其次是海淀区，共920家，占比为15.73%；排名末位的是门头沟区，仅93家，占比1.59%。从不同的产业类型来看，在新闻出版领域海淀区占比最大，达到24.38%，东城区以23.75%的占比紧随其后。而在广播、电视、电影和影视录音制作，文化艺术业，体育业，娱乐业领域，朝阳区则具有绝对优势，占比分别达到42.54%、35.02%、31.01%、47.54%。另外，根据北京市工商业联合会发布的"2019北京民营企业文化产业百强"榜单，在文化产业领域上榜的100家民营企业中，海淀区、东城区、朝阳区数量占据前三，其中海淀区以35家的绝对优势位居第一，东城区和朝阳区分别为17家和16家。而平谷、门头沟、大兴、丰台等地区上榜企业数量较少，在文化产业领域民营企业的发展实力相对较弱。

表4-29　各区域注册资金3000万元以上的文体娱乐企业占全市比重

单位：%

地区	文体娱乐业	新闻和出版业	广播、电视、电影和影视录音制作业	文化艺术业	体育业	娱乐业
东城区	7.01	23.75	5.11	6.61	11.85	9.84
西城区	4.09	16.88	4.19	3.76	1.39	1.64
朝阳区	36.41	21.88	42.54	35.02	31.01	47.54
丰台区	5.32	4.38	5.61	5.37	4.53	1.64
石景山区	2.63	3.75	2.13	2.75	3.14	1.64
海淀区	15.73	24.38	14.35	16.00	14.98	11.48
门头沟区	1.59	0.00	1.49	1.70	1.74	0.00
房山区	3.83	0.00	2.98	4.07	6.62	4.92
通州区	6.96	0.63	6.68	7.35	6.62	6.56
顺义区	4.12	1.88	4.19	4.09	5.57	3.28
昌平区	2.92	0.00	2.41	3.13	4.53	1.64
大兴区	3.10	1.25	2.63	3.38	2.44	3.28
怀柔区	4.22	0.00	4.33	4.40	3.48	4.92
平谷区	2.07	1.25	1.35	2.37	2.09	1.64

资料来源：Wind数据库（其中延庆区和密云区数据缺失）。

从文化企业来看，根据北京文化创意产业综合信息服务平台公布的北京市文化企业 30 强，其布局主要集中在东城区和海淀区，其中东城区有包括北京演艺集团有限责任公司、保利文化集团股份有限公司等在内的 10 家企业上榜，占比达到 1/3，具体如图 4-24 所示。海淀区有包括同方知网（北京）技术有限公司、北京数码视讯科技股份有限公司等在内的 8 家企业上榜，占比达 26.7%。另外朝阳区有包括北京北广传媒集团有限公司等在内的 4 家企业上榜，占比为 13.3%；西城区和石景山区分别有 3 家企业上榜，占比为 10%；通州区和经济技术开发区分别有 1 家企业上榜。从企业类型来看，占比最高的两个区域东城区和海淀区其企业类型有所不同，东城区的文化产业优势在于出版传媒业，海淀区的优势在于文化产业与科技信息产业的融合。

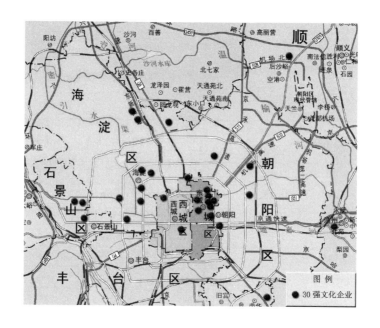

图 4-24 北京市文化企业 30 强空间位置分布示意

资料来源：北京文化创意产业综合信息服务平台（http://www.bjci.gov.cn）。

从体育产业来看，根据北京市体育局公布的 2019 年度北京市体育产业基地示范单位和示范项目名单，认定 7 家体育产业重点领域的知名企业为北京市体育产业示范单位，认定 2 个持续运营的优秀体育产业项目为北京市体育产业示范项目。从这 7 家企业的布局来看，大多都分布在距离中心区域较远的位置，其中昌平区 2 家，石景山区 2 家，房山区、大兴区、朝阳区各 1 家，具体如图 4-25 所示。

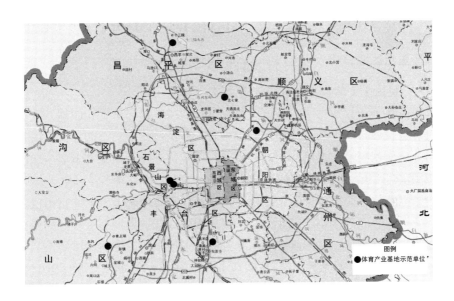

图 4 - 25 北京市 2019 体育产业基地示范单位布局示意

资料来源：北京文化创意产业综合信息服务平台（http：//www.bjci.gov.cn）。

（四）产业空间布局总体特征

根据前文对于文体娱乐产业集聚情况、文化产业园区集聚情况，以及龙头企业布局特征的分析来看，在东城、西城主要集聚了高端文化产业以及传媒艺术业，依托于北京厚重的历史文化和极具优势的金融及总部资源，实现了文化金融的融合发展，并通过传承北京城市历史文脉和老字号品牌文化，进一步发挥集聚融合、带头引领作用。朝阳区、海淀区、经济技术开发区作为高端服务功能的重要承载区和高新技术重点区域，依托于强大的科技实力和经济支撑，文体娱乐产业向高新技术领域延伸，实现了文化科技的融合发展，是北京市文体娱乐服务业发展的重要区域，文体娱乐服务业的发展潜力较大。而在门头沟区、平谷区、怀柔区、密云区、延庆区等生态涵养区存在部分影视、音乐、体育产业功能区，但总体来看文体娱乐产业集聚现象并不明显，产业发展有待进一步提升。

从上述分析来看，目前北京市文化产业的空间布局符合《北京市文化创意产业功能区建设发展规划（2014 - 2020 年）》确定的"一核、一带、两轴、多中心"的空间发展格局。形成了以东城、西城为空间载体的"中心城文化核心"，分布在朝阳区、中关村海淀园、石景山、丰台科技园、大兴国家新媒体产业基地和经济技术开发等高新技术密集区的文化科技融合带，以及以文化创造产业为引领的东西轴和以北京文化服务产业为引领的南北轴，同时形成了中国乐谷片区、中国（怀柔）影视基地等功能区和分片区的多个中心与发展节点。

三、重点区域分析

（一）朝阳区文体娱乐服务业发展现状

朝阳区作为北京城市中心城区之一，承载着重要的经济文化职能，在文化资源上有着自身独特的优势。从城市职能来看，使馆区、奥运公园地区、中央电视台等功能区使朝阳承担着对外交流、媒体传播及国际体育活动等重要的职能。同时，朝阳区以 CBD 地区为代表的金融资源、商务服务业资源，以中关村电子城为代表的高科技产业研发资源，以及文化资源和高等教育资源在北京市层面都具有优势。上述方面都使得朝阳区的文体娱乐服务业产业发展有着良好的基础。

如图 4-26 所示，在产业发展水平方面，近年来朝阳区的文体娱乐产业规模不断扩大，2018 年朝阳区文体娱乐产业增加值 81.36 亿元，比 2010 年增长 93.29%，占 GDP 比重 1.34%，规模以上文体娱乐产业单位 400 个，占全市比重高达 39.6%，实现平均从业人员 38135 人，实现收入合计 357.97 万元，占全市比重 32.88%。[①] 从朝阳区各类文化创意产业的发展状况来看，其中广告会展、软件网络及计算机服务和旅游休闲发展势头快，成为朝阳的优势产业。近年来，朝阳区文体娱乐产业以文化传媒、数字内容、创意设计、文化贸易、休闲娱乐为支撑，形成了以高附加值和高成长性产业为主导的产业结构。

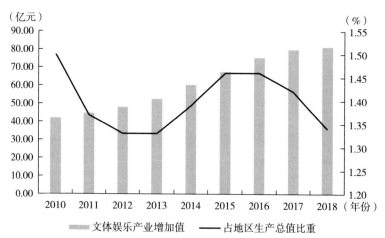

图 4-26　2010~2018 年朝阳区文体娱乐产业增加值及比重

资料来源：历年《北京市朝阳区统计年鉴》。

---

① 资料来源：根据《北京朝阳区统计年鉴 2019》提供的数据计算得来。

朝阳区是引领北京市文体娱乐服务业发展的重要承载区，龙头企业聚集、上市企业加速涌现的态势日益凸显。朝阳区集聚了人民日报、中央电视台、北京电视台、凤凰卫视等一批知名品牌文化企业，培育了万达院线、宣亚国际、掌阅科技、创业黑马等众多家上市文创企业，区域核心竞争力日益增强。在文化贸易领域，根据2019～2020年度国家文化出口重点企业和重点项目，朝阳区16家企业和10个项目上榜，分别占全市的40%和56%，在全市范围内居于领先地位。

朝阳区积极探索存量空间转化和功能提升的创新路径，形成工业厂房改造利用、传统商业设施升级的园区改造转型模式，以798艺术区为典型代表，其工业遗产的改造利用具有突出特色，在产业园区集聚建设方面具有领先优势。截至2020年11月，朝阳区已有2家国家级文化产业园区，6家市级文化创意产业集聚区，4家区级文化创意产业集聚区，31家重点园区（基地）。根据2020年8月北京市发布的市级园区名单，朝阳区有32家文化产业园区入选，占全市的33%，居全市首位，充分彰显了朝阳区在文化产业园区高质量发展方面的优势。

（二）朝阳区文体娱乐服务业发展环境

近年来，朝阳区积极探索文体娱乐产业领域全面改革创新体系，政策环境不断优化。为了引导文化产业的高质量发展，制定了《北京市朝阳区文化创意产业发展指导目录》《文化创意企业申请高新技术企业认定指南》等政策；为了扶持带动一批创新能力强、发展潜力大的文化企业，出台并实施了涵盖文化精品、文化科技、文化金融、精品园区、上市奖励、风投奖励等15个领域50条政策，形成推动文化产业高质量发展的政策体系；以北京市深化服务业扩大开放为契机，吸引了索尼音乐、爱贝克斯等知名外资公司落户朝阳区。同时，朝阳区充分发挥首批国家公共文化服务体系示范区、首个国家文化产业创新实验区优势，以推进首都全国文化中心核心区建设为重要抓手，率先出台文化事业产业融合发展示范园区管理办法（试行）和特色文旅消费街区认定标准，拟首批认定10家文化事业产业融合示范园区，打造"城市文化公园"和文化新地标。

（三）朝阳区文体娱乐服务业空间布局

朝阳区已基本形成了以文化传媒为龙头，以高端会展、旅游休闲、设计创意、信息服务为主导，以古玩及艺术品交易、文艺演出、时尚消费为特色的多元支撑的产业结构体系。从朝阳区文体娱乐企业的总体空间分布来看，在CBD地区、使馆地区、奥林匹克中心地区、望京地区等发展程度较高的区域，企业分布较为密集。从行业细分来看，传媒广告类企业主要分布在中央电视台、北京电视台周边，广告会展类、设计服务类企业则在中国传媒大学周边形成聚集，艺术品交易类企业主要分布在潘家园地区。另外，朝阳区打造了CBD—定福庄国际传媒产业走廊，以 CBD 和中国传媒大学作为起始点，带动通惠河沿线文化传媒发展，形成了一条传媒产业带。

总体来看，朝阳区文体娱乐服务业在空间上逐渐形成了"一核一轴三区多点"的布局，具体如图 4 – 27 所示：以 CBD 区域为核心，以国家文化产业创新实验区为主轴，以奥林匹克公园文化体育融合功能区、大山子时尚创意产业功能区、潘家园古玩艺术品交易功能区为重点，以众多文化创意园区为延伸。

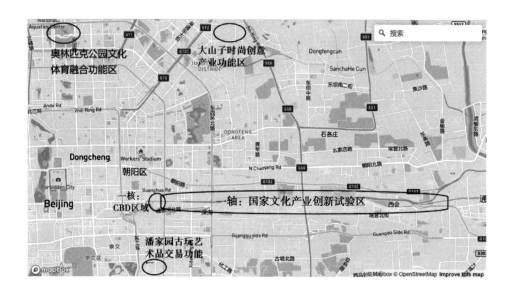

图 4 – 27　朝阳区文体娱乐服务业空间布局示意

资料来源：笔者自绘。

"一核"：借助于得天独厚的综合资源优势和众多的传媒产业集聚，CBD 区域打造了国际传媒产业园，是首都重要的文化商贸区和传媒产业集聚地。

"一轴"：国家文化产业创新试验区由文化和旅游部于 2014 年批复设立，是全国首个国家文化产业创新实验区。其核心承载区为 CBD—定福庄一带，西起东二环 CBD 区域，东至中国传媒大学所在的定福庄一带，如图 4 – 28 所示，是首都发展文化创意产业的重要承载区。

"三区"：

（1）奥林匹克公园文化体育融合功能区：得益于 2008 年北京奥运会的成功举办，奥林匹克公园对奥运遗产进行充分利用，形成了旅游业、体育休闲、广告会展、演艺娱乐等多业态融合的产业体系，是集国家级、国际化的重大体育赛事承办，主题展览，文艺演出等为一体的高端产业融合功能区。

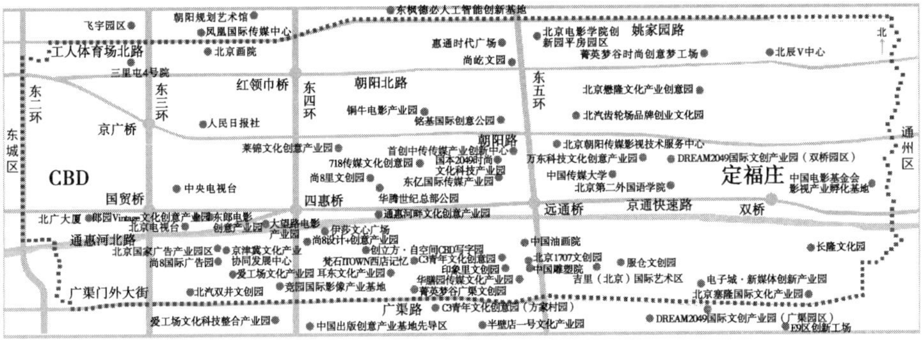

图 4 - 28　国家文化产业创新试验区核心区分布示意

资料来源：北京朝阳区委宣传部文创产业网（chycci. gov. cn）。

（2）大山子时尚创意产业功能区：大山子时尚创意产业功能区以文化艺术创作和文化艺术品交易为主导，并推动向创意设计、文化艺术中介服务等产业延伸。大山子区域汇集了当代艺术和设计领域众多知名品牌，未来将建设成为具有重要国际影响力的文化交流中心。同时，大山子区域位于中关村电子城科技园政策区范围之内，借助于区位优势，将实现文化与科技的进一步融合。

（3）潘家园古玩艺术品交易功能区：潘家园古玩艺术品交易功能区汇集了潘家园旧货市场、北京古玩城等多家古玩艺术品交易市场，集聚了相当数量的从事古玩艺术品经营的产业实体，产业链条完善。以促进古玩和艺术品交易产业升级发展为目标，潘家园地区致力于构建特色艺术街区，推动艺术品经营有序发展，是北京古玩及艺术品交易产业的核心区。

"多点"：朝阳区文化创意园区数量众多，在全市范围内居于首位，文化产业园区呈现快速增长的态势。经过多年的发展，朝阳区形成了一批发展良好、特色鲜明的文化产业园区，众多的文化创意园区成为推动朝阳区以及北京市文化产业实现集聚和创新发展的重要力量。

四、存在问题与不足

（一）产业发展规模相对较小

2017 年发布的《总规》明确了北京市"四个中心"的核心功能定位，政治中心、国际交往中心和科技创新中心建设都具备良好的发展基础，而文化中心建设与文化产业发展却相对滞后。与其他产业相比，文体娱乐服务业发展缓慢，其增加值占全市 GDP 比重较低，如图 4–29 所示，其比重由 2006 年的 2.27% 下降至 2018 年的 2.13%。而与其他服务业相比，2018 年金融服务业、商务服务业、信息服务业、科技服务业占第三产业比重分别为 20.71%、8.21%、15.72%、13.13%，① 从这一数据可以看出，目前北京市的文体娱乐产业的规模以及对经济的贡献率与其他高端服务行业相比还具有较大的发展空间，文体娱乐服务业距离成为经济增长新动力、支撑北京城市经济高质量发展实现"文化中心"的首都功能还存在一定差距。

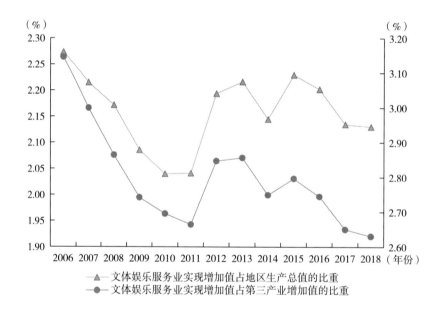

图 4–29　2006～2018 年北京市文体娱乐服务业实现增加值占地区生产总值的比重

（二）社会资本活力不足

根据《北京市统计年鉴 2019》，2017 年北京市规模以上文体娱乐产业企业单位数为 1011 个，实现营业收入 1088.81 亿元，其中私营企业、外资企业单位数为 606 个，实现营业收入 381.9 亿元。从这两组数据来看，北京市文体娱乐业规模以上私营企业和外资企业数量占总数的 59.9%，而营业收入占比仅为 35.1%，由此可见，北京市文体娱乐行业非公有经济的发展水平较弱，社会资本

---

① 资料来源：根据《北京统计年鉴 2019》提供的数据计算。

活力欠缺是制约北京市文体娱乐服务业发展的一大阻碍。

（三）产业发展模式有待创新

近年来，北京市先后发布了《关于进一步鼓励和引导民间资本投资文化创意产业的若干政策》（京政办发〔2013〕52号）、《关于保护利用老旧厂房拓展文化空间的指导意见》（京政办发〔2017〕53号）、《关于推进文化创意产业创新发展的意见》、《关于加快市级文化创意产业示范园区建设发展的意见》等文件，鼓励将老旧厂房等存量设施资源改造为文化创意产业园区，实现文化空间的拓展以带动文化产业的升级。此类发展模式主要是以798艺术区为代表，在老旧厂房的基础上改造，实现从废旧工业厂房到新兴文化艺术聚集。798艺术区取得了空前的成功，是北京文化产业发展的标志，目前北京在鼓励文化产业发展方面在一定程度上都是在延续"798"模式，特别是在疏解非首都功能以后，形成了包括大量旧厂房、旧仓库和旧市场在内的存量设施资源，"一窝蜂"向文化产业园转型，容易导致无序竞争。结合各区域文化基础与资源禀赋条件，探索走出具有首都特点、差导化、多元化的文化产业发展之路，是促进北京市文体娱乐业健康有序发展的重要举措。

（四）产业内部结构有待优化

如表4-30所示，从文体娱乐产业内部细分行业来看，新闻出版业在全市文体娱乐服务业中占据主导地位，其企业单位个数与营业收入均占据首位。而文化艺术业单位个数占比达到14.44%，但营业收入占比仅达到8.62%，另外体育业和娱乐业单位个数占比也高于营业收入占比，表明文化艺术业、体育业、娱乐业规模普遍较小、效益偏低，文体娱乐服务业的增长主要依靠于传统的新闻出版业和广播电视制作业。

表4-30　2018年文体娱乐产业各领域企业单位数与营业收入占比　　单位:%

	企业单位个数占比	营业收入占比
文化、体育和娱乐业	100	100
新闻和出版业	39.17	43.28
广播、电视、电影和影视录音制作业	26.81	36.55
文化艺术业	14.44	8.62
体育业	12.86	8.20
娱乐业	6.73	3.35

资料来源:《北京统计年鉴2019》。

（五）知识产权保护与创新能力有待提高

近年来，北京市对于文化产业的重视程度在逐步提高，并出台了一系列政策以保障文化产业的发展，但是版权保护的相关政策较为缺失，对知识产权侵权处罚手段和力度不足，导致市场上文化产品盗版、侵权现象较为严重，从而挤压了正版商品的销售市场。另外文化产业高度依赖于创意创新生产，但从 2017 年文化产业各领域资产收入及从业人员占比来看，在文化核心领域，内容创作生产资产与从业人员占比均占据首位，其中资产占比高达 36.47%，从业人员占比达到 25.59%，收入占比却不足 1/5，仅占 18.73%，说明文化创作能力不足，具体如 4-31 所示。

表 4-31　2017 年文化产业各领域资产收入及从业人员占比　　　单位：%

	资产占比	收入占比	从业人员占比
文化核心领域	92.65	86.82	83.05
新闻信息服务	26.23	23.90	24.07
内容创作生产	36.47	18.73	25.59
创意设计服务	11.33	25.89	18.31
文化传播渠道	11.03	17.07	10.34
文化投资运营	6.24	0.28	0.51
文化娱乐休闲服务	1.34	0.93	4.07
文化相关领域	7.35	13.18	16.95
文化辅助生产和中介服务	4.70	6.12	13.39
文化装备生产	1.16	1.57	1.69
文化消费终端生产	1.49	5.49	1.69

资料来源：《北京统计年鉴 2018》。

五、对策建议

（一）转变发展模式，加快产业融合发展

要实现文体娱乐产业的持续发展，需要加快发展方式的转化，即从以粗放式发展、数量型增长为主转向以内涵式发展、集约型增长为主。要充分利用文化资源，大力推进文体娱乐产业结构调整，促进传统文化产业和新兴文化产业共同发展，使传统型文化企业向科技型文化企业转变，提高文化企业的市场竞争力。

文化产业的发展要转变依赖于文化创意产业园的单一模式，深入挖掘文化产

业的多样化发展。通过与其他产业的融合发展，文化产业可以产生更高的附加值，实现更强大的生命力。应充分利用科技、体育、旅游等方面的资源，形成以数字技术为关键，以大数据、物联网、云计算等科技成果为依托的产业体系，大力发展数字出版、多媒体、动漫游戏、网络视听等新型业态。出台引导文化产业融合发展的相关政策，建立健全新业态培育的政策激励机制，促进高新技术与文化产品研发，以及与上下游相关产业链延伸的融合。强化科技对文化的支撑作用、加快文化与旅游深度融合、推进文化与体育互融互促、推动文化与其他产业融合发展。

（二）衔接总体规划，优化空间布局

一方面要优化资源布局，依靠市场在文化资源配置中发挥基础性作用，推动文体娱乐企业跨地区、跨行业、跨所有制兼并重组，引导资源要素向优势企业适度集中。另一方面则要加强文化产业布局的统筹规划，引导各地立足于现有资源和条件，形成合理的地区分工，走差异化、特色化发展之路。结合《总规》，立足于"文化中心"的发展定位，文体娱乐服务业的空间布局要与新版北京城市总体规划形成衔接。新版总规确定了"一核一主一副、两轴多点一区"的空间结构，文体娱乐服务业的发展要发挥核心区和中心城区的承载作用，凸显长安街沿线、中轴线文化资源丰富的优势，抓好平原新城、生态涵养区及城市副中心的文化建设，进一步优化产业空间布局。

从各区域的产业发展定位来看，中心城区是"四个中心"的集中承载地区，以东城区、西城区和朝阳区为核心。其中东城、西城聚焦于金融业、商务服务等高端服务业，具备雄厚的金融资源基础，文体娱乐服务业的发展要注重高端化、集聚化，瞄准产业高精尖环节，以金融资源为依托重点布局高端文化产业，聚焦文化内容创作和文化精品生产，积极利用文脉底蕴深厚和文化资源集聚优势，加强文化金融融合。朝阳区和海淀区聚焦于信息科技服务业，要把握好文化创新和科技创新的双轮驱动，发挥CBD国际传媒产业集聚区、清华科技园、中关村创意产业先导基地的集聚效应，带动文化科技融合。通州区立足于城市副中心的定位，是拓展发展新空间、推动京津冀协同发展、承接疏解出的非首都功能的重要区域，文体娱乐产业发展要立足于北京城市副中心的战略定位，依托大运河文化带建设，从历史文化特点和城市建设布局上提炼自身特色和产业布局，打破行政区划的界限，将文化建设融入京津冀协同发展中，创新区域协同保护与发展模式。

（三）扩大市场主体，优化营商环境

进一步优化文体娱乐产业营商环境，引导好文体娱乐产业的市场化发展，壮大非公有制和中小企业的规模，加大文化产业招商引资力度，着力引进国内外龙头公司落户北京发展。为增强对龙头文化企业的吸引力，对于可供市场化发展的文体娱乐产业领域，要给予宽松的营商环境，做好规范和监管，鼓励市场有序、平稳地发展，进一步优化营商环境。首先，要加快文化产业领域改革，提高政府提供优质服务的能力。其次，要打破地方保护主义藩篱，为入驻企业提供一个公平的市场环境。通过政策优化等手段着力扩大文体娱乐业服务和产品的供给，积极引导社会资本参与，形成政府宏观调控、社会主体多元、企业自主经营、大众积极消费的市场环境。

（四）完善产业支撑体系，加强人才引进

文体娱乐产业需要尽快形成"金融＋科技＋人才"的支撑体系。产业发展离不开资金支持，政府应加大对文体娱乐产业的资金扶持力度，应健全文体娱乐领域投融资体系，扩大文体娱乐企业特别是中小企业的融资渠道，完善中小企业融资担保机制，为中小企业搭建金融服务平台，适当进行信贷倾斜，扶持促进其成长，实现金融投资机制体制创新，形成文体娱乐产业的金融支撑体系。

同时，文体娱乐产业应完善人才支撑体系，建立人才激励机制，落实人才扶持政策；创新人才引入机制，充分利用其专业知识和创新思维，不断激发产业创新活力，为文化产业发展提供充足的人才和保障。要充分发挥北京高校资源丰富的优势，加强人才培养力度。一方面，鼓励有条件的高校增设文化产业相关专业，增加文化产业相关人才的培养数量。另一方面，高校文化产业相关专业的人才培养计划要结合市场发展的实际需要，并深入开展产学研合作，提高文化产业专业的人才培养质量。加强产学研用体系建设，引导与院校、科研机构的合作，建立健全文体娱乐领域多功能多维度的服务体系。

（五）引导文体娱乐消费升级，拉动产业发展

大力发展文化产业，必须扩大居民文体娱乐消费需求，增加文体娱乐消费总量，提高消费水平，促进消费协调增长。文化消费具有需求层次高的特点，可以根据居民文化消费习惯，调整文化消费结构，合理布局文化物质消费与文化精神消费的生产供给。围绕首都居民对美好生活的向往，通过引导文化消费由低层次物质需求逐步向高层次精神需求转变，加大文化消费宣传力度，鼓励新型文化消费方式，提高文化消费知识水平和文化消费技能，建立科学文化消费习惯和新式文化消费观念，引导广大居民文化消费向更加积极健康的方向发展。积极发展新型文体娱乐产业，为居民提供更多高质量、多层次的文化产品和服务，引导文化消费结构升级。

（六）增强版权意识，塑造文化品牌

文体娱乐服务业是生产创意产品与服务的产业，产业价值很大程度上来自于传播过程中积累的品牌，塑造文化品牌是对文体娱乐业来说是实现长远发展的必然选择。品牌本身就具有高附加价值，可以提高企业的知名度、促进产品销售。应以品牌建设为核心，提高创新能力，塑造有独特创意、有文化内涵、有文化品牌的高端产品与服务，从而提高行业竞争力。在文化品牌塑造之后，对其进行知识产权的保护也极为重要。北京市应尽快出台相应规章制度和法律法规，加强知识产权保护，出台相应政策严厉打击文体娱乐产业领域的侵权行为，并针对文化产品版权保护问题进行立法，保护文体娱乐企业创新的积极性。这不仅能为北京市文化产业发展提供重要的法制保障，也将为其他地区文体娱乐业健康有序发展提供重要示范引领作用。

第五章　北京六大高端产业功能区 融合发展机制与对策

2000 年以来，北京市高端产业集聚特征日益明显，北京市"十一五"规划提出要在促进产业集群化发展的基础上，全力建设好中关村科技园区、金融街、北京经济技术开发区、北京商务中心区、临空经济区和奥林匹克中心区六大高端产业功能区。经过近二十年的快速发展，六大高端产业功能区综合实力显著提升，成为了首都经济向高端、高效、高辐射发展的主导力量，国际高端要素和中央优质资源的主要集聚地，以及建设中国特色世界城市、彰显首都现代化和国际化的核心区域。《总规》提出要优化城市功能和空间结构布局、加快构建高精尖经济结构。六大高端产业功能区是高端服务业发展的主载体，探索六大高端产业功能区发展路径，对于优化高端服务业空间布局、促进高端服务业高质量发展具有重要意义。

第一节　六大高端产业功能区所在区域 产业结构分析

考虑到目前六大高端产业功能区辖区管理模式，即由所在区域承担功能区的规划、产业发展、招商、建设基础设施等职能，所在区域产业发展定位很大程度上决定着高端功能区产业发展方向，十分有必要对所在区域产业结构进行研究。此外，由于六大高端产业功能区数据获取较为困难，在北京市统计年鉴或北京市区域统计年鉴中，都缺乏专门针对六大高端产业功能区的统计数据，因此尽管用六大高端产业功能区所在区县的数据代替六大高端产业功能区数据明显存在误差，但在一定程度上也能反映出六大高端产业功能区的发展情况。

鉴于北京市第一产业比值较小，2019 年第二产业比重也仅约 16%，未来将进一步弱化，同时具体到各区县第二产业细分行业数据搜集较为困难，本章节内容将重点研究第三产业下的十四类产业结构变化。

一、运用产业结构模型，定量分析说明

采用产业结构相似度指数来定量研究北京市 16 区间产业结构相似程度。其计算方法见式（5-1）：

$$S = \sum_{k=1}^{n} (X_{ik} \times X_{ik}) \Big/ \left(\sqrt{\sum_{k=1}^{n} X_{ik}^2} \times \sqrt{\sum_{k=1}^{n} X_{jk}^2} \right) \qquad (5-1)$$

其中：S 为产业结构相似度指数，k 表示行业部门，X 表示区域的行业占总体比例，n 表示第三产业下的行业种类，本节中取值 14。S 值的范围为 0~1；当 S=1 时，意味着两区域产业结构高度相似，近乎趋同；当 S=0 时，则表示产业结构完全不同。S 值越大，则表示两区域产业结构越接近，趋同度越大；反之，则差异越大，趋同度越小。

本节采用 2004~2013 年 16 个区的第三产业细分的 14 个行业增加值占比测度区县之间的相似程度，16 个区两两比较，共得出 120 个指标。一般认为产业结构相似度指数达到 0.8 就属于相似度高，由于首都各区产业结构相似度指数普遍偏高，为此进一步划分，0.95~1 为第一层次，0.9~0.95 为第二层次，0.85~0.9 为第三层次，0.8~0.85 为第四层次，如表 5-1 所示。

表 5-1　产业结构相似度分类

产业结构相似度	符合条件区域（按相似度系数由高到低排序）
第一层次 （0.95~1）	通州-密云 门头沟-平谷 门头沟-怀柔 门头沟-密云 怀柔-密云 平谷-密云 怀柔-平谷 房山-平谷
第二层次 （0.9~0.95）	房山-通州 房山-密云 通州-平谷 房山-门头沟 门头沟-延庆 通州-怀柔 房山-怀柔 怀柔-延庆 通州-门头沟 房山-昌平 东城-石景山 平谷-延庆
第三层次 （0.85~0.9）	朝阳-大兴 丰台-石景山 朝阳-丰台 房山-延庆 密云-延庆 石景山-海淀 东城-朝阳 东城-丰台 石景山-房山 石景山-怀柔 昌平-平谷 昌平-怀柔 石景山-门头沟 石景山-通州 昌平-密云 石景山-昌平
第四层次 （0.8~0.85）	朝阳-通州 昌平-门头沟 通州-昌平 东城-海淀 朝阳-石景山 石景山-密云 通州-延庆 石景山-平谷 东城-西城 丰台-房山 朝阳-房山 大兴-密云

如表 5-2 所示，从六大高端产业功能区所在区域产业结构来看，政府规划均把金融业、高新技术、文化创意产业等作为主导产业发展。西城区作为金融街

所在区域，其金融业增加值占 GDP 比重高达42.71%，金融功能尤为突出；朝阳区第三产业中第一大行业为批发和零售业，需要加快调整和疏解，其作为 CBD 所在区域，商务服务业有待进一步提升和强化；海淀区依托于中关村科技园区信息科技的集聚，信息和科技业发展优势明显，随着"互联网＋"的兴起，其金融业发展较为迅速。大兴区作为国家级经济技术开发区所在区域，批发和零售业增加值占 GDP 比重高达 14.75%，而信息和科技分别只有 2.49% 和 3.54%，与大兴区功能定位存在较大差距。

表 5－2　六大功能区所在区域"十二五"期间主导产业定位与现状

区域	规划主导产业	2013 年主导产业（GDP 比重大于5%）
西城区	金融业、高新技术产业、文化创意产业、商业和旅游业	金融业（42.71%）、批发和零售业（9.36%）、租赁和商务服务业（8.90%）
朝阳区	金融业、文化创意产业、高新技术产业、生产性服务业	批发和零售贸易业（24.32%），租赁和商务服务业（16.73%），金融业（10.81%），房地产业（10.17%），科学研究、技术服务和地质勘查业（6.71%）
海淀区	软件与信息服务业、科技服务业、通信产业、文化创意产业	信息传输、计算机服务和软件业（25.80%），科学研究、技术服务和地质勘查业（13.83%），金融业（9.93%），批发和零售业（7.79%），教育（7.77%），房地产业（5.46%）
顺义区	航空服务业、特色金融业、现代物流业、商务服务业、旅游休闲业	交通运输、仓储和邮政业（26.53%）
大兴区	电子信息产业、生物医药产业、装备制造产业、汽车制造产业	批发和零售贸易业（14.75%）、房地产业（5.47%）

注：本表中计算 2013 年主导产业时，仅考虑服务业，其中中关村国家自主创新示范区以海淀区为主。

利用耦合度模型，构建耦合评价指标体系，如表 5－3 所示，通过量化指标计算出产业与城市功能的耦合程度，从而说明产业发展与城市功能的匹配程度。

表 5－3　指标体系

城市功能指标	经济功能	C_1 常住人口（万人）
		C_2 常住人口密度（万人/平方千米）
		C_3 人均 GDP（元/人）
		C_4 地方财政收入（万元）
		C_5 第二产业占 GDP 比重（%）

续表

城市功能指标	经济功能	C_6 第三产业占 GDP 比重（%）
		C_7 实际利用外资（万元）
		C_8 地区进出口总值（万元）
		C_9 人均可支配收入（万元）
		C_{10} 全社会固定资产投资额（万元）
		C_{11} 社会消费品零售总额（亿元）
		C_{12} 各项存款余额（万元）
	社会功能	C_{13} 入境旅游者人数（万人）
		C_{14} 星级饭店数（个）
		C_{15} 社会保障率（%）
		C_{16} 城镇从业人员数（万人）
		C_{17} 城镇在岗人员平均工资（万元）
		C_{18} 每千人常住人口床位数（张）
		C_{19} 万人藏书量（本）
		C_{20} 平均每一专任小学教师负担学生数（人）
	生态功能	C_{21} 单位 GDP 能耗（吨标准煤）
		C_{22} 林木绿化率（%）
产业结构指标	发展内容	S_1 GDP 增加值（亿元）
	发展速度	S_2 GDP 增速（%）
	发展质量	S_3 GDP 比重（%）
		S_4 区位商

资料来源：《北京区域统计年鉴 2014》。

由于不同区域的功能定位与产业结构均存在差异，因此不同区域不同产业的权重也存在差异。设 i 为城市功能指标的个数，α_i 为对应指标权重，x_i 则为第 i 个指标标准化值，则城市功能的综合评价函数为

$$a(x) = \sum_{i=1}^{m} \alpha_i \cdot x_i \qquad (5-2)$$

$a(x)$ 越高，表明城市功能定位实现越好。同理，设 j 为产业指标的个数，β_j 为对应指标权重，y_j 则为第 j 个指标标准化值，则产业指标的综合评价函数：

$$b(y) = \sum_{i=1}^{n} \beta_j \cdot y_j \qquad (5-3)$$

$b(y)$ 越高，表明产业发展水平越优。

设离差系数 H'，S 为 $a(x) + b(y)$ 的协方差，则

$$H' = \frac{2S}{a(x) + b(y)} = 2\sqrt{1 - \frac{a(x)b(y)}{\left[\frac{a(x) + b(y)}{2}\right]^2}} \qquad (5-4)$$

$a(x)$ 和 $b(y)$ 的离差越小越好，因此使 H' 取极小值的充要条件是 $\dfrac{a(x)b(y)}{\left[\frac{a(x) + b(y)}{2}\right]^2}$ 取极大值，因此得到耦合度公式

$$P = \left\{ \frac{a(x)b(y)}{\left[\frac{a(x) + b(y)}{2}\right]^2} \right\}^r \qquad (5-5)$$

其中 P 为耦合度，r 为调节系数，通常 r 取值为 $2 \sim 5$，本节为了增加区分度取稍微高一点的值。P 作为耦合度指标可以反映两个变量之间的相互协调度，其取值为 $[0, 1]$，P 是反映城市功能和产业耦合程度的重要指标，但是由于耦合度指标的取各个区域的极值作为序参量的上下限，当进行区域横向比较的时候，由于各个区域的具体条件不同，很容易产生误导。当两个区域的耦合度差不多时，它的行业与城市功能的发展水平并不相同，可能一个区域处于高水平协调，而另一个区域处于低水平协调。因此这时就需要进一步完善耦合度模型，构造耦合协调度公式为

$$U = \sqrt{P \times F} \qquad (5-6)$$

$$F = q \cdot a(x) + g \cdot b(y) \qquad (5-7)$$

其中，U 为耦合协调度，P 为耦合度，F 则为城市功能与产业结构综合评价指数，q 是城市功能发展水平权重，g 是产业结构发展水平权重。耦合协调度模型不仅反映出城市功能与产业结构的耦合状况，还可以反映出两者所在区域的综合水平。根据 U 的大小，以及城市功能综合评价函数 $A(x)$ 和产业结构综合评价函数 $B(y)$ 的比较，可以将耦合协调度大致分为四大类十二小类如表5-4所示。

表 5-4　耦合协调度分类

耦合协调度	$A(x)$ 与 $B(y)$	耦合协调类型与特征	类型	耦合阶段
$0 < U \leq 0.4$	$A(x) < B(y)$	严重失调城市功能损益型	I	低水平的耦合，严重失调
	$A(x) = B(y)$	严重失调拮抗型	II	
	$A(x) > B(y)$	严重失调相应行业损益型	III	

耦合协调度	$A(x)$ 与 $B(y)$	耦合协调类型与特征	类型	耦合阶段
$0.4 < U \leqslant 0.5$	$A(x) < B(y)$	初级协调发展城市功能滞后型	IV	磨合阶段，初级协调发展
	$A(x) = B(y)$	初级协调发展同步型	V	
	$A(x) > B(y)$	初级协调发展相应行业滞后型	VI	
$0.5 < U \leqslant 0.8$	$A(x) < B(y)$	中级协调发展相应行业主导型	VII	磨合阶段，中级协调发展
	$A(x) = B(y)$	中级协调发展同步型	VIII	
	$A(x) > B(y)$	中级协调发展城市功能主导型	IX	
$0.8 < U \leqslant 1.0$	$A(x) < B(y)$	高级协调发展相应行业主导型	X	高水平耦合阶段，优势协调发展
	$A(x) = B(y)$	高级协调发展同步型	XI	
	$A(x) > B(y)$	高级协调发展城市功能主导型	XII	

当 $0 < U \leqslant 0.4$ 时，每一个相对应的行业与城市功能的耦合水平较低，二者处于严重失调阶段；当 $0.4 < U \leqslant 0.5$ 时，相应的行业与城市功能处于初级协调发展阶段；当 $0.5 < U \leqslant 0.8$ 时，两者相互磨合，中级协调；当 $0.8 < U \leqslant 1.0$ 时，行业发展与城市功能处于优质协调阶段，整体融合有序发展。

二、高端产业功能区结构优化导向和趋势

根据前文模型，本书将六大高端产业功能区所在的五个区的 2013 年耦合度情况进行分类，得到了 2013 年五个区各行业耦合度，如表 5-5 所示。

表 5-5　2013 年六大高端产业功能区所在区各行业耦合度分类

类型	低水平耦合 III $0 < U \leqslant 0.4$	初级协调水平 VI $0.4 < U \leqslant 0.5$	中级协调水平 VII $0.5 < U \leqslant 0.8$	中级协调水平 IX $0.5 < U \leqslant 0.8$
西城区	信息传输、计算机服务和软件业，房地产业，居民服务和其他服务业，文化、体育和娱乐业	批发和零售业，住宿和餐饮业，水利、环境和公共设施管理业，教育	交通运输、仓储和邮政业，租赁与商务服务业，科学研究、技术服务和地质勘查业	金融业、卫生、社会保障和社会福利业，公共管理和社会组织
朝阳区	教育，文化、体育和娱乐业	交通运输、仓储和邮政业，住宿和餐饮业，房地产业，卫生、社会保障和社会福利业，公共管理和社会组织	批发和零售业	金融业、租赁与商务服务业，信息传输、计算机服务和软件业，科学研究、技术服务和地质勘查业，水利、环境和公共设施管理业，居民服务和其他服务业

类型	低水平耦合 III 0 < U ≤ 0.4	初级协调水平 VI 0.4 < U ≤ 0.5	中级协调水平 VII 0.5 < U ≤ 0.8	中级协调水平 IX 0.5 < U ≤ 0.8
海淀区	住宿和餐饮业，居民服务和其他服务业，教育	交通运输、仓储和邮政业，水利、环境和公共设施管理业	信息传输、计算机服务和软件业，卫生、社会保障和社会福利业	批发和零售业，金融业，房地产业，租赁与商务服务业，科学研究、技术服务和地质勘查业，文化、体育和娱乐业，公共管理和社会组织
顺义区	信息传输、计算机服务和软件业，水利、环境和公共设施管理业，居民服务和其他服务业，教育、文化、体育和娱乐业，公共管理和社会组织	住宿和餐饮业，科学研究、技术服务和地质勘查业，卫生、社会保障和社会福利业	—	交通运输、仓储和邮政业，批发和零售业，金融业，房地产业，租赁与商务服务业
大兴区	—	居民服务和其他服务业，公共管理和社会组织	住宿和餐饮业，租赁与商务服务业，科学研究、技术服务和地质勘查业，教育，卫生、社会保障和社会福利业	交通运输、仓储和邮政业，信息传输、计算机服务和软件业，批发和零售业，金融业，房地产业，水利、环境和公共设施管理业，文化、体育和娱乐业

总体来看，五个区的十四个行业与城市功能的耦合度呈现上升趋势。西城区的信息服务业、房地产业、居民服务业和文化、体育和娱乐业处于最低耦合水平，其中房地产业的耦合度系数在 2010 年以来一直处于下降趋势，主要由于其土地资源和发展空间有限；居民服务业呈下降趋势，从 2008 年以来一直维持在 0.1 ~ 0.2；批发零售业 2011 年耦合度达到 0.5402，属于中级水平的发展阶段，表明批发零售业在西城区经济社会发展中仍占据重要地位，影响制约城市功能的实现；金融业、卫生、社会保障和社会福利业以及公共管理和社会组织处于第九类中级协调发展城市功能主导型，表明西城区的金融和政治功能优势明显。朝阳

区金融、商务服务、信息和科技服务、公共设施管理与居民服务耦合度系数均在 0.5~0.8，都是朝阳区的主导功能，这是符合其规划的功能定位的。海淀区计算机服务业处于中级协调的第七类，表明海淀区的计算机服务虽然占据很高的绝对值优势，但是其区域计算机信息服务的功能要滞后于相应行业的发展，表明其还有相应调整的空间。金融、商务服务、房地产、科学研究和文体娱乐业都属于第九类，且从发展趋势看来其耦合协调系数都是在不断上升，表明这几个行业发展加快，与城市功能定位相适宜。顺义区的交通运输业占三产比重在 2013 年达到 50.95%，耦合系数属于中级协调的第九类，并且从 2008 年开始就已经步入中级协调阶段；同时批发零售、金融、房地产和商务服务业也属于第九类，今后顺义区应当继续发挥国际首都枢纽空港的优势，以航空物流为特色，建设空港物流基地，向高端物流业发展，吸引高端物流企业入驻，带动特色金融，特色商务服务业的发展。大兴区所有的行业都处于初级协调时期以上，表明大兴第三产业发展尚处于起步阶段，没有形成自身优势产业。大兴区是以电子信息、生物医药、新能源等高技术制造业和战略性新兴产业为主，因此应当相应发展信息服务相关产业，而新机场的建设，将带动交通运输物流业发展。

根据首都功能调整、产业结构现状和耦合分析，本书提出六大高端产业功能区所在区域未来产业发展导向，如表 5-6 所示。西城区的金融业一枝独秀，虽然在新的功能定位中不再强调金融中心的功能，但是不发展金融中心不代表不发展金融，相反，政治、国际交往、科技和文化的发展都离不开金融，因此西城区需要进一步做大做强金融业。尽管社会福利业和公共管理不是主导行业，但其耦合协调度都属于第九类，相对较高，且其区位商连续九年都大于 1 的水平，西城区作为政治中心的主要载体，西城区应当优先发展社会福利业和公共管理。批发零售业和交通运输虽然分别于西城区功能是初级协调和中级协调的，但是两者的区位商都小于 1，且与新的功能定位是不相匹配的，因此应当限制其发展。文体娱乐业虽然现在耦合协调度很低，但是其区位商也是连续九年大于 1，且新的功能定位文化中心，将推动文化产业，也就包括文体娱乐业的发展。朝阳区的批发零售业耦合协调度相对较高，2013 年增加值高达 964.07 亿元，占整个第三产业的比重为 27.05%，区位商也保持在 1.3~2 的水平，但批发零售业作为劳动密集型产业，产业层次低，与首都新的功能定位不相符，需要加快疏解。朝阳区金融业 GD 总量较高，其耦合协调度也很高，虽然金融业不具备区位商优势，但朝阳区作为 CBD 所在区域，聚集了很多世界公司总部、各国大使馆等高端商务区，离不开金融行业的支持。朝阳区的商务服务处于中级协调，且区位熵一直保持在 2 左右，又与国际交往中心的定位相对应，是完全符合条件应当优先发展的行业。海淀区的信息计算机服务业和科研属于两大高科技产业。其中信息计算机服务 GDP 增加值从 2004 年的 138.97 亿元增长到 2013 年的 989.66 亿元，科研 GDP 增加值则从 110.44 亿元增长到 530.41 亿元，两者的增长速度基本上都保持在 10% 之上。① 两者与海淀区的耦合协调都属于中级协调的水平，且其区位熵都大于 1，作为科技中心，信息和科研是两大主体，因此这两个行业需要优先发展。此外，海淀区的文体娱乐业虽然 GDP 增加值不是很高，但是它是中级协调且区位商大于 1，以及文化中心功能定位，因此也是需要优先发展。顺义区的交通运输业优势明显，其耦合协调度也处于中级协调水平的交通运输是发展重点行业。大兴区虽然处于中级协调阶段的行业很多，但是通过区位熵的观察可以看到，只有批发零售业的区位熵是大于 1，具有比较优势，但与城市功能定位不相符。大兴区作为经济技术开发区所在区域，需要考虑发展与开发区制造业相配套的信息计算机服务、科研等行业。此外，随着首都新机场的建设，交通运输业将成为大兴第三产业发展的重点。

表 5-6　六大高端产业功能区所在区域产业结构优化导向

区域	核心功能	优先发展行业
西城区	政治中心 文化中心	金融业 卫生、社会保障和社会福利业 公共管理和社会组织 文化、体育和娱乐业
朝阳区	国际交往中心	租赁与商务服务业 金融业
海淀区	科技中心 文化中心	信息传输、计算机服务和软件业 科学研究、技术服务和地质勘查业 文化、体育和娱乐业 教育
顺义区	国际交往中心	交通运输、仓储和邮政业 金融业 租赁与商务服务业
大兴区	科技中心	信息传输、计算机服务和软件业 科学研究、技术服务和地质勘查业 交通运输、仓储和邮政业

---

① 资料来源：《北京区域统计年鉴 2014》和《北京区域统计年鉴 2005》。

第二节 六大高端产业功能区融合发展的理论基础

北京市"十三五"规划提出，要优化调整产业空间布局，引导高端产业功能区集约高效发展，形成具有北京特色的现代产业体系和布局，加快构建高精尖经济结构，为建设国际一流的和谐宜居之都提供重要支撑。经过多年的建设与发展，六大高端产业功能区综合实力显著提升，2018年高端产业功能区规模以上法人单位利润总额13134.8亿元，占全市利润总额比重的46.11%，[①] 已经成为首都经济向高端、高效、高辐射发展的主导力量。在新常态背景下，特别是京津冀协同发展上升为国家战略，要求疏解非首都功能、构建高精尖经济结构，六大高端产业功能区产业结构层次不高、效率低、区域同构、布局不合理等问题凸显。加快六大高端产业功能区融合发展，实现"单打独斗"向"强强联合"转变，既是产业融合发展、增强经济内生增长动力的客观要求，也是落实"协调发展"理念、实现产业布局与首都城市战略定位相适应的必然选择。

国外关于高端产业功能区的研究，早期主要集中在区位布局、贸易等方面。20世纪70年代以来，随着信息技术的发展，运用公司地理、新产业区、新经济地理等理论研究高端产业集聚和空间布局成为国外学者的研究热点。如针对服务业的空间组织形态，提出"服务业集聚"概念（Scott A. J.，1988），功能不同的服务企业通过前后向联系呈现地理集群现象（Coffey W. J. & Bailly A. S.，1991），相关学者对金融、软件、文化创意等高端产业功能区的布局和产业发展进行了实证研究（Aranya R.，2008）。国内学术界专门针对高端产业功能区的研究较少，产业融合与产业集群成为学术界的研究重点。产业融合是形成新的产业形态的动态发展过程（张燕友，2007），其作为产业结构优化升级的重要途径（吴福象、朱蕾，2011），可以促使传统产业实现跨越式优化升级，成为经济增长的新动力（周振华，2003），其本质上是一种产业创新。产业集聚是产业融合的一种外在表现形式（"北京二、三产业融合"课题组，2012），而集群式发展是产业区域融合的高级阶段（王朝阳、夏杰长，2008）；通过产业链构建城市集聚区，有利于发挥城市集聚区的规模效应（汤尚颖、孔雪，2011）。针对北京市的研究表明：目前首都功能核心区土地资源紧张，六大高端产业功能区经济实

---

① 资料来源：根据《北京区域统计年鉴2020》提供的数据计算。

力、经济吸引力和辐射力、可持续发展水平和影响因素不尽相同（王滨、崔萍、周琼，2009），但发展空间有限（王卫华、王开泳，2014），空间效率偏低，需要优化产业结构，加大统筹协调和资源整合力度（李秀伟、路林，2011），完善空间布局，提高土地利用效率（谭峻、苏红友，2010）；也需要更加注重市域以外更大区域范围的影响力和辐射力的提升（赵桂林、郑瑞芳，2016）；生产性服务业面临着升级与疏解的要求（寇静、朱晓青，2016），四大功能区产业协调发展，应当建立在规模经济基础之上（朱晓青、王静静、史菁，2008）。"四个中心"城市战略定位为北京市文化与科技的融合发展提供了重要机遇（周茂非，2014）；由于产业融合发展的引导政策缺失，存在行政区划绩效考核的锁定，缺乏有效的区域分工（周晔，2011），特别是现代制造业对现代服务业的"拉力"不足，现代制造业与现代服务业融合发展难度较大。从已有的研究来看，推进六大高端产业功能区融合发展，其关键是推进产业融合。

第三节 六大高端产业功能区融合发展的现实需求

一、产业提质增效与错位发展需求并存

（一）产业结构有待优化，专业性不强

根据第三次和第四次全国经济普查数据，在六大高端产业功能区产业结构演进过程中，二次产业结构比重不断下降，第二产业单位数占六大高端产业功能区全部单位数的比重由2013年的6.7%下降到2018年的3.9%①。从第三产业内部结构变动情况来看，批发和零售业以及交通运输、仓储和邮政业等传统产业比重仍然较大，并呈现上升趋势，如批发和零售业的资产总计和营业收入的比重分别由2013年的2.6%、28.5%上升到2018年的2.8%、34.5%。如表5-7所示，从2013~2018年各个功能区主导产业营业收入占比变化来看，中关村国家自主创新示范区工业比重由28.7%下降到22.1%，批发和零售业则由26.9%上升到28.5%，成为服务业中比重最高的行业，而具有比较优势的科学研究和技术服务业比重由12.1%下降到9.0%；金融街核心竞争力最强的金融业则由60.1%上升

---
① 在第三次全国经济普查、第四次全国经济普查主要数据公报中，关于六大高端产业功能区的数据中没有单独的第二产业数据，因此以工业数据代替。

到 79.0%，而批发和零售业则下降了约 10 个百分点；北京商务中心区的租赁和商务服务业比重下降了近 18 个百分点，达到 18.1%，批发和零售业由 32.1% 上升到 38.6%，所占比重最高；北京经济技术开发区工业比重显著下降，但批发和零售业由 36.3% 上升到 51.4%；临空经济区工业依托首都机场具有明显发展优势的交通运输、仓储和邮政业比重上升 14.9 个百分点；奥林匹克中心区批发和零售业比重最高，但有所下降，由 2013 年的 63.4% 下降到 2018 年的 51.1%。

表 5 – 7　2013 年和 2018 年各功能区主导产业营业收入比重变化　　单位:%

功能区	2013 年		2018 年	
	主要行业	比重	主要行业	比重
中关村国家自主创新示范区	工业	28.7	批发和零售业	28.5
	批发和零售业	26.9	工业	22.1
	信息传输、软件和信息技术服务业	13.5	信息传输、软件和信息技术服务业	17.3
	科学研究和技术服务业	12.1	建筑业	13.3
	租赁和商务服务业	6.5	科学研究和技术服务业	9.0
	交通运输、仓储和邮政业	2.2		
金融街	金融业	60.1	金融业	79.0
	批发和零售业	21.7	批发和零售业	11.4
	交通运输、仓储和邮政业	8.3	交通运输、仓储和邮政业	4.6
	信息传输、软件和信息技术服务业	3.9	信息传输、软件和信息技术	1.7
	租赁和商务服务业	2.8	租赁和商务服务业	1.3
商务中心区	租赁和商务服务业	35.6	批发和零售业	38.6
	批发和零售业	32.1	金融业	25.8
	金融业	13.5	租赁和商务服务业	18.1
	房地产业	4.2	房地产业	4.4
	信息传输、软件和信息技术服务业	2.3	建筑业	3.3
经济技术开发区	工业	49.3	批发和零售业	51.4
	批发和零售业	36.3	工业	33.7
	科学研究和技术服务业	2.4	建筑业	4.8
	信息传输、软件和信息技术服务业	1.6	科学研究和技术服务业	3.0
	房地产业	1.5	信息传输、软件和信息技术服务业	2.2
	交通运输、仓储和邮政业	1.4		

续表

功能区	2013 年		2018 年	
	主要行业	比重	主要行业	比重
临空经济区	工业	42.3	交通运输、仓储和邮政业	49.3
	交通运输、仓储和邮政业	34.4	批发和零售业	23.2
	批发和零售业	10.3	工业	8.7
	租赁和商务服务业	3.1	租赁和商务服务业	3.9
	房地产业	2.6	房地产业	3.4
奥林匹克中心区	工业	6.4	批发和零售业	51.1
	批发和零售业	63.4	科学研究和技术服务业	13.0
	科学研究和技术服务业	6.0	建筑业	8.6
	房地产业	5.2	房地产业	6.9
	金融业	3.7	租赁和商务服务业	6.1
	租赁和商务服务业	3.3		

资料来源：北京市第三次和第四次全国经济普查数据。

运用产业结构熵来描述产业结构系统演进的状态。其计算方法见公式：

$$H = - \sum_{i=1}^{n} P_i \times \ln P_i (i = 1, 2, 3, \cdots, n) \tag{5-8}$$

其中，H 为产业结构熵，P_i 表示第 i 产业的权重，本书以各行业营业收入占总营业收入的比重作为权重，n 为行业数。H 值越大，则产业部门越多，各产业部门所占百分比相差越小，区域产业结构向多样性和均衡方向发展；反之，则各部门产值相差越大，区域产业结构趋向于专业化生产。结果表明：中关村国家自主创新示范区、金融街、北京商务中心区、北京经济技术开发区、临空经济区和奥林匹克中心区的产业结构熵分别为 1.48、0.70、1.28、1.04、1.14 和 1.17，即专业化程度最高，形成了以金融业、批发和零售业为主导的现代制造业产业集群；中关村国家自主创新示范区由于"一区十六园"范围较大，制造业、批发和零售等传统服务业以及信息传输、软件和信息技术服务等现代服务业均有所发展，且营业收入占比都超过 10%，专业化程度最低。

（二）区域产业结构同构明显

从六大高端产业功能区内部产业结构变化情况来看，产业同构现象较为明显。在营业收入占比位居服务业前五的行业中，批发和零售业主要分布在中关村国家自主创新示范区、北京商务中心区、北京经济技术开发区和临空经济区，营业收入占比分别占到28.5%、38.6%、51.4%和23.2%；交通运输、仓储和邮政业主要分布在临空经济区和金融街，并且首都机场临空经济区的营业收入是金融街的3.4倍；金融业主要分布在金融街、北京商务中心区并且北京商务中心区单位数达到金融街的2.2倍，营业收入达到金融街的21.5%，金融业发展较快。

（三）发展效率偏低

如表5-8所示，从各功能区收入利润率来看①，金融街收入利润率较高，中关村国家自主创新示范区、北京经济技术开发区、临空经济区和奥林匹克中心区收入利润率均低于10%，表明在六大高端产业功能区产业结构中传统产业仍占据重要地位，高端产业中低附加值环节较多，导致收入利润率偏低，制约高端产业引领作用。

表5-8　六大高端产业功能区2016~2019年收入利润率比较　　　单位:%

功能区	2016 年	2017 年	2018 年	2019 年
中关村国家自主创新示范区	8.5	8.5	8.1	6.8
金融街	43.1	48.0	50.7	50.8
商务中心区	18.6	18.5	18.1	15.5
经济技术开发区	5.0	5.9	5.7	5.0
临空经济区	8.0	9.1	8.9	10.0
奥林匹克中心区	5.2	1.8	5.6	5.5
平均	14.7	15.3	16.2	15.6

资料来源：《北京区域统计年鉴2020》。

二、产业融合发展加快

当前，产业融合作为世界新技术革命和国际产业结构升级的深刻反映，成为全球经济增长和现代产业发展的重要趋势。随着"互联网+"、云计算、物联网、大数据、智能制造等新技术、新模式、新工艺在各领域的应用不断深入，北京市互联网金融、科技金融、文化金融、文化科技、电子商务等新型业态快速发展。如围绕以金融业、信息传输、软件和信息技术服务业为依托的互联网金融业，先后成立石景山互联网金融产业基地、中关村互联网金融产业园、国家科技金融功能区等载体，积极培育并集聚第三方支付、网络借贷（P2P）众筹融资、

---

① 即各功能区利润总额与营业收入总额的比值。

征信、商业保理等新型互联网金融机构，既带动了信息传输、软件和信息技术服务业快速发展，也加快了科技、金融、互联网与文化创意产业的融合发展。

三、空间面临优化与整合

随着 2012 年中关村国家自主创新示范区空间规模和布局进行调整，形成"一区十六园"发展格局，特别是随着商务中心区东扩、金融街西扩等工程实施，六大高端产业功能区在空间布局上亟待优化与融合。首先，六大高端产业功能区区域空间存在交叉。中关村国家自主创新示范区空间范围包括顺义园和大兴—亦庄园，其中顺义园包括航空北区、航空南区、临空地块、空港西区、空港东区、实创高新北区、实创高新南区、北方新辉地块、非晶地块 9 个区域，总规划占地面积 12.07 平方千米，航空南区又属于临空经济区范围；大兴—亦庄园包括大兴生物医药产业基地、经济技术开发区、新媒体核心区等 14 个区域，规划占地面积 98.27 平方千米，即经济技术开发区主体均属于大兴—亦庄园范围。其次，六大高端产业功能区区域空间接壤，面临统筹与对接发展。如金融街西扩过程中，需要对接中关村国家自主创新示范区西城园展览路地区；奥林匹克中心区需要考虑与西部的中关村国家自主创新示范区朝阳园中的健翔园，以及北部中关村国家自主创新示范区海淀园的西三旗地区对接发展。此外，从业人员空间分布来看，根据第三次全国经济普查数据显示，90% 以上的法人单位、从业人员、营业收入集中在六环内，其中从业人员五环内的占比达到 60.9%。六大高端产业功能区作为全市就业核心区域，在确保 2020 年 2300 万常住人口"天花板"和城六区人口减少 15% 的目标下，六大高端产业功能区中的传统产业，特别是耗能、耗水、聚人多的传统产业将面临疏解和转移。因此，优化六大高端产业功能区空间布局，推进六大高端产业功能区空间协同发展将成为非首都功能疏解的重要手段，也是目标之一。

第四节　六大高端产业功能区融合发展的主要障碍

一、"辖区"管理体制容易出现"一亩三分地"思维

如表 5 - 9 所示，作为全市层面高端产业功能区，六大高端产业功能区在管理体制上仍以"辖区"管理为主。中关村科技园区管理委员会作为市政府派出

机构，仅负责对中关村科技园区（十六园）发展建设进行综合指导，各园区均有相对独立的管理机构，如中关村科技园区顺义园管理委员会，为顺义区政府派出机构。由于金融街企业央企多，西城区金融服务办公室作为西城区政府工作部门，协调制定金融街建设、城市管理等专项规划，其服务管理能力十分有限。北京商务中心区管理委员会、北京经济技术开发区管理委员会、北京临空经济核心区管理委员会和北京奥林匹克公园管理委员会作为市政府派出机构，主要由所在区域的区政府代管。在现行体制和考核机制下，"辖区"管理体制容易出现"一亩三分地"思维。在编制区域规划、制定产业发展政策时往往从辖区自身发展出发，忽视与周边区域协调与产业协同，容易出现"争政策、争项目、争资金、争人才""比总量、比速度"等现象，融合发展难度较大。

表5-9　六大高端产业功能区管理体制比较

功能区	主要管理部门	性质
中关村国家自主创新示范区	中关村科技园区管理委员会	市政府派出机构
金融街	西城区金融服务办公室	西城区政府工作部门
商务中心区	北京商务中心区管理委员会	市政府在商务中心区设立的行政机构：委托朝阳区政府代管，与朝阳区委商务中心区工委合署办公
经济技术开发区	北京经济技术开发区管理委员会	市政府派出机构：2010年与大兴区行政资源整合
临空经济区	北京临空经济核心区管理委员会①	市政府派出机构：委托顺义区政府代管，与顺义区委北京临空经济核心区工作委员会合署办公
奥林匹克中心区	北京奥林匹克公园管理委员会	市政府派出机构：委托朝阳区政府代管

二、区域差距明显，要素流动仍呈集聚态势

从六大高端产业功能区各区域综合实力比较来看，尽管都是所谓市级高端产业功能区，但区域差距较大，经济体量明显属于不同"能级"。在规模以上法人单位数量、营业收入和利润总额中，2019年中关村国家自主创新示范区分别占六大高端产业功能区全部的59.7%、76.7%和33.5%，北京商务中心区、北京

---

① 目前临空经济区尚未有统一管理机构，2014年4月成立北京临空经济核心区管理委员会，其管辖范围为临空经济区的核心区域，总体规划面积约170平方千米。

经济技术开发区、临空经济区和奥林匹克中心区利润总额仅相当于中关村国家自主创新示范区的 26.2%、15.3%、9.3% 和 5.9%。在公共服务和综合配套上，处于城六区的中关村国家自主创新示范区、金融街、北京商务中心区、奥林匹克中心区，其就业、教育、医疗、科技、文化等公共配套资源明显优于处于平原地区的北京经济技术开发区和临空经济区。此外，北京经济技术开发区和临空经济区配套产业发展滞后，产城融合有待进一步加强，容易导致人才、资金、信息等要素资源进一步向中关村国家自主创新示范区、金融街、北京商务中心区和奥林匹克中心区集聚。2019 年，中关村国家自主创新示范区、金融街、北京商务中心区和奥林匹克中心区所属的海淀区、西城区和朝阳区，其城镇在岗职工平均工资分别达到 19.2 万元、22.7 万元和 17.7 万元，而北京经济技术开发区、临空经济区所属的大兴区、顺义区仅有 14.6 万元、14.9 万元。特别是在当前非首都功能疏解背景下，制造业低端环节、交通运输、仓储和邮政业等加快疏解，如果处理不好"疏解"与"发展"的关系，有可能导致六大高端产业功能区区域内部差距进一步拉大，融合发展难度将更大。①

三、区域创新体系不健全，产业融合内生动力不足

区域创新是实现产业融合、推进区域融合的先决条件和根本保障。区域创新体系不健全，六大高端产业功能区尚未建立协同创新机制，严重制约产业转型与六大高端产业功能区融合发展。从六大高端产业功能区区域创新发展现状来看，尽管创新资源丰富，但企业在创新中的主体地位不突出，尚未成为创新的决策主体、研发主体、投资主体和利益分配主体，缺乏创新的内在动力。2019 年北京市研发经费投入中，企业仅占 40.7%，规模以上工业企业平均研发经费仅有 2530 万元；在限额以上信息传输、软件和信息技术服务业企业中，有研发活动的企业数仅占 15.4%。在产学研合作模式上，仍以项目合作开发、委托开发等低层次合作为主，共建技术中心、技术开发机构和战略联盟等协调创新较少。创新成果产业化程度较低，六大高端产业功能区科研成果数量较多，但转化率较低，往往在上游形成"堰塞湖"。除此之外，由于土地、人力、商务等成本上涨较快，高新技术产业扩张受限，在科技成果转化链条中处于关键环节的中小企业压力较大，创新成果在长三角、珠三角等外区域产业化现象增多。2019 年技术合同成交额中，流向外省市的占 50.3%。此外，六大高端产业功能区创新资源分布不均匀，创新能力差距明显，区域创新合作难度较大。中关村国家自主创新

示范区作为全国首个国家自主创新示范区，汇集了大量高校科研院所，2019 年其专利授权量达到 61221 件，而经济技术开发区专利授权量仅占 6.7%。①

<h1 style="text-align:center">第五节 实现六大高端产业功能区
融合发展的基本路径</h1>

一、以明确区域功能定位为先导，建立顶层设计协调机制

围绕"四个中心"的城市战略定位和建设国际一流的和谐宜居之都战略目标，根据京津冀协调发展纲要和全市"十三五"规划，结合全市城市总体规划编制，着力加强六大高端产业功能区融合发展顶层设计，全市统筹、属区共同参与抓紧编制六大高端产业功能区战略发展规划，明确在六大高端产业功能区的功能定位、产业分工、空间布局、设施配套等重大问题，从技术、市场、资金、人才和信息等方面构建六大高端产业功能区融合发展的具体模式和机制，并从财政、投资、建设用地指标、项目安排、人才引进等方面提出具体措施，培育各具特色的优势产业集群，加快形成六大高端产业功能区"一盘棋"和"一张蓝图"，引领六大高端产业功能区科学发展、协调发展。在顶层设计时，要因地制宜，充分考虑六大高端产业功能区区域综合实力差距及其区域划分原则、经济集聚模式、产业运行特征、现实发展状况、历史发展进程和环境资源禀赋等条件，探索创新六大高端产业功能区各区域发展新模式、新思路，确保顶层设计的现实性与可操作性。

二、以产业提质增效为抓手，建立协同创新机制

着力推进六大高端产业功能区协同创新共同体建设，贯通产业上下游链条，构建科技功能分工明确、产业链与创新链高效衔接、创新要素有序流动与共享的区域创新驱动发展格局。首先，理顺产业发展链条，着力加快推进产业对接协作，形成区域间产业合理分布和上下游联动机制，避免同构性、同质化发展。其次，要提升高端产业发展水平，加快构建高精尖产业结构。在非首都功能疏解背景下，根据各功能区功能定位与产业定位，一方面通过政策导向努力吸引产业链

---

① 资料来源：根据《北京统计年鉴 2020》提供的数据计算。

中的高附加值环节在六大高端产业功能区区域内集聚；另一方面积极引导有条件的企业向产业链高附加值两端转化，逐步实现高端产业内部结构的深度优化，提升高端产业的质量和发展水平。最后，整合六大高端产业功能区创新资源，加快构建六大高端产业功能区区域创新体系，不断增强六大高端产业功能区融合发展内生动力。深化创新体制改革，加强六大高端产业功能区在科技、教育、经济、社会等"一揽子"协同改革设计；搭建六大高端产业功能区开放共享创新平台，推动企业主导、联合高校科研院所单位协同创新，鼓励六大高端产业功能区企业参与国家科研项目和创新决策，提升区域创新能力；充分发挥中关村国家自主创新示范区创新资源优势和辐射带动作用，引导企业与高校科研院所组建六大高端产业功能区产业技术研究院等协同创新机构，构建联合开发、优势互补、成果共享、风险共担的产学研用合作机制；加快营造利于"大众创业、万众创新"的市场环境，激发六大高端产业功能区广大小微企业的创造性，增强市场主体活力。

三、以非首都功能疏解为依托，建立倒逼联动机制

在京津冀协同发展和非首都功能疏解大背景下，要根据六大高端产业功能区功能定位，在全市新增产业禁止和限制目录基础上，单独编制六大高端产业功能区新增产业禁止和限制目录，建立增量控制监测及评估机制，严把企业登记、项目审批入关。推动中关村国家自主创新示范区、金融街、北京商务中心区、奥林匹克中心区的内涵、集约及高效发展，强化科技创新、金融辐射、文化交流、国际交往等服务功能，促进金融管理、信息服务、商务服务等生产性服务业专业化、高端化发展，改造提升传统服务业，进一步提升生活性服务业发展品质；北京经济技术开发区、临空经济区要围绕首都核心功能，主要承接和集聚国际交往、文化创意、科技创新等高端资源，重点发展生产性服务业、战略性新兴产业和高端制造业，更好地支撑首都城市战略定位。有序退出六大高端产业功能区范围内区域性物流基地、区域性专业市场等部分第三产业。要善于运用市场机制，充分发挥市场在资源配置中的决定性作用，实施更加严格的用水、用地、用能等产业准入标准，推进各类散小低端行业的整治与升级，构建六大高端产业功能区倒逼联动机制，加强高端产业功能区政策集成，强化非首都功能疏解"一盘棋"，避免"按下葫芦浮起瓢"。同时，要跳出"北京"，不断提升六大高端产业功能区在京津冀协同发展中的地位和作用。由于六大高端产业功能区空间资源有限、创新成本不断上升，可以考虑在津冀地区打造六大高端产业功能区融合发展示范区。

四、以"大城市病"治理为重点，建立空间优化调控机制

推进六大高端产业功能区融合发展是治理"大城市病"的必然要求。要以功能分区引导发展方向，以布局优化提升发展质量，着力推动六大高端产业功能区内部功能重组，促进资源、人口、产业和功能合理分布，有助于缩小区域差距，推进六大高端产业功能区区域融合发展，带动全市逐步形成以六大高端产业功能区为基础的合理产业空间布局，对于"大城市病"治理具有重要意义。首先，明确六大高端产业功能区各区域空间范围与用地边界，加强与周边地区功能统筹，建立健全协同管控机制，避免无序建设和盲目开发。其次，要推动中关村国家自主创新示范区、金融街、北京商务中心区、奥林匹克中心区等地区教育、科技、医疗等部分社会公共服务功能向外围有序疏解；盘活存量土地资源，深入研究、科学设计城市更新改造、功能疏解、城中村整治等项目。最后，要发挥北京经济技术开发区、临空经济区条件优、发展基础好、发展空间大的优势，加快产城融合，完善产业发展、公共服务、人口居住功能，推进产业园区向城市综合型经济园区和新区、新城全面转型，吸引人才、科技、信息等创新资源和配套服务功能集聚，逐步缓解六大高端产业功能区内部区域发展的不平衡，缓解中关村国家自主创新示范区、金融街、北京商务中心区、奥林匹克中心区功能过度集聚的压力。

第六章　典型案例

——东城区商务服务业发展与空间布局

本案例研究区域为东城区全境。考虑到历史统计数据来源和国民经济行业分类新标准的实施，现状分析、产业链分析中的行业范围仍然按国家标准《国民经济行业分类》（GB/T 4754—2011）进行分类，即包括企业管理服务、法律服务、咨询与调查、广告业、知识产权服务、人力资源服务、旅行社及相关服务、安全保护服务及其他商务服务业[①]；高精尖产业结构及政策建议等相关内容，将按照 2017 年 10 月 1 日开始实施的国家标准《国民经济行业分类》（GB/T 4754—2017）进行分类，即行业范围包括组织管理服务、综合管理服务、法律服务、咨询与调查、广告业、人力资源服务、安全保护服务、会议、展览及相关服务、其他商务服务业。

第一节　商务服务业发展基础与现状

一、北京市商务服务业整体发展情况

早在 2009 年，北京市就提出要通过加大人才引入、鼓励总部落户等政策扶持京内国际商务服务业快速发展。北京市"十二五"规划提出加速形成国际化的商务服务能力，成为全球商务服务网络的重要节点。2015 年 9 月出台的《北

[①] 本案例中的商务服务业不包括租赁业。由于各类统计年鉴、统计公报采用的"租赁和商务服务业"统计口径，考虑到租赁业规模较小，本案例将原"租赁和商务服务业"数据认同为商务服务业（不含租赁业）数据。

京市服务业扩大开放综合试点实施方案》提出要推进商务服务领域扩大开放，放开会计审计、商贸物流、电子商务等领域外资准入限制，鼓励外资投向创业投资、知识产权服务等商务服务业。北京市"十三五"规划提出要巩固扩大金融、科技、信息、商务服务产业优势。2017 年 6 月北京市十二次党代会进一步提出加快培育金融、科技、信息、文化创意、商务服务等现代服务业。

如图 6-1 所示，2016 年，北京市商务服务业实现增加值 1835.2 亿元，同比增长 1.6%。根据北京市商务委员会相关数据显示①，规模以上高端商务服务业企业快速成长：法律服务营业收入 123.4 亿元，同比增长 16.7%；咨询与调查营业收入 1035.8 亿元，同比增长 11.6%；广告业营业收入 1580.2 亿元，同比增长 10.3%；人力资源服务营业收入 634.7 亿元，同比增长 12.4%，均高于重点服务业企业 7.2% 的平均增速。

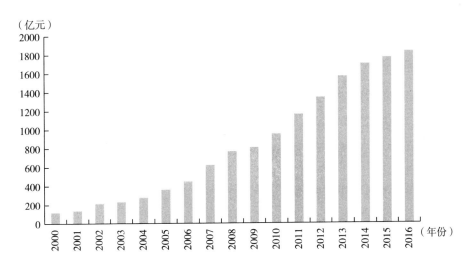

图 6-1　2000～2016 年北京市商务服务业实现增加值增长

资料来源：北京市历年统计年鉴和《北京市 2016 年国民经济和社会发展统计公报》。其中本表按当年价格计算，2013 年之前行业按国家 2002 年版《国民经济行业分类》标准（GB/T 4754—2002）核算；2013 年（含）之后行业按国家 2011 年版《国民经济行业分类》标准（GB/T 4754—2011）核算。

如图 6-2 所示，北京市商务服务业实现增加值占全市地区生产总值的比重由 2000 年的 3.76% 上升到 2014 年的 7.97%，尽管近两年有所下降，但 2016 年仍达到 7.37%，在北京市服务业各行业增加值占地区生产总值的比重中，仅次

---

① 阎密：《北京商务服务业：扬帆远航拥抱世界》，《国际商报》2017 年 5 月 31 日第 A08 版。

于金融业，信息传输、软件和信息技术服务业，批发和零售业以及科学研究和技术服务业，位居第五。

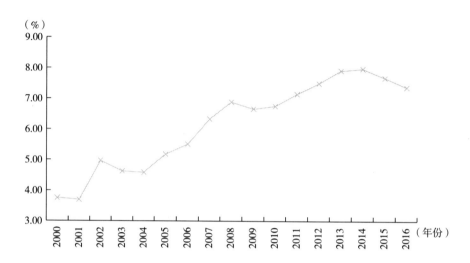

图 6 - 2 2000～2016 年北京市商务服务业实现增加值占地区生产总值的比重

资料来源：北京市历年统计年鉴和《北京市 2016 年国民经济和社会发展统计公报》。其中本表按当年价格计算，2013 年之前行业按国家 2002 年版《国民经济行业分类》标准（GB/T 4757—2002）核算；2013 年（含）之后行业按国家 2011 年版《国民经济行业分类》标准（GB/T 4754—2011）核算。

二、东城区商务服务业发展特点

近年来，面对复杂严峻的国内外环境和经济下行压力，东城区主动适应经济发展新常态，在京津冀协同发展、非首都功能疏解背景下，紧抓北京市服务业扩大开放综合试点机遇，加快构建高精尖经济结构，促进商务服务业稳步健康有序发展。

（一）支柱型地位保持稳固，产业规模持续扩大

如图 6 - 3 所示，2012～2016 年，东城区商务服务业增加值由 175.1 亿元增长到 216.3 亿元，年均增长 5.4 个百分点，占全区地区生产总值的比重始终保持在 10 个百分点以上，支柱型产业特征明显。其中，在新常态和非首都功能疏解背景下，2016 年不变价增速 3.1%，仍高于全市商务服务业平均增速 1.5 个百分点，占全市商务服务业的比重由 2015 年的 11.6% 上升到 2016 年的 11.8%。

（二）内部结构不断优化，新兴业态发展迅速

近年来，东城区牢牢把握区域功能定位，主动适应经济发展新常态，坚持高

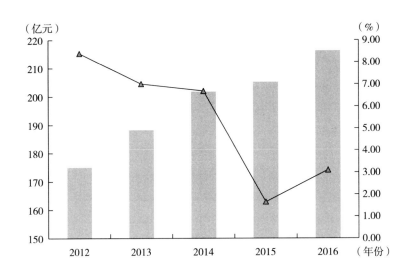

图 6 - 3　2012 ~ 2016 年东城区商务服务业实现增加值总量及增长

资料来源：东城区历年统计年鉴和《东城区 2016 年国民经济和社会发展统计公报》。

精尖发展方向，积极融入京津冀协同发展大局，加快商务服务业转型升级和提质增效，内部结构不断优化，新兴业态发展迅速，行业发展质量进一步提高。东城区出台了"新增产业的禁止和限制目录"，并在全市率先制定了存量产业调整退出目录和高精尖产业结构指导目录。针对商务服务业具体行业，企业管理服务中禁止京外中央企业总部新迁入，严控其他总部企业新迁入或新设立；禁止新设立市场管理中的从事商品交易市场经营管理活动的市场主体；禁止新建会议及展览服务中的展览类设施。如图 6 - 4 所示，限额以上企业管理服务行业增加值占商务服务业增加值的比重由 2012 年的 30.0% 下降到 2016 年的 23.2%；以提供新技术、新知识、社会经济咨询、新型智库为业务方向的咨询与调查的比重由 2012 年的 28.8% 上升到 2016 年的 36.0%。

（三）比较优势明显，产业发展效率较高

从全市来看，2015 年东城区商务服务业增加值占全区地区生产总值的比重明显高于北京市商务服务业增加值占全市地区生产总值的比重，依据区位熵理论①，表明东城区商务服务业在全市具有比较优势。东城区与城六区相比，东城区商务服务业占比仅次于朝阳区，分别高于西城区、海淀区、丰台区和石景山区

---

① 所谓区位熵，即反映某一产业部门的专业化程度，以及某一区域在高层次区域的地位和作用，当区位熵大于 1 时，表明该产业在高层次区域具有比较优势。

2. 9 个百分点、7. 1 个百分点、1. 1 个百分点和 6. 8 个百分点，具体如图 6 - 5 所示。

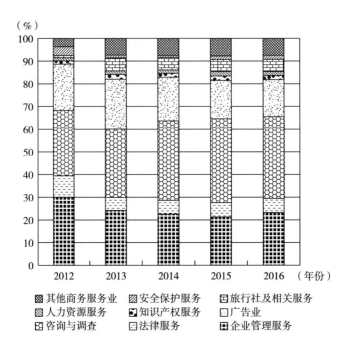

图 6 - 4   2012 ~ 2016 年东城区商务服务业限额以上细分行业增加值占比变化

资料来源：东城区统计局。

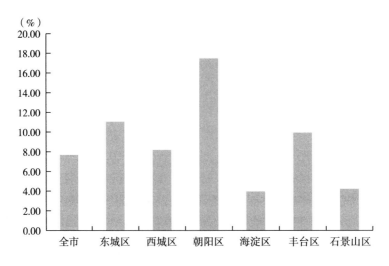

图 6 - 5   2015 年城六区商务服务业增加值占地区生产总值的比重

资料来源：城六区各区 2016 年统计年鉴及北京市 2016 年统计年鉴。

东城区产业发展效率也具有一定优势。如表 6-1 所示，对标朝阳区，2015年，东城区限额以上商务服务业中，法律服务、咨询与调查、广告业、知识产权服务与其他商务服务业人均营业收入均高于朝阳区；企业管理服务、法律服务、咨询与调查、知识产权服务、人力资源服务、旅行社及相关服务、其他商务服务业人均利润均高于朝阳区，其中整个商务服务业人均利润达到 73.06 万元，是朝阳区的 2.2 倍。

表 6-1　2015 年东城区与朝阳区限额以上商务服务业效益比较

单位：万元/人

区域	东城区		朝阳区	
	人均营业收入	人均利润	人均营业收入	人均利润
平均	108.58	73.06	115.24	33.21
企业管理服务	109.37	360.24	175.95	118.97
法律服务	90.88	30.33	85.77	23.65
咨询与调查	47.39	5.80	40.30	0.25
广告业	329.18	10.32	241.66	10.35
知识产权服务	61.28	15.33	51.24	6.48
人力资源服务	30.17	1.83	140.08	0.72
旅行社及相关服务	215.05	3.41	256.11	-3.31
安全保护服务	9.48	0.57	9.68	0.68
其他商务服务业	101.90	8.92	76.86	7.34

注：以各行业从业人数计算人均营业收入与人均利润。

资料来源：东城区统计局、朝阳区商务委。

如表 6-2 所示，从东城区现代服务业重点行业发展效率来看，2016 年商务服务业人均营业收入和人均利润分别达到 116.37 万元/人和 59.31 万元/人，其中人均营业收入仅次于金融业和信息传输、软件和信息技术服务业；而人均利润则仅次于金融业，分别是信息传输、软件和信息技术服务业，科学研究和技术服务业，文化、体育和娱乐业的 2.0 倍、8.7 倍和 4.7 倍，表明商务服务业在全区重点服务业中发展效率整体较好，优势明显。

表 6-2　2016 年东城区限额以上重点服务业效益比较　单位：万元/人

重点行业	人均营业收入	人均利润
商务服务业	116.37	59.31

续表

重点行业	人均营业收入	人均利润
信息传输、软件和信息技术服务业	199.92	30.18
金融业	1196.08	1074.54
科学研究和技术服务业	74.08	6.79
文化、体育和娱乐业	98.92	12.69

注：以各行业从业人数计算人均营业收入与人均利润。

资料来源：东城区统计局。

三、发展机遇

（一）服务业全球化是经济全球化进入新阶段的鲜明特征

在经济全球化和信息化的推动下，全球产业结构呈现出从"工业型经济"向"服务型经济"的重大转变。服务全球化已成为经济全球化进入新阶段的典型特征，服务业在全球的资源优化整合是当前各国产业竞争的战略焦点，各主要经济体在全球范围内利用自身优势整合信息、资本、制度等资源，通过服务外包、离岸服务等形式，引领全球服务业的产业革命。其中，商务服务业发展迅猛，产业分工的精细化、专业化程度的不断提高，凸显出商务服务业的地位和作用。在世界经济仍处于政策刺激下的脆弱复苏阶段，商务服务业正成为拉动经济发展的重要力量。此外，以大数据、云计算、物联网为代表的新一轮技术变革和产业变革引发服务经济创新升级，服务业新产品、新业态、新模式不断涌现。服务投资贸易全球化拓展服务业发展空间，商务服务业国际转移呈现加快趋势。

（二）中国跨入以服务经济为主体的现代化经济体系建设新时代

当前中国经济发展进入新常态，已由高速增长阶段转向高质量发展阶段，正处在转变发展方式、优化经济结构、转换增长动力的攻关期。党的十九大报告提出"必须坚持质量第一、效益优先，以供给侧结构性改革为主线，推动经济发展质量变革、效率变革、动力变革，提高全要素生产率，着力加快建设实体经济、科技创新、现代金融、人力资源协同发展的产业体系"，要"加快发展现代服务业，瞄准国际标准提高水平"。《服务业创新发展大纲（2017－2025年）》提出努力构建优质高效、充满活力、竞争力强的现代服务产业新体系，要聚焦服务业重点领域和发展短板，促进生产性服务业向专业化和价值链高端延伸，明确要求积极发展工程设计、咨询评估、法律、会计审计、信用中介、检验检测认证等服务，提高专业化水平，明确了商务服务业下一步发展的目标与方向。此外，

"十三五"新一轮国家服务业综合改革试点已启动，商务服务业改革创新的政策环境将进一步优化，商务服务业优质高效发展面临新机遇、新空间。

（三）北京市加快打造高精尖经济结构

北京市十二次党代会提出构建高精尖经济结构，大力发展服务经济、知识经济、绿色经济，服务与首都城市战略定位相匹配的总部经济，加快培育金融、科技、信息、文化创意、商务服务等现代服务业，进一步明确了商务服务业发展符合北京城市定位和首都经济发展方向。"一带一路"倡议、京津冀协同发展、建设河北雄安新区和北京城市副中心、筹办2022年冬奥会和冬残奥会等重大历史机遇，将进一步拓展首都商务服务业发展空间。根据《北京市服务业扩大开放综合试点总体方案》，北京将率先推动科学技术服务、互联网和信息服务、文化教育服务、金融服务、商务和旅游服务、健康医疗服务六大重点领域的扩大开放，通过放宽市场准入、改革监管模式、优化市场环境，努力形成与国际接轨的北京市服务业扩大开放新格局。2017年12月10日，国务院印发了《关于在北京市暂时调整有关行政审批和准入特别管理措施的决定》（国发〔2017〕55号），意味着2017年6月25日国务院批复的《深化改革推进北京市服务业扩大开放综合试点深化方案》中明确的10条开放措施涉及的法规规章已调整到位。其中，这10条中涉及商务服务业的有3条，包括企业管理服务、法律服务和人力资源服务业。为全市新一轮扩大开放措施落地、推动商务服务业扩大开放综合试点向纵深推进提供了法治保障。此外，北京市围绕高精尖产业结构，2017年12月20日出台《中共北京市委、北京市人民政府关于印发加快科技创新构建高精尖经济结构系列文件的通知》，所提出的科技、信息等现代服务业，以及节能环保、集成电路、新能源等新兴产业和高技术产业均与商务服务业密切相关。下一步促进高端商务服务业发展的具体实施意见也将出台，将为加速发展北京商务服务业创造良好的政策环境。

（四）东城区商务服务业结构与发展环境将进一步优化

《总规》明确东城区作为核心区，是全国政治中心、文化中心和国际交往中心的核心承载区，是历史文化名城保护的重点地区，是展示国家首都形象的重要窗口地区，要有序疏解非首都功能，加强环境整治，优化提升首都功能。东城区具备得天独厚的区位优势、文化优势、服务经济优势以及社会服务管理领先的优势。随着京津冀协同发展战略和疏解非首都功能的深入实施，未来区域核心功能将显著增强，国际化、现代化水平将进一步提高。"十三五"期间，东城区围绕服务保障首都核心功能，坚持调整疏解与优化提升并重，加快疏解非首都功能，围绕高精尖经济结构加速产业优化升级，商务服务业结构将进一步优化。

四、问题与挑战

（一）从国内外来看，宏观经济形势对商务服务业发展的制约将会凸显

当前，世界经济增长的不稳定不确定性和复苏过程的艰难性，将会通过影响出口间接影响国内物流、贸易等服务需求的扩张，也制约入境游等服务业发展。国际经济、金融运行风险加大，也会制约中国服务业投资的扩大。随着国内经济下行压力的持续和部分行业去产能、去库存、去杠杆的推进，部分行业生产性服务需求的扩张难度和萎缩可能都将增大。城乡居民增收放缓，也会妨碍生活性服务消费的扩张。劳动力、房租等服务业要素成本提高，增加了服务业优质高效发展的难度。复杂严峻的国内外形势，还会弱化商务服务业投资信心和发展动力。

（二）从北京市来看，区域竞争日趋激烈

"十三五"期间，北京市将加快"四个中心"功能建设，进一步提高"四个服务"水平，坚定不移疏解非首都功能，构建"高精尖"经济结构。商务服务业作为高精尖产业重要组成部分，"十三五"期间城六区均将商务服务业作为重点产业，提出加快发展商务服务业如表6-3所示，资源、信息、人才、项目等竞争将进一步加剧。

表6-3　城六区"十三五"商务服务业内容比较

区域	重点内容
东城区	紧抓北京市开展服务业扩大开放综合试点机遇，构建符合核心区功能定位的"二三一"产业体系。做强文化创意产业和商业服务业两大优势产业，做优金融业、商务服务业和信息服务业三大支柱产业，培育健康服务业这一新兴产业。重点发展符合首都核心功能，聚集人员少、占用资源少、能耗低、附加值高、资本和知识密集的业态，基本形成高精尖经济结构
西城区	优化发展以金融服务为支撑，科技服务、商务服务、信息服务为依托，文化创意产业与高品质生活性服务业等共同发展的服务经济结构
朝阳区	进一步推进商务服务、金融、文化创意、高新技术四大重点产业发展，加快优化调整产业内部结构。商务服务业以国际化、高端化、品牌化为发展理念，重点支持企业管理、人力资源、会计法律、管理咨询、会展经济等高端业态发展，进一步强化管理决策、市场营销、商务咨询等功能，构建符合区域定位的国际高端商务服务体系
海淀区	推进服务业扩大开放综合试点，提升科技服务业等生产性服务业发展水平。引进世界著名酒店管理集团，加快发展高端商务服务业
丰台区	提升商务服务产业层级。加快建设丽泽、科技园区等重点功能区，优化商务楼宇及配套设施品质，重点发展企业管理、会展、广告和中介咨询等商务服务业高端行业，推进商务服务业的高端化和品牌化发展

续表

区域	重点内容
石景山区	按照"高端绿色、集聚发展、重点突出"的原则,培育和打造以现代金融为核心,高新技术、文化创意、商务服务、旅游休闲为支撑的产业体系。大力推动商业保理产业高端、规范、集聚化发展,通过搭建融资平台、项目平台等方式,优化发展环境,重点培育扶持一批龙头商业保理企业,提升北京商业保理品牌影响力

资料来源:各区"十三五"规划。

此外,《总规》要求进一步优化现代服务业布局,提出北京商务中心区、金融街、中关村西区和东区、奥林匹克中心区等发展较为成熟的功能区要提高国际竞争力;北京城市副中心运河商务区和文化旅游区、新首钢高端产业综合服务区、丽泽金融商务区、南苑—大红门地区等有发展潜力的功能区,要为现代服务业发展提供新的承载空间。无论是"较为成熟的功能区",还是"有发展潜力的功能区",均未涉及东城区。东城区商务服务业发展面临着周边区域的竞争,与周边地区错位、融合、互动协调的发展亟须加强。

(三)从东城区来看,商务服务业发展新动能亟待培育壮大

东城区作为核心区和非首都功能疏解的重点区域,充分认识区域战略定位,把握"舍"与"得"的辩证关系,在全市率先制定存量产业的调整退出目录、高精尖产业结构指导目录,加快商务服务业转型升级,大力发展与东城区功能定位相适应的高精尖商务服务业。总体来看,目前东城区发展正处在传统增长动力逐步消退、新的增长动力尚未形成规模的过渡期,转型"阵痛期"现象明显,商务服务业呈现增速、占比"双下降"趋势,亟待加快创新、培育新的发展动能。如图6-6所示,从东城区商务服务业实现增加值占全区地区生产总值的比重来看,总体呈下降趋势,由2012年的12.1%下降到了2016年的10.8%。

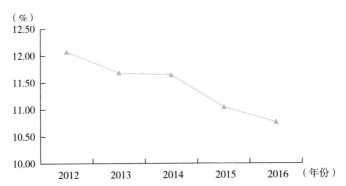

图6-6 2012~2016年东城区商务服务业实现增加值占全区地区生产总值的比重

资料来源:东城区历年统计年鉴和《东城区2016年国民经济和社会发展统计公报》。

如图 6-7 所示，从发展的速度来看，2016 年东城区的公共管理、社会保障和社会组织的增速仅有 3.1%，分别比科学研究和技术服务业，信息传输、软件和信息技术服务业，文化、体育和娱乐业和金融业等高端服务业低 10.7 个百分点、7.9 个百分点、5.3 个百分点和 0.9 个百分点，也低于交通运输、仓储和邮政业，批发和零售业等疏解类产业。

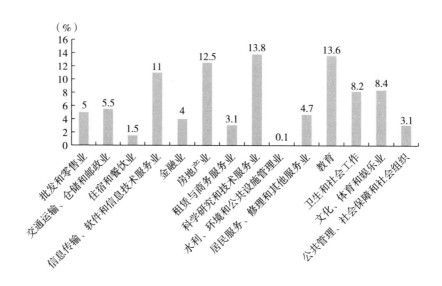

图 6-7　2016 年东城区第三产业分行业增速比较

资料来源：《东城区 2016 年国民经济和社会发展统计公报》。

第二节　东城区商务服务业产业链分析及产业布局

一、产业链分析

产业链是各个产业部门之间基于一定的技术经济关联，并依据特定的逻辑关系和时空布局关系客观形成的链条式关联关系形态。产业链是一个包含价值链、企业链、供需链和空间链四个维度的概念。与工业产业链不同，服务业产业链，知识是其最为重要的资源要素，其发展重点是组织、整合知识资源，实现产业链的优化如图 6-8 所示。

图6-8 服务业产业链

服务业转型升级正在推动新一轮产业变革和消费革命，使产业边界日渐模糊，融合发展态势更加明显。一方面，服务业与制造业不断融合，制造企业由生产型向生产服务型转变、服务企业向制造环节延伸。制造企业向创意孵化、研发设计、售后服务等产业链两端延伸，建立产品、服务协同盈利新模式；服务企业开展批量定制服务，推动生产制造环节组织调整和柔性化改造，利用信息、营销渠道、创意等优势，向制造环节拓展业务范围，实现服务产品化发展具体如图6-9所示。另一方面，服务业内部多业态跨界融合发展加快，个性化、体验式、互动式等服务消费蓬勃兴起，推动服务业内部细分行业生产要素优化配置和服务系统集成。

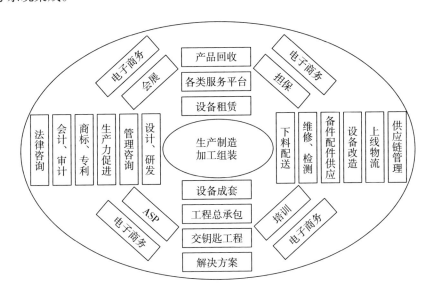

图6-9 服务业与制造业融合发展

（一）商务服务业外部上下游产业链

商务服务业作为生产性服务业的重要组成部分，上下游关联度大，涉及农业、工业等产业的多个环节，具有专业性强、创新活跃、产业融合度高、带动作用显著等特点，特别是企业管理服务、法律服务、咨询与调查、广告业、人力资源服务等行业，是现代制造业和其他现代服务业健康发展的重要支撑。由于商务服务业具有全产业链特征，上下游产业链复杂，围绕东城区"十三五"提出的重点发展文化创意产业、商业服务业、金融业、商务服务业、信息服务业和健康服务业六大产业，进一步梳理了商务服务业各行业与相关产业之间的关系，加快产业融合，培养行业发展新业态。

首先，如图6-10所示，将商务服务业作为上游行业进行分析，商务服务业细分行业中企业管理服务、法律服务、咨询与调查服务、广告业、人力资源服务与东城区其他五大产业关系密切，如五大产业中，每个具体企业都有企业管理服务需求，每个企业都需要法律顾问、每个企业都有财务会计需求。知识产权服务、旅行社及相关服务、安全保护服务和其他商务服务业则相对专业性较强，与其他五大产业联系相对较弱。

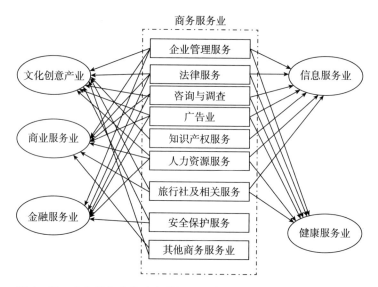

图6-10　商务服务业作为上游行业与东城区其他五大产业的关系①

其次，如图6-11所示，将商务服务业作为下游行业进行分析，东城区其他五大产业与商务服务业均有密切联系。如文化创意产业一方面优化东城区商务业发展的文化环境，同时，全媒体出版、艺术品交易等发展，也为商务服务业中知识产权服务提供市场需要。

---

① 事实上，商务服务业与文化创意产业、商业服务业、金融业、信息服务业和健康服务业五大产业存在明显的上下游关系。一方面，商务服务业的发展，将为文化创意产业、商业服务业、金融业、信息服务业和健康服务业提供服务配套；另一方面，文化创意产业、商业服务业、金融业、信息服务业和健康服务业的发展，也将进一步优化商务服务业发展环境、提升整体发展水平。如信息服务业的发展，特别是互联网、大数据的运用，将丰富创新市场调查、社会经济咨询技术手段，提升咨询与调查行业水平。

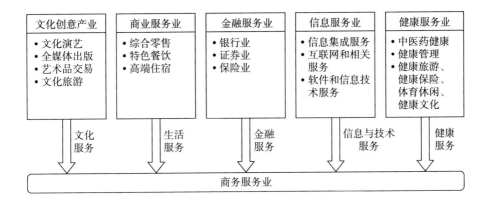

图 6 - 11　商务服务业作为下游行业与东城区其他五大产业的关系

（二）商务服务业内部产业链

产业集群是一种高效的组织形式，以区域网络为基础，通过强化专业分工，促使每个企业把产品做强做精，最大限度地发挥产业关联效应，形成产业之间的协同发展。产业集群关键是通过集群中纵横交织的有效联系机制，降低产业的发展成本，提高企业生产经营效率和市场竞争优势，并通过优化产业布局，加速技术、人才等要素资源的合理流动与配置，有效破解土地、能源和环境的制约因素，获得产业竞争优势。东城区商务服务业集群化发展，其重点就是要围绕商务服务业内部产业链关系，增强各行业之间的关联，使商务服务业发展能实现融合互动、协同创新，从而使整个商务服务业的发展保持创新活力。

依据东城区商务服务业内部产业结构和各行业之间关系进行划分，其中企业管理服务为综合行业，咨询与调查、法律服务、广告业及人力资源服务为基础行业，知识产权服务、旅行社及相关服务、安全保护服务及其他商务服务业为专业行业具体如图 6 - 12 所示。企业管理服务行业作为综合行业，需要基础行业与专业行业提供相匹配的服务，既需要基础行业中的咨询与调查提供会计、审计及税务服务，法律行业提供诸如企业法律顾问、合同处理服务，人力资源行业提供人才与员工招聘服务，广告行业则提供品牌打造等服务，也需要专业行业中的知识产权行业提供专利、商标的代理、转让、登记、鉴定、评估、认证、咨询等服务，旅行社行业提供商务、组团旅游服务，安全保护行业为企业提供安保服务，其他商务服务行业提供会展等服务。四大基础行业内部之间相互联系、相互影响，同时为专业行业提供支撑服务。

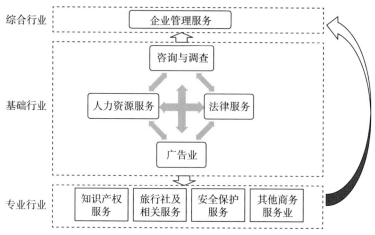

图6-12　东城区商务服务业内部产业链关系示意

二、产业分布现状

"十二五"以来，东城区加快整合空间资源，按照"一轴两带五区"整体空间格局规划，加快重点产业功能区建设，促进商务服务业集聚发展，不断拓展产业发展空间，提升产业集约化发展水平。东城区的雍贵中心、银河SOHO、环球贸易中心、东方广场、保利大厦等商务楼宇发展迅速，目前已初步形成东二环、王府井两条商务服务业发展带以及雍和商务服务业集聚区（见附录一）。

其中，东二环商务服务业发展带充分发挥总部企业的资源优势，挖掘总部经济潜能，形成以企业管理服务、法律服务和咨询与调查服务为主导的高端产业集群。2013年6月，根据《关于认定命名北京市总部经济和商务服务业集聚区（第一批）的通知》，东二环高端服务业发展带被授予"北京市商务服务业集聚区"称号。王府井商务服务业发展带的商务服务业与商业服务业不断融合，使服务业改革创新深入推进。2017年9月王府井大街被授予"北京市服务业扩大开放综合试点示范园区"称号，同时，东城区充分整合王府井大街、前门历史文化展示区旅游资源优势，旅行社及相关服务、咨询与调查等行业发展迅速。雍和商务服务业集聚区依托中关村科技园区雍和园，围绕中国版权保护中心、北京东方雍和国际版权交易中心有限公司和中华版权代理中心等龙头企业，加快商务、文化、金融、科技融合发展，知识产权服务、咨询与调查等行业特色明显。

三、空间布局规划

（一）总体布局

贯彻落实《总规》关于全市"一核一主一副、两轴多点一区"市域空间结构，围绕东城区"十三五"提出的打造"两轴一带两园区"的整体空间格局，按照立足基础、彰显特色、功能互补、集聚集群集约发展原则，进一步优化商务服务业空间布局，构建"一轴三园区"的商务服务业空间架构，促进商务服务空间布局与全区产业布局、城市空间布局相适应、相协调，具体如附录二所示。其中：

"一轴"：贯穿东城区域南北，由北至南依次串联中关村国家自主创新示范区东城园中的中关村金隅环贸科技商务区、中关村航星移动信息服务产业园、中关村雍和文化科技融合示范基地、东二环总部产业带，以及王府井商务服务业集聚区和永外现代商务区等多个主要节点，既是东城区商务服务业主要布局区域，也是加强区域内南北部之间的经济联系纽带。要切实发挥"一轴"的辐射带动作用，促进全区商务服务业健康有序发展。

"三园区"：

（1）中关村国家自主创新示范区东城园：按照"国家级文化和科技融合发展示范基地、国家级体育产业示范基地、国家版权交易基地、北京市文化创意产业集聚区、北京市新兴产业金融功能区、中关村现代服务业创新发展区"的发展定位，发挥中关村政策优势，充分利用疏解非首都功能后的空间资源，引导提升商务楼宇品质，加快商务服务与文化、金融、科技融合发展，促进电子商务在园区发展，打造律师及相关法律、会计审计及税务、广告策划等商务服务企业集群。

（2）王府井商务服务集聚区：以王府井商业中心区为核心，发挥王府井大街作为"北京市服务业扩大开放综合试点示范园区"的优势，加快商务服务与特色商业、艺术品交易、文化休闲等产业融合，积极探索创新商务服务业扩大开放，提升国际化水平。

（3）永外现代商务区：依托永外城、百荣世贸等载体，推进城市更新改造，加强基础设施建设，优化集聚区商务服务业发展环境；加快"腾笼换鸟"，促进商务服务与文化创意、文化设计等行业融合，大力发展文化商务；发挥区位好、空间大、成本低优势，积极承接二环内高端商务服务业转移，打造东城区商务服务业发展的新平台、新空间与新窗口。

（二）区域协调

围绕东城区商务服务业发展定位与空间布局，加强与市域及周边地区协同发展。主动看齐、对接北京商务中心区，积极构建产业协同发展体系，加强信息、人才、平台、基础设施等资源共享，以及规划产业等政策互通；加强与奥林匹克中心区会议会展、旅游、服务贸易等方面的合作；加强与北京新机场临空经济区、北京城市副中心运河商务区、新首钢高端产业综合服务区、丽泽金融商务区、南苑—大红门地区等有发展潜力的功能区合作。

第三节　高精尖商务服务业界定及国际发展经验

一、高精尖商务服务业内涵与范围

高精尖产业是北京高精尖经济结构的重要组成部分，是高端引领、创新驱动、绿色低碳产业发展模式的重要载体。北京高精尖产业是以技术密集型产业为引领，以效率效益领先型产业为重要支撑的产业集合①。其中，技术密集型高精尖产业指具有高研发投入强度或自主知识产权，低资源消耗特征，对地区科技进步发挥重要引领作用的活动的集合。效率效益领先型高精尖产业指具有高产出效益、高产出效率和低资源消耗特征，对地区经济发展质量提升和区域经济结构转型升级具有重要带动作用的活动集合。

商务服务业是主要服务于生产、商贸、商务等领域经济活动的产业集群和资本、知识密集的绿色产业，是生产性服务业的重要组成部分，按照 2017 年 10 月 1 日开始实施的《国民经济行业分类》（GB/T 4754—2017）国家标准，主要包括组织管理服务、综合管理服务、法律服务、咨询与调查、广告业、人力资源服务、安全保护服务、会议、展览及相关服务、其他商务服务业。

高精尖商务服务业属于效率效益领先型高精尖产业。从产出结果看，高精尖商务服务业具有高收益、高产业带动力和绿色环保的突出特征，这是高精尖商务服务业的最根本特性；从投入要素和运作方式看，高精尖商务服务业具有高智力（集中体现脑力复杂劳动）、知识密集（反映高频率的知识创新、整合、应用、传播和储存）、高技术导向和应用、高诚信、特色性或差异性、集聚性或集群性、创新性和新兴性的突出特征，使之与低端服务业相区别，也不易被智能化服务取代②。当然，高精尖商务服务细分行业内部也存在低端部分，不是百分之百"纯高端"。因此，本书认为高精尖商务服务业是在商务服务行业内部，总体上

---

① 《北京市统计局北京市经济和信息化委员会关于印发北京"高精尖"产业活动类别（试行）的通知》（京统发〔2017〕32 号）。

② 朱晓青：《北京高端服务业发展的总体情况和新要求、新思路、新战略》，中国社会科学出版社 2017 年版。

同时具备高智力性、知识密集性、高技术导向和应用性、高诚信性、差异性、创新性、集聚性、新兴性、高收益性、高产业带动性和绿色环保性的商务服务细分行业，属于商务服务高端行业和高端环节。

围绕东城区作为核心区的功能定位和商务服务业发展趋势，依据《北京市国民经济和社会发展第十三个五年规划纲要》《北京市新增产业的禁止和限制目录（2015 年版）》《北京市人民政府关于进一步优化提升生产性服务业加快构建高精尖经济结构的意见》《北京市统计局 北京市经济和信息化委员会关于印发北京"高精尖"产业活动类别（试行）的通知》《中共北京市委、北京市人民政府关于印发加快科技创新构建高精尖经济结构系列文件的通知》，以及《东城区国民经济和社会发展第十三个五年规划纲要》《东城区新增产业的禁止和限制目录 2015》《东城区"高精尖"产业结构指导目录 2015》等相关文件精神，根据 2017 年 10 月 1 日开始实施的《国民经济行业分类》（GB/T 4754—2017）国家标准进行产业活动类别表界定，东城区高精尖商务服务业产业活动类别包括 8 个行业中类和 24 个行业小类，具体如表 6 - 4 所示。

表 6 - 4　东城区高精尖商务服务业产业活动类别表

中类行业代码与名称	小类行业代码	小类行业名称	说明	判断依据	备注
721 组织管理服务	7211*	企业总部管理	仅包含具有高产出效率和高产出效益的总部企业活动	市统计局、市经信委《北京"高精尖"产业活动类别（试行）2017》	
	7212*	投资与资产管理	仅包含具有高产出效益、高产出效率和低资源消耗特征的企业活动	《北京市人民政府关于进一步优化提升生产性服务业加快构建高精尖经济结构的意见》（京政发〔2016〕25 号），市统计局、市经信委《北京"高精尖"产业活动类别（试行）2017》	
	7213*	资源与产权交易服务	仅包含具有高产出效益、高产出效率和低资源消耗特征的企业活动	东城低碳经济发展优势明显，东城区低碳服务业发展规划提出支持在区设立采用实体交易或电子虚拟交易形式的绿色产品、技术、产权交易中心	

续表

中类行业代码与名称	小类行业代码	小类行业名称	说明	判断依据	备注
722 综合管理服务	7224*	供应链管理服务	仅包含具有高产出效益、高产出效率和低资源消耗特征的企业活动	《国务院办公厅关于积极推进供应链创新与应用的指导意见》（国办发〔2017〕84号）	
723 法律服务	7231	律师及相关法律服务		市统计局、市经信委《北京"高精尖"产业活动类别（试行）2017》，东城区《"高精尖"产业结构指导目录2015》	
	7232	公证服务			
	7239	其他法律服务			
724 咨询与调查	7241	会计、审计及税务服务		市统计局、市经信委《北京"高精尖"产业活动类别（试行）2017》，东城区《"高精尖"产业结构指导目录2015》	
	7242	市场调查		东城区《"高精尖"产业结构指导目录2015》	
	7243	社会经济咨询		依托中国社科院、国务院发展研究中心等机构，培育智库服务业态	
	7244	健康咨询		东城区"十三五"规划提出加快发展健康服务业，培育健康管理服务业，探索为多层次人群提供健康管理服务	
	7245	环保咨询		《北京市人民政府关于进一步优化提升生产性服务业加快构建高精尖经济结构的意见》（京政发〔2016〕25号），提出积极发展节能环保服务	
	7246	体育咨询		东城区"十三五"规划提出结合冬奥会筹办工作，大力发展体育事业，巩固全民健身示范区成果	

中类行业代码与名称	小类行业代码	小类行业名称	说明	判断依据	备注
725 广告业	7251*	互联网广告服务	高产出效益、高产出效率和低资源消耗特征的企业活动	市统计局、市经信委《北京"高精尖"产业活动类别（试行）2017》，东城区《"高精尖"产业结构指导目录2015》	
	7259*	其他广告服务	高产出效益、高产出效率和低资源消耗特征的企业活动	市统计局、市经信委《北京"高精尖"产业活动类别（试行）2017》，东城区《"高精尖"产业结构指导目录2015》	
726 人力资源服务	7262*	职业中介服务	高产出效益、高产出效率和低资源消耗特征的企业活动	东城区"十三五"规划提出适应有序疏解非首都功能和构建"高精尖"经济结构对人力资源的需求变化，探索具有东城区特色的职业培训模式，需要发展高端职业中介服务	
	7264	创业指导服务		符合国家、北京市创新创业方针，东城区"十三五"规划提出建立统一标准的人力资源市场服务体系，推进基层就业服务平台建设	
728 会议、展览及相关服务	7281	科技会展服务		东城区《"高精尖"产业结构指导目录2015》	禁止新增会议及展览服务中的展览类设施
	7282	旅游会展服务			
	7283	体育会展服务			
	7284	文化会展服务			
	7289	其他会议、会展及相关服务			

续表

中类行业代码与名称	小类行业代码	小类行业名称	说明	判断依据	备注
729 其他商务服务业	7294	翻译服务		东城区作为核心区，特别是国际交往中心建设，需求加强翻译服务业发展	
	7295	信用服务		《北京市人民政府关于进一步优化提升生产性服务业加快构建高精尖经济结构的意见》（京政发〔2016〕25号）	

注：本类别中"＊"，表示该行业小类仅有部分企业活动属于"高精尖"产业活动。

二、高精尖商务服务业发展趋势与国际经验

进入 21 世纪以来，随着全球经济由工业经济向服务经济转型趋势进一步加快，生产性服务业在发达国家经济体系中的地位越来越突出。企业管理、咨询与调查、法律服务等商务服务业属于知识密集型的高端服务业，在全球产业链中处于高端位置，近年来呈现出越来越强的增长势头，逐渐成为拉动全球经济增长的支柱力量[①]。

（一）发展趋势与特点

一是高精尖商务服务业与制造业相互融合趋势明显。随着大规模生产日渐普遍，单纯制造环节已不能产生更多的附加值，只有将更多的服务融入到生产过程中才能获得竞争上的优势，推动了服务业与制造业之间的相互渗透与融合。在这一融合过程中，许多传统的制造业企业开始向高精尖商务服务业领域转型，甚至放弃或外包制造活动，专注于战略管理、研究开发、市场营销等商务活动。如原来以生产计算机闻名的 IBM 公司现在已经转型成为包括 IT 咨询等服务在内的 IT 服务企业。

二是高精尖商务服务企业趋向规模化。为应对日趋激烈的竞争态势，高精尖商务服务企业通过并购、重组、联盟等方式来增强实力，表现出规模化经营的趋势。例如，全球四大会计师事务所之一"普华永道"是由英国的普华和永道两家事务所于 1998 年合并组建的；安永咨询于 2000 年被法国凯捷集团并购；WPP 并购了智威汤逊、奥美、扬雅等著名的广告公司发展成为全球第二大广告公司。

[①] 牛艳华：《国际商务服务业发展特点与经验启示》，《科技情报开发与经济》2010 年第 19 期。

　　三是高精尖商务服务业向大城市集聚。城市或区域商务服务业发展水平与其经济发达程度具有密切的关系。大城市作为经济活动的控制、协调及指挥中心，资本和贸易活动频繁，往往成为商务服务企业的集聚中心。如纽约是美国商务服务业最发达的城市，聚集了世界500强企业总部的22家，拥有美国6家最大会计公司的4家、10家最大咨询公司的6家。

　　四是高精尖商务服务业国际转移加快。在全球产业转移的大背景下，高精尖商务服务业国际转移呈现加快趋势，并以跨国投资为主。如德勤近年来加快在亚太地区设立分支机构，亚太地区连续六年成为增长最快的地区，目前德勤在中国港澳台地区拥有超过8000名员工，在北京、重庆、大连、广州、杭州、香港、澳门、南京、上海、深圳、苏州、天津、武汉及厦门都设有分支机构。

　　（二）主要经验

　　国际发达国家和城市在促进高精尖商务服务业发展过程中，采取了很多积极的措施，对于推动商务服务业快速成长起到了至关重要的作用。

　　一是制定相关产业政策和法规。在产业发展初期，通过制定产业政策、健全法规形成产业发展战略，促进高精尖商务服务业发展，是很多国家和城市政府采用的主要策略之一。新加坡政府早在1985年就提出将现代服务业与制造业作为经济发展的双引擎，并出台一系列产业促进政策支持商务服务、金融等现代服务业的发展。美国为促进会计服务业规范发展，通过了《管制公共会计师执业法案》，确立了注册会计师的地位，并通过美国注册会计师协会（AICPA）对注册会计师进行管理和监督，起到了很好的效果。

　　二是扶持高精尖中小企业发展。中小企业是商务服务业发展的市场主体，因此发达国家为促进商务服务产业兴盛，都很重视对中小企业的扶持，美国、英国、日本等都设有专门的中小企业管理机构，制定相关政策和从事对中小企业的专项支持。如美国各个州都有小企业办公室，在融资、人才培育、创造公平的竞争环境及建立政府与企业间通畅的沟通渠道等方面对中小企业提供全方位的支持。德国专门设立中小企业局，负责为中小企业提供信息和宣传资料、协助中小企业引进国际技术、为其提供低息贷款等。新加坡通过建立"瞪羚培育基金"，对具有良好盈利与增长记录和业务发展规划的成长型企业，组织公共和私人资金注入，并帮助其开拓市场。

　　三是积极改善产业发展环境。积极为高精尖商务服务业创造适宜的发展环境，是各个国家推动商务服务业快速发展的共同举措。美国政府为打造高效的高精尖商务服务业发展环境，一方面通过建立知识产权保护机制，为企业提供知识产权组合分析、估价、交易，大力推动知识产权融资担保等，促进企业不断创新；另一方面通过设立专门的服务管理机构，在政府部门与企业及民间组织、立法机构之间建立有效协调机制，同时发挥中介组织的市场和政策咨询作用，为产业发展建立多层次的管理支持体系。日本则通过建立服务研究中心、完善行业统计制度、培训人力资源等措施，由产业界、学术界和政府相关部门共同推动商务服务部门生产效率的提高。

四是充分利用国际市场。利用国际大市场，鼓励企业开展国际业务是发达国家促进商务服务业规模扩张的重要途径。英国政府为鼓励咨询企业拓展海外咨询业务，由贸易部、环境部、海外开发署等部门积极协助收集世界咨询业资料，并及时将有关国家地区对咨询项目的需求情况汇报给国内咨询机构；另外，英国政府还设立专项基金和非官方咨询机构，构建情报信息网络，以此来扶持涉外咨询业务的发展。日本为接轨国际市场，消除行业进入壁垒，相继推进了会计准则以及一些相关法律制度的国际化改革。

三、对东城区的启示

一是构建知识产权保护机制，促进企业服务创新。高精尖商务服务业是典型的知识密集型产业，对知识、信息的应用和创新是商务服务企业获得市场竞争优势的核心。发达国家非常重视服务创新和知识产权保护，通过多种手段为商务服务企业的服务创新提供支持，使其保持在国际市场中的领先地位。总体来看，东城区商务服务业发展在知识产权保护体系建设方面还较为薄弱，要进一步加强商务服务行业协会建设，发挥行业协会在行业诚信和知识产权保护体系建设中的作用。同时，建立健全行业知识产权信用保证机制，增强商务服务企业的信用风险控制能力和自律能力；加大对商务服务知识产权和智力成果的保护力度，鼓励企业自主创新成果及时申请、注册相关专利，引导企业制定和运用知识产权经营策略，以提高商务服务业整体创新水平和国际竞争力。

二是发挥北京市服务业扩大开放综合试点优势，加强行业标准化体系建设，与国际市场接轨。目前，东城区商务服务业整体标准化程度较低，成为商务服务企业拓展市场、参与国际竞争的重要障碍，同时也增加了企业的运营成本和政府审批成本。加快行业标准体系的建立及与国际标准接轨进程，对于东城区高精尖商务服务业的整体发展十分关键。建立和完善咨询与调查、知识产权、会展等重点高精尖商务服务领域服务标准体系，引导商务服务业规范、科学发展，抓住北京市服务业扩大开放综合试点机遇，加快实现与国际标准接轨，不断增强国际竞争力。

三是为高精尖中小商务服务企业创造良好的发展环境。围绕东城区作为核心区的功能定位和东城区高精尖商务服务业产业活动类别，发挥中小企业在自主创业、吸纳就业等方面的优势，积极扶持高精尖中小企业发展，鼓励中小企业向"专、精、特、新"方向发展，形成与大企业集团分工协作、专业互补的产业集群。充分运用中小企业发展专项基金，对中小商务服务企业创业、科技成果产业化、技术改造项目贴息等进行扶持；鼓励中小企业信用再担保公司，为中小商务服务企业提供再担保服务。允许和鼓励社会各类投资者特别是有创新能力、管理才能的人才，以资金、技术、知识产权等方式投资入股；鼓励各类风险投资机构和信用担保机构对发展前景好、吸纳就业多及运用新技术、专注新业态的中小商务服务企业进行投资支持。对涉足国际贸易且具有良好盈利与增长记录和业务发展规划的成长型企业，帮助联络投资公司为其注入资金，帮助其开拓国际市场。

四是积极引入世界 500 强企业，加快商务服务品牌建设。目前东城区商务服务业整体发展水平与先进地区相比，仍存在一定的差距，尚未形成区域品牌效应，龙头企业特别是世界 500 强企业较少。在企业总部管理、咨询、律师等高精尖行业领域，要积极引入 500 强企业，培育一批旗舰品牌商务服务企业，促进其规模化、品牌化经营，形成一批拥有自主知识产权和知名品牌、具有较强竞争力的大型服务企业集团。鼓励有一定竞争优势的企业通过兼并、联合、重组、上市等方式进行资本运作，扩大市场规模，实现品牌化经营。不断强化品牌意识，通过建设特色商务服务集聚区、培育行业龙头企业、开展重大品牌活动等方式打造商务服务品牌。

第四节 政策建议

一、明确指导思想与总体思路，强化目标导向

全面贯彻落实党的十九大和北京市委十二次党代会精神，以马克思列宁主义、毛泽东思想、邓小平理论、"三个代表"重要思想、科学发展观、习近平新时代中国特色社会主义思想为指导，坚持以习近平总书记视察北京重要讲话精神为根本遵循，牢固树立和贯彻落实创新、协调、绿色、开放、共享的发展理念，紧紧抓住国家"一带一路"倡议、"京津冀协同发展"战略、首都"四个中心"建设、"服务业扩大开放综合试点"等重大战略机遇，主动适应把握引领经济发展新常态，牢牢把握东城区作为核心区的功能定位，贯彻落实市委市政府关于进

一步促进生产性服务业发展构建高精尖产业结构的战略部署，进一步强化创新融合、高端引领、集成应用、高效辐射、开放共享、协同发展，拓展商务服务范围与服务品质，积极培育新兴服务业态，加速形成商务服务业的特色和优势，逐步形成种类齐全、布局合理、与国际接轨、能满足区域发展需要的现代商务服务体系，增强商务服务业对构建高精尖经济结构的战略支撑作用，为建设国际一流的和谐宜居之都的首善之区提供重要保障。东城区商务服务业发展具体目标，既要考虑全市和东城区相关指标设置，更要与东城区作为核心区的功能定位相协调，与近年来实际发展速度相结合。

二、落实核心区功能定位，加快发展高精尖商务服务业

牢牢把握东城区作为核心区的功能定位，深入实施北京市《关于进一步优化提升生产性服务业加快构建高精尖经济结构的意见》以及东城区"十三五"规划，聚焦商务服务业重点领域和发展短板，促进商务服务业向专业化和价值链高端延伸，大力发展高精尖商务服务业（见专栏一）。

专栏一　东城区高精尖商务服务业行业发展导向

▲组织管理服务。围绕存量产业调整退出目录和北京高精尖产业活动类别指导目录，加快企业管理服务提质增效，鼓励总部企业开展研发设计、投资、采购、运营、营销、结算等实体化经营，开展资源整合、境内外收购、兼并、上市、模式创新等业务

▲综合管理服务。培育新型供应链服务企业，优化供应链管理服务，推动建立供应链综合服务平台，拓展质量管理、追溯服务、金融服务、研发设计等功能，提供采购执行、物流服务、分销执行、融资结算、商检报关等一体化服务

▲法律服务。积极开拓知识产权、海外并购重组、反倾销、反垄断、金融衍生品、境外上市等业务服务领域，加大对重大发展战略、重大工程、重点项目、大中型骨干企业的专项法律服务力度；加强律师业与投资、税收、管理、金融、信息等领域的交叉合作。鼓励强强联合、成立联盟、组建集团，着力打造一批能够发展金融证券、国际投资、国际贸易等高精尖业务的复合型律师事务所，扶持一批在知识产权保护、企业并购等领域具有国际影响力的专业型律师事务所

▲咨询与调查。积极发展会计和税务服务，不断提升财务代理、财务审计和税务代理以及薪水服务，加强诚信建设，提高诚信度和公信力；支持拓展特殊领域、高端需求、高技术含量、高附加值"一特三高"非审计业务领域；依托中国社科院、国务院发展研究中心等资源，发展以提供新技术、新知识为业务方向的技术服务咨询智库，积极培育智库服务业态

续表

▲广告业。推动广告市场研究、营销企划、广告创意、媒介投放、效果评估等高端环节发展；大力发展以互联网为载体的电子网络、数字出版、数字传输、动漫游戏、新型广告装备制造业等新兴广告产业，逐步形成集广告创意展示、广告企业孵化、广告价值评估、广告功能推广等多种功能于一体的广告业发展产业体系；积极培育集创意策划、营销策划、媒介代理、信息咨询、品牌整合等为一体的综合服务型广告集团

▲人力资源服务。鼓励发展招聘、人力资源服务外包和管理咨询、高级人才寻访等业态，规范发展人力资源事务代理、人才测评和技能鉴定、人力资源培训、劳务派遣等服务。发展专业化、国际化人力资源服务机构。加强创业指导服务，提升辅导、创业培训、技术转移、人才引进、金融投资、市场开拓、国际合作等一系列服务水平

▲安全保护服务。拓宽保安服务领域、提升服务品质，在打造保安服务优质品牌的基础上，引导保安企业走人防、技防、押运、承担大型安保活动综合发展道路；促进保安服务业由人力型向技术型、综合型，由单一型向集约型转化

▲会议、展览及相关服务。紧紧把握北京"四个中心"建设和东城区作为核心区的优势，整合发挥辖区内中央、北京市属单位设施优势，扩大品牌会展国际宣传、国际输出力度，引进国外知名会展，大力推进国际合作交流，全面提升东城区会议、展览国际化程度；积极应用云计算与大数据、物联网、移动互联网等信息技术提升传统会议、展览业态，推进办展实体信息化，推进会议、展览智慧管理和智慧服务

▲其他商务服务业。大力推进翻译服务、信用服务、担保服务等业务发展；加快传统旅行社经营和商业模式转型，积极发展国际旅游专业代理、散客旅游服务、度假旅游接待服务和旅游电子商务服务新业态

（一）高精尖企业筛选认定

与区统计局合作，对全区高精尖商务服务业企业进行筛选认定，建立高精尖商务服务业企业数据库，对入选商务服务业企业进行跟踪评估，实施动态调整、有出有进。

（二）设立东城区高精尖商务服务业发展基金

基金由母子基金构成，即"1 + N"模式。母基金由区级财政出资设立，以参股或合伙方式与社会资本共同设立子基金。根据高精尖商务服务业发展特点，选择股权投资、并购投资、债权投资等基金类型，适时调整子基金及其投资方向和规模。

（三）加大对高精尖商务服务企业的扶持

1. 加大对高精尖服务企业的股权和风投奖励

支持符合高精尖商务服务业发展方向的驻区企业开展股权激励工作，对于按

照财政部、国家发展改革委、科技部、劳动保障部《关于企业实行自主创新激励分配制度的若干意见》（财企〔2006〕383 号），或《中关村国家自主创新示范区企业股权和分红激励实施办法》（财企〔2010〕8 号）的规定实施股权激励且符合产业发展方向的驻区企业，给予不超过 10 万元的一次性奖励。对于引进风险投资且投资额在 500 万元以上的驻区高精尖商务服务企业，按照引入的风险投资额给予资金奖励，每家企业年奖励额不超过 50 万元。

2. 对高精尖商务服务重大项目及企业给予股权投资扶持

对本区经营状况良好的重大产业项目、示范项目、高成长企业（瞪羚企业、独角兽企业），直接以股权投资方式给予扶持，直接投资资金主要用于支持被投资企业开展生产经营、转型升级、技术创新、管理创新、商业模式创新。直接股权投资资金最高 3000 万元，参股比例原则上不超过 50%。3 年以内的，按原始投资额退出；3 年以上 5 年以内的，转让价格按原始投资额及同期银行贷款基准利率计算的利息确定；5 年以上的，按市场化方式退出。

3. 对快速成长高精尖商务服务重点企业给予资金扶持

自 2016 年 1 月 1 日起新注册本区，当年对区级综合经济贡献达到 50 万元（含）以上，或当年对区级综合经济贡献达到 30 万元（含）以上且当年实现 20% 快速增长的企业，按照其对区级综合经济贡献的 40% 给予其创新资金支持。

4. 对高精尖商务服务企业实施"一事一议"

本年度区级综合经济贡献突出的高精尖商务服务企业、对同行业企业具有重大示范引导作用的企业、对本区产业发展具有潜在影响力的企业，采用"一事一议"方式，加大对企业的支持力度。

5. 支持高精尖商务服务企业并购重组做大做强

鼓励区内高精尖商务服务企业实施跨地区、跨行业或境外重大并购和产业整合，在并购过程中，经认定对本区产业发展具有重大集聚作用的，区高精尖商务服务业发展基金将共同参与或提供资金支持。

6. 鼓励政企共设高精尖商务服务产业发展子基金

鼓励本区主导高精尖商务服务龙头企业牵头，以政府给予的技术改造和技术创新资金为初始资金，按照 1∶1 的初始合伙比例，共同成立主导产业细分领域发展子基金，按照市场运作原则重点对主导产业细分领域上下游企业进行股权投资，推进产业链薄弱环节的重大项目落户本区，促进产业整合优化。

（四）积极吸引高精尖企业落户发展

1. 提供运营补助

支持与东城区核心区战略定位相匹配的总部企业，尤其吸引咨询与调查、法律等高端产业领域的民营企业总部和跨国公司地区总部，引导符合东城区核心区战略定位的总部企业向价值链、产业链、创新链高端发展，对于新设定或新提升的总部功能性机构，进行业务集聚、功能拓展、能级水平、区级综合经济贡献等方面综合评估，经认定且认定当年实现成功运营的，给予最高200万元的一次性补助，奖励分三年按40%、30%、30%的比例兑现。

2. 提供房租补贴

对于符合东城区高精尖商务服务业发展方向，新设立或新迁入东城区的商务服务业企业，租用办公用房开展实际经营且第一个完整财政年度实际营业收入不低于500万元的，按照年房屋租金20%的标准给予房租补贴，执行期3年，3年房租补贴额累计不超过300万元。企业享受补贴期间，不得将办公用房出租、转租或改变其用途；违反上述规定的，应退还已获得的补贴资金。

3. 设立财力贡献奖

对于新设立或新迁入东城区，经国家、北京市相关主管部门审核批准（备案）的股权投资企业及其管理企业，投资于符合东城区高精尖商务服务业方向的驻区企业后，股权投资企业完成全部投资或管理企业在东城区管理的基金存续期结束后，按其投资于驻区企业的区财力贡献，给予相应奖励。被投资驻区企业区财力贡献达到200万元以上，按照区财力贡献10%给予一次性奖励，每家股权投资企业及其管理企业奖励额度不超过200万元。

4. 设立人才团队奖

支持高精尖商务服务重大创业型团队及项目落地，对于经国家、北京市认定的高层次人才主导参与的团队组织落户本区，经综合评估给予最高300万元的一次性资金奖励；对成长性好和业绩突出的团队项目，根据实际需求予以滚动支持或追加资助；培育引进高层次创新创业预备项目团队，对具有成长潜力但未经过国家、北京市认定的高层次人才团队，经综合评估给予最高30万元一次性资金奖励。

三、创新商务服务业开放，提升东城商务业国际影响力

2017年12月10日，国务院印发了《关于在北京市暂时调整有关行政审批和准入特别管理措施的决定》（国发〔2017〕55号），意味着2017年6月25日国务院批复的《深化改革推进北京市服务业扩大开放综合试点深化方案》中明确的10条开放措施涉及的法规规章已调整到位，其中，这10条中涉及商务服务业的有3条，包括企业管理服务、法律服务和人力资源服务业。为全市新一轮扩大开放措施落地、推动商务服务业扩大开放综合试点向纵深推进提供了法律

保障。

发挥北京市服务业扩大开放综合试点和王府井大街作为"北京市服务业扩大开放综合试点示范园区"的政策优势，抓住 2017 年 12 月 10 日北京服务业扩大开放综合试点新一轮开放措施涉及的法规调整到位重大机遇（见专栏二），紧盯"世界 500 强"企业和行业排名前 10 强企业，特别是积极引入全球排名前列的律师事务所、会计事务所、咨询公司、广告公司、人力资源公司和会展公司（见专栏三），进一步扩大吸收利用外资和对外投资规模；发挥大型企业引领带动作用，依托其人才、资本、技术、管理等优势，开展资源整合、境内外并购与上市、业务模式创新，提高参与全球资源配置的能力。进一步加大商务服务领域对社会资本开放力度，鼓励外资投向创业投资、知识产权服务等行业，在国家外商投资产业指导目录范围内，支持外资以参股、并购等方式参与本区商务服务企业改造与重组。加快重点商务服务领域服务标准体系与国际标准接轨，支持会计、审计、评估、信用、法律、咨询、广告等行业"走出去"拓展国际市场，在全球范围内提供对外投资运营、资产管理、兼并重组、商务咨询、财务管理等服务，构建全球化服务网络及服务机构，有效拓展国际市场，增强东城商务服务业的国际影响力。

专栏二　北京服务业扩大开放综合试点新一轮开放措施涉及的
法规调整（商务服务业领域）

领域	开放措施	原规定	意义
企业管理服务	放宽外商设立投资性公司条件，申请前一年外国投资者资产总额降为不低于两亿美元，外国投资者在中国境内已设立外商投资企业数量降低为五个以上	申请设立投资性公司应符合下列条件：1. 外国投资者资信良好，拥有举办投资性公司所必需的经济实力，申请前一年该投资者的资产总额不低于四亿美元，且该投资者在中国境内已设立了外商投资企业，其实际缴付的注册资本的出资额超过一千万美元；2. 外国投资者资信良好，拥有举办投资性公司所必需的经济实力，该投资者在中国境内已设立了十个以上外商投资企业，其实际缴付的注册资本的出资额超过三千万美元	大幅降低了外国投资者在北京市设立投资性公司的准入门槛，将增强北京市对外商设立投资性公司的吸引力

续表

领域	开放措施	原规定	意义
法律服务	探索密切中国律师事务所与外国及港澳台地区律师事务所业务合作的方式与机制。目前，司法部确定北京作为聘请外籍律师担任内地律师事务所法律顾问工作的试点地区	禁止外商投资中国法律事务咨询（提供有关中国法律环境影响的信息除外）	将有效推动北京市探索中国律师事务所与外国及港澳台地区律师事务所业务合作的方式与机制，促进法律服务的中外合作不断深入，也有利于带动中国律师业加快与国际接轨，进一步提升法律服务水平
人力资源服务业	1. 在中关村进一步放宽中外合资人才中介机构外资比例限制。2. 取消"中外投资者应当是成立3年以上的人才中介服务机构"的要求。3. 允许外资直接入股既有内资人才中介机构	申请设立中外合资人才中介机构的中方投资者应当是成立3年以上的人才中介机构，外方出资者也应当是从事3年以上人才中介服务的外国公司、企业和其他经济组织，合资各方具有良好的信誉；外方合资者的出资比例不得低于25%，中方合资者的出资比例不得低于51%（《国务院关于北京市服务业扩大开放综合试点总体方案的批复》中明确在中关村设立中外合资人才中介机构，外方合资者可拥有不超过70%的股权）	该项新政的实施，是对现有人力资源市场外资准入政策的较大突破，进一步降低了北京市设立中外合资人才中介机构的门槛，有助于吸引更多国际知名人力资源服务机构在北京落地。同时也将带来资金、人才以及先进的经营理念，提升首都人力资源服务业水平

专栏三　2017年商务服务业重点行业全球排名前十企业（分行业）

排名	律师事务所	会计事务所	咨询公司
1	瑞生（Latham & Watkins）	普华永道（rice Waterhouse Coopers，PwC）	贝恩（Bain & Company）
2	贝克·麦坚时（Baker & McKenzie）	德勤（Deloitte Touche Tohmatsu，DTT）	波士顿（The Boston Consulting Group）
3	凯易（Kirkland & Ellis）	安永（Ernst & Young）	麦肯锡（McKinsey & Company）
4	世达（Skadden Arps）	均富（Grant Thornton）	德勤管理咨询（Deloitte Consulting）
5	欧华（DLA Piper）	毕马威（KPMG）	奥纬咨询（Oliver Wyman）

排名	律师事务所	会计事务所	咨询公司
6	大成（Dentons）	德豪（BDO）	普华永道 Advisory Services（PricewaterhouseCoopers Advisory Services）
7	高伟绅（Clifford Chance）	普默（Plante Moran）	科尔尼（A. T. Kearney）
8	安理（Allen & Overy）	罗申（RSM US）	艾意凯（L. E. K. Consulting）
9	众达（Jones Day）	天职国际（Baker Tilly）	布利吉斯潘（The Bridgespan Group）
10	联利达（Linklaters）	狄克逊·休斯古德曼（Dixon Hughes Goodman）	巴特农（The Brattle Group）

排名	广告公司	人力资源公司	会展公司
1	奥姆尼康（Omnicom）	德科（Adecco）	励展（ReedExpo）
2	IPG（Interpublic）	任仕达集团（Randstad）	博闻公司（UBM plc）
3	WPP（Wire & Plastic Products Group）	万宝盛华（Manpower Group）	法兰克福展览（Messe Frankfurt）
4	阳狮（Publicis Groupe）	瑞可利（Recruit）	智奥（GLevents）
5	电通（Dentsu）	安德普翰（ADP）	巴塞尔展览（MCH）
6	哈瓦斯（Havas）	遨聚士（Allegis）	英富曼（Informa）
7	精信环球（GreyGlobalGroup）	中智（CIIC）	米兰国际展览中心（Fiera Milano Rho）
8	博报堂（Hakuhodo）	韬睿惠悦（Towers Watson）	汉诺威（Hannover Messe）
9	科迪恩特（Cordiant）	瀚纳仕（Hays）	科隆国际展览（Koelnmesse）
10	旭通（ADK）	Persol（Persol Kelly）	杜塞尔多夫展览（Messe Düsseldorf）

资料来源：搜狐财经、CMKT 咨询圈、MBA 智库百科、HRoot《2017 全球人力资源服务机构 100 强榜单与白皮书》和德国经济展览和博览会委员会（AUMA）于 2016 年 9 月 20 日发布全球展览公司榜单。其中，会展公司为 2016 年排名。

（一）积极引入"世界 500 强"

按照《国务院关于扩大对外开放积极利用外资若干措施的通知》和北京市《关于率先行动改革优化营商环境实施方案》，落实放宽商务服务业领域市场准入，鼓励外资投资企业管理、咨询、广告、会计等知识产业领域，引进一批"世界 500 强"企业或商务服务全球行业排名前 10 强。自 2016 年 1 月 1 日起入驻本区的"世界 500 强"或商务服务全球行业排名前 10 的企业，当年对区级综合经济贡献达到 1000 万元（含）以上，按照其对区级综合经济贡献的 50% 给予其创新资金支持；对首次入选"世界 500 强"企业给予 1000 万元奖励。

（二）拓宽引进内外资的方式

鼓励内外资设立创业投资企业和股权投资企业，完善和拓展私募基金、创业投资、股权投资等外部资金利用新方式。鼓励内外资通过合资合作、并购重组等方式投资本区高精尖商务服务企业。

（三）进一步推进王府井大街扩大开放综合试点

一是允许在王府井大街设立代表处的外国律师事务所与中国律师事务所以协议方式，相互派驻律师担任法律顾问，在各自执业范围、权限内以分工协作方式开展业务合作；允许外国律师事务所与中国律师事务所在王府井大街内实行联营，以分工协作方式，向中外客户分别提供涉及外国和中国法律适用的法律服务。联营期间，双方的法律地位、名称和财务保持独立，各自独立承担民事责任。

二是建立专门针对外籍人才的多语种、一站式商务服务网站。

三是围绕王府井大街国际交往功能建设的要求，发挥外资商务服务业企业的影响力和带动力，引导商务服务企业集聚发展，起到示范引领的作用。

四、加强商务服务业公共平台建设，优化行业发展环境

第一，以商务楼宇和各类园区为载体，加大商务服务业主题商务示范楼宇和商务服务业集聚区公共服务平台的建设及政策支持力度，优化商务服务业企业发展的营商环境，提升服务能力和服务水平，带动商务服务业企业集聚发展。

第二，加强与统计部门的合作，建立健全区级商务服务业重点企业运行监测和公共服务体系，强化市场动态监测和交互式服务功能，构建政府行业主管部门、商务服务业各行业协会和重点企业之间互动式交流合作公共服务平台，为企业提供多元化、全方位的服务。

第三，发挥行业协会的业务引领作用，支持商务服务业各行业协会制定相关标准，整合行业优势资源，探索以商务服务业各类行业协会、中介组织和机构为主体，搭建行业公共服务平台，并适时纳入区级商务服务业重点企业运行监测和公共服务体系。

具体措施如下：

（一）积极支持组建"东城商务服务中心"服务平台并给予一定政策资金奖励

一是以各类商务楼宇、商务服务业集聚区（园区）为载体，相关行业协会（商会）或服务企业与商务楼宇、商务服务业集聚区（园区）管理机构共同组建综合性、专业性较强的商务服务业公共服务平台（东城商务服务中心），逐步形成以提供企业管理、法律、咨询与调查、财税、知识产权、人力资源、投融资及资本营运管理、展览等方面服务为主要内容的公共服务平台（东城商务服务中心）。

二是明确东城商务服务平台认定标准、基本服务职能及服务标准、服务制度、绩效考评办法、淘汰退出等管理机制，各服务中心应有明确的不少于20家服务对象企业（商务楼宇和商务服务业集聚区入驻企业）。

三是经区商务委评审为区级服务中心的，将给予不超过50万元的补贴。区商务委将按照与各商务中心所签服务合同量及完成量、服务质量等标准，每年给予不超过12万元的补贴。

四是鼓励各服务中心申报北京市级商务服务中心，申报成功后给予不超过1：0.5的资金配套。

（二）加大对商务服务业主题商务示范楼宇和商务服务业集聚区公共服务平台升级改造的财政支持力度

一是优先支持各类商务服务业企业相对集中、在全区具有示范性质的商务楼宇、商务服务业集聚区，优化支持商务服务业知识密集型、创新创意型、孵化类、国际化程度较高精尖企业集聚的商务楼宇、商务服务业集聚区。面积超过1万平方米、入住率达到90%、企业属地率（按所占面积测算）达到85%且符合楼宇主题特色要求的企业比率（按所占面积测算）达到70%以上的楼宇，经认定，给予楼宇经营者最高100万元的一次性奖励。

二是创新投资模式、鼓励社会资本投入楼宇（集聚区）升级改造。鼓励楼宇业主或经营单位加强与政府合作，对总建筑面积5000平方米（含）以上的非商务楼宇实行整体功能置换转为商务楼宇，并与东城区签署合作协议开展招商工作，按改造商务楼宇建筑面积每平方米20元的标准，给予改造主体不超过50万元的一次性奖励。

三是自2017年1月1日起注册成立、运营面积超过1万平方米、与政府签订导入产业协议并按照约定的高精尖商务服务产业主题导入项目且形成一定规模产业链上下游企业集聚的产业载体，经认定，连续三年分别按照其空间办公场所租金（不含物业费）的30%、20%、10%给予运营主体办公场所空置率补贴。

（三）支持建立健全区级商务服务业重点企业运行监测和公共服务体系

一是对商务服务业重点企业运行监测及公共服务信息平台有效开展动态监测和服务提供政策资金支持。将重点发展行业和领域的龙头企业（各领域、行业不少于5家，总数100家）纳入东城区商务服务业运行监测和公共服务信息平台重点联系服务企业名录库，开展动态监测和多元化服务，并在资金上给予每年不低于 5 万元的支持。

二是对纳入重点联系服务企业名录库范围的，同等条件下，优先支持其申报政府政策资金支持的项目，在参展参会、企业品牌宣传推介等方面，按相关规定给予政策支持。

（四）支持符合东城区高精尖商务服务业发展方向的相关协会、商会、联盟等社会团体入驻东城区发展

一是鼓励商务服务业各类行业协会、中介组织和机构发挥业务引领作用，整合行业优势资源，搭建以协会为主体的各类公共服务平台，对纳入区级、市级服务平台的，按照其对本区产业的辐射带动能力、聚集企业规模、产业服务内容等方面进行综合评估，根据评估结果给予每个单位一次性后补贴支持，支持金额最高 50 万元。

二是对于新入驻且注册会员数量在 60 家以上，能够为东城区引入新的企业，且新企业当年实现区级综合经济贡献达到 400 万元以上的社团组织，按照其当年引进新企业对区级综合经济贡献的一定比例给予一次性资金奖励，单个社团组织支持金额最高 10 万元。

三是对新引进符合本区高精尖商务产业定位的中介机构，其引进企业第一个完整财政年度对区级综合经济贡献达到 50 万元以上的，对引荐机构按照其引进企业对区级综合经济贡献的 5% 给予一次性奖励；第一个完整财政年度对区级综合经济贡献达到 500 万元的，对引荐机构按照其引进企业对区级综合经济贡献的 10% 给予一次性奖励。每年每个中介机构给予最高 100 万元的奖励。

五、实施品牌化战略，增强东城商务服务辐射带动能力

发挥品牌建设企业主体作用，引导商务服务业企业进一步强化品牌竞争意识，实施品牌经营战略。商务服务龙头企业要在规模增长的同时，更加注重品牌建设和质量提升。小微企业要做专、做精、做特、做新，形成品牌竞争优势。发挥品牌的导向和示范作用，建立品牌建设政府激励引导机制，对特色优势突出、带动作用明显、具有较强市场影响力的商务服务品牌给予一定政策资金支持。加强对品牌建设的宣传力度，搭建品牌展示平台，营造有利于品牌成长的舆论和社会环境，以品牌建设提升商务服务业发展水平和质量。通过多渠道、多手段、多方式开展商务服务业企业品牌宣传推介活动；依托国内外大型展会平台，展示、推介本区商务服务业企业品牌，为企业发展创造商机。加强与北京市商务联合会合作，依托中国（北京）国际服务贸易交易会举办东城区商务服务业高端国际发展分论坛，不断提升论坛的国际化和专业化水平，培育打造品牌论坛，扩大东

城区商务服务业的国际知名度和影响力；通过服务"一带一路"倡议和京津冀协同发展、雄安新区建设等国家发展战略，提升企业知名度和市场占有率；打造本区内资商务服务业百强企业，提高企业市场竞争能力。

（一）打造"东城厚商"商务服务业品牌

一是加强与北京市商务联合会合作，依托中国（北京）国际服务贸易交易会举办东城区商务服务业高端国际发展分论坛，并在资金上给予一定扶持和支持。

二是与北京市商务联合会、相关高校科研院所合作，发布年度商务服务业发展报告和年度高精尖商务服务业十强企业榜单，对于入选榜单企业给予不超过5万元的奖励。

（二）鼓励企业"走出去"创品牌

一是采取多渠道、多手段、多方式开展东城商务服务业品牌宣传系列活动并给予一定的资金支持。鼓励东城区驻区企业积极参加行业内省级以上重大展会活动，对驻区参会企业实际支付的展位费用给予不超过30%的补贴，每家企业年补贴额不超过10万元。

二是支持企业"走出去"并购国内外高端品牌的，经认定给予并购金额的10%的补贴，最高500万元。

六、强化政策保障，促进商务服务业健康有序发展

加强组织领导。首先，成立东城区商务服务业发展领导小组及办公室，由区委、区政府主要领导任小组组长，区委、区政府分管领导任副组长，办公室设区商务委，统筹负责全区商务服务业发展，定期研究有关项目、资金、设施、人员、政策等问题。其次，加快建立商务服务企业的信息共享和磋商机制，建立商务服务业统计调查制度和信息管理制度，完善商务服务业统计调查方法和指标体系，逐步建立商务服务业及相关产业统计指标体系，定期发布相关发展报告。再次，与北京市商务联合会合作，组建东城区商务联合会，进一步发挥行业协会的协调、协商与中介服务的积极作用。最后，建立行业系统的专家咨询和评估机制，成立东城区商务服务业专家咨询委员会，聘请国内外商务服务业及其他相关产业发展或在城市建设、规划等领域的知名专家、学者、政府智囊及企业家等，为东城区商务服务业发展献言献策。

加大财政支持力度，尽快研究并编制《东城区商务服务业发展规划》及出台配套性政策。首先，强化商务服务业发展的规划引导，并根据东城区商务服务业发展的重点行业，分别制定出台商务服务业发展分类推进的政策制度。其次，

加大政策扶持力度。加大政府对商务服务业重点行业发展的支持，特别是用于商务服务业各重点行业发展的激励、高端人才的引进和培训、商务服务业品牌行业的奖励等；放宽市场准入，鼓励各类资本进入商务服务领域，尤其要鼓励非国有经济在更广泛的领域参与商务服务业的发展；推动股权投资市场发展，引导社会资金投资商务服务业。再次，发挥财税体制和投资体制调节作用，与相关部门积极沟通，对于国内外知名商务服务企业适当减免税收与补贴。最后，建立政府服务平台，加强对进驻企业的服务、咨询、指引和监管，简化审批程序，规范行业行为，加大对知识产权的保护力度，打击非法侵权活动，整顿不正当竞争和严重的短期行为，清理违规运作和无序竞争，形成与国内外资本平等竞争、良性循环的多元化商务服务的规范体系。

加大人才资源保障。发挥在京高等院校、科研院所资源优势，完善对商务服务业领军人才、复合型人才、普通技能型人才特别是商务服务业企业家的教育培训机制。鼓励商务服务业领军企业或商务服务业集聚区，通过产学研合作等方式，同高等学校、科研院所联合建立商务服务业人才实训基地，加强对商务服务业人才的教育培训。将商务服务业企业（包括非法人的会计师事务所、律师事务所等）纳入全区人才引进、应届毕业生进京落户、高级管理人员工作居住证范围。鼓励引进海外高端商务服务业专业人才，对商务服务业支柱产业或先导产业聘请的国内外高级管理人员、高层次研发人才和高级创意人才，完善公租房补贴等激励机制。通过建立公平、公正、公开的人才选拔制度和激励机制，允许有特殊才能的服务业人才以其拥有的服务业品牌等无形资产入股。按照"不求所有，但求所用"原则，通过股权、期权激励和设立服务业人才特别贡献奖等措施，鼓励更多的商务服务业高端人才向东城区聚集。

（一）加强组织领导

一是成立东城区商务服务业发展领导小组及办公室，由区委、区政府主要领导任小组组长；区委、区政府分管领导任副组长；办公室设区商务委，统筹负责全区商务服务业发展，定期研究有关项目、资金、设施、人员、政策等问题。

二是加快建立商务服务企业的信息共享和磋商机制，建立商务服务业统计调查制度和信息管理制度，完善商务服务业统计调查方法和指标体系。

三是与北京市商务联合会合作，组建东城区商务联合会。

四是建立行业系统的专家咨询和评估机制，成立东城区商务服务业专家咨询委员会。

（二）加大对企业融资便利化的支持力度

1. 贷款贴息

驻区商务服务企业从驻区银行及非银行金融机构取得的，与生产经营直接相关的短期贷款项目，实际支付不高于银行同类同期贷款基准利率上浮40%的利息，给予不超过50%的贴息，每家企业补贴额不超过50万元。

2. 融资补贴

驻区商务服务企业通过东城区各类公共服务平台开展融资活动，按照不超过其服务费用50%的标准进行补贴，单个项目补贴额不超过5万元，每家企业年补贴额不超过10万元。

3. 担保费用补贴

驻区商务服务企业实际支付给驻区担保机构的服务费给予50%补贴，每家企业补贴额不超过10万元。

4. 资金配套奖励

驻区商务服务企业获得国家或北京市专项资金支持，给予不超过1∶0.5的资金配套，每家企业总配套额不超过100万元，已享受过东城区配套的项目不再给予支持。

5. 金融机构奖励

鼓励驻区各类金融机构，为符合东城区高精尖商务服务发展方向的企业提供包括集合债券、集合票据、集合信托、融资租赁、私募债等相关金融服务。对当年为10家以上符合产业发展方向的驻区企业提供融资服务，且累计融资额达到1亿元以上，按照融资总额0.25%给予奖励，每家金融机构奖励金额不超过50万元。

6. 担保机构奖励

鼓励驻区担保机构，为符合东城区高精尖商务服务发展方向的企业提供担保服务，对于为驻区企业年度担保额在3000万元以上的驻区担保机构，按其提供担保总额的1.5%给予奖励，每家担保机构奖励金额不超过50万元。

（三）加强高端人才集聚

1. 加强高精尖商务服务行业高级管理人才奖励

在本区高精尖商务服务重点行业领域，对本年度区级综合经济贡献突出的企业、对区域产业发展具有重大（潜在）影响力的企业、对同行业企业具有重大示范及引导作用的企业，经认定，按照当年企业对区级综合经济贡献的2% ～10%给予该企业高级管理人员奖励资金支持。对2017年1月1日后区级综合经济贡献连续突破1000万元以上的企业，对其高级管理人员按照每人个人所得税留区（或返区）部分的一定比例给予额外奖励，连续奖励三年。

2. 设立"高端人才伯乐奖"

对为本区引进商务服务高层次人才的优秀中介服务机构或企业，根据其每年引进人才的数量、带来的区域科技创新或经济发展贡献等方面进行综合评估，对年度优异服务者给予每年最高 20 万元的奖励。

3. 设立引入"世界 500 强"和商务服务全球行业排名前 10 强企业奖

鼓励各类服务机构面向"世界 500 强"和商务服务全球行业排名前 10 强企业开展政策宣讲、对接考察等专项服务，对成功引入"世界 500 强"和商务服务全球行业排名前 10 强的服务机构，按照其引入人才及项目的数量、带来的行业影响力、产生的区域经济贡献等方面进行综合评估，对年度工作成绩优异的服务机构，每年给予最高 100 万元的奖励。

4. 设立引入高层次人才奖，提升公共服务便利

鼓励企业通过项目合作、技术合作、技术入股、合作经营等柔性方式引入高层次人才，对产生明显效益，且实现区级综合经济贡献达到 100 万元以上的高层次人才参与项目，给予高层次人才 20 万元的一次性奖励。同时，将高精尖商务服务业企业（包括非法人的会计师事务所、律师事务所等）纳入全区人才引进、应届毕业生进京落户、高级管理人员工作居住证范围。发放"东城区商务服务高端人才绿卡"，为每人每年提供最高 5 万元的专项服务保障资金，用于体检保健、培训交流、学术研修、交通等方面补贴，并给予便捷政务咨询、优质医疗服务、子女入学服务等特定待遇综合服务。

参考文献

［1］Aguilera A. Service's relationship, market area and the intrametro - politan location of business service ［J］. The Service Industries Journal, 2003 (1): 43 - 58.

［2］Aranya R. Location Theory in Reverse? Location for Global Production in the IT Industry of Bangalore ［J］. Environment and Planning A, 2008, 40 (2): 446 - 463.

［3］Coffey W J, Shearmur R G. Agglomeration and dispersion of high order service employment in the montreal metropolitan region, 1981 - 1996 ［J］. Urban Studies, 2002 (3): 359 - 378.

［4］Coffey W J, Bailly A S. Producer service and flexible production: an exploratory analysis ［J］. Growth & Change, 1991 (4): 48 - 61.

［5］Coffey W J, Bailly A S. "Producer service and flexible production: an exploratory analysis", Growth & Change, 1991, 22 (4): 95 - 117.

［6］Daniels P W. Service industries: growth and location ［M］. Cambridge: Cambridge University Press, 1985.

［7］Forstall R L, Greene R P. Defining job concentrations: The Los Angeles case ［J］. Urban Geography, 1997 (8): 705 - 739.

［8］Scott A J. Flexible production systems and regional development: the rise of new industrial spaces in North America and Western Europe ［J］. International Journal of Urban and Regional Research, 1988 (2): 171 - 186.

［9］Shearmur R, Alvergne C. Intrametro - politan patterns of high - order business service location: A comparative study of seventeen sectors in Ile - de - France ［J］. Urban Studies, 2002 (7): 1143 - 1163.

［10］"北京二、三产业融合"课题组. 北京市二、三产业融合实证分析 ［J］. 调研世界, 2012 (2): 19 - 23.

［11］北京市政协提案委课题组，程红，桑琦，申金升，王铁铮．充分发挥服务业对北京经济增长的引擎作用［J］．前线，2020（5）：69－72.

［12］邓丽姝．改革开放以来北京产业结构演进与现状［J］．经济论坛，2013（5）：14－19.

［13］邓丽姝．新常态下北京科技服务业发展战略研究［J］．中国经贸导刊，2016（35）：11－13.

［14］冯鹏飞，申玉铭，曾春水．北京生产性服务业与电子信息制造业共同集聚特征及影响因素［J］．城市发展研究，2019，26（9）：125－132.

［15］郭培宜．世界城市指向下的北京生产性服务业发展思路［J］．北京规划建设，2010（6）：69－71.

［16］黄健青，陈进，殷国鹏．北京现代服务业发展研究［J］．国际贸易问题，2010（1）：66－73.

［17］景体华．北京产业结构调整与经济空间布局优化［J］．北京规划建设，2009（5）：21－25.

［18］寇静，朱晓青．北京生产性服务业的升级与疏解［J］．新视野，2016（1）：86－93.

［19］李柏峰．北京信息服务业发展现状、问题与对策建议［J］．北京经济管理职业学院学报，2018，33（3）：8－13.

［20］李宝仁，龚晓菊，马文燕．北京商务服务业发展的比较优势研究［J］．经济研究参考，2014（35）：55－63.

［21］李俊峰，张晓涛．北京市金融业集群空间分布及演变：2003－2012——兼论北京科技金融产业集聚新生态的崛起［J］．城市发展研究，2017，24（10）：1－6.

［22］李然，马萌．京津冀产业转移的行业选择及布局优化［J］．经济问题，2016（1）：124－129.

［23］李夏卿．改革开放40年北京服务业发展回顾［J］．北京人大，2019（1）：53－55.

［24］李秀伟，路林，张华．首都战略定位调整下的北京市产业空间规划转变［A］．中国城市规划学会．新常态：传承与变革——2015中国城市规划年会论文集（12区域规划与城市经济）［C］．北京：中国建筑工业出版社，2015.

［25］李秀伟，路林．北京产业发展空间特征及利用策略［J］．北京规划建设，2011（6）：53－56.

［26］李彦军. 北京服务业产业效率的演变、空间分异与提升策略研究［J］. 发展研究，2014（3）：52－57.

［27］李耀光，赵弘. 北京发展生产性服务业的比较优势研究［J］. 宏观经济管理，2010（3）：64－74.

［28］李勇坚，夏杰长. 高端服务业：维护和促进国家经济安全的战略产业［J］. 国际贸易，2012（6）：61－66.

［29］梁鹏，单林幸，曹丹丹. 北京市商务服务业集聚区竞争力评价分析［J］. 商业时代，2014（28）：121－123.

［30］刘辉，申玉铭，王伟等. 北京金融服务业集群的网络特征及影响因素［J］. 人文地理，2013（1）：131－137.

［31］刘惠敏. 基于 EG 模型的北京都市区生产性服务业地理集中研究［J］. 地理与地理信息科学，2007（2）：56－60.

［32］刘厉兵，汪洋. 资源约束下优化北京产业布局的探索［J］. 中国经贸导刊，2014（10）：33－36.

［33］刘绍坚. 北京文化产业高质量发展路径［J］. 前线，2020（3）：68－70.

［34］刘妍. 北京 CBD 文创产业与商务服务业融合路径研究［J］. 市场周刊（理论研究），2016（6）：43－45.

［35］刘玉. 基于功能定位的北京区域产业发展格局分析［J］. 城市发展研究，2013，20（10）：117－123.

［36］卢明华，惠国琴. 北京服务业的增长及其空间分布特征［J］. 城市发展研究，2012（4）：65－71.

［37］卢明华，杨洁. 北京都市区服务业地域分工及其变化［J］. 经济地理，2013（2）：97－104.

［38］梅松. 60 年首都经济发展思路演变和成就评价［J］. 北京社会科学，2009（5）：88－94.

［39］邱灵，方创琳. 北京市生产性服务业空间集聚综合测度［J］. 地理研究，2013（1）：99－110.

［40］任宗哲. 城市功能和城市产业结构关系探析［J］. 电子科技大学学报社科版，2000，2（2）：32－34.

［41］阮平南，孙莹. 城市产业与城市功能同向演进的关联性研究［A］. International conference on engineering and business management（EBM 2010）［C］. Scientific Research Publishing，USA，2010：3155－3159.

［42］申静，周青．北京市高端服务业的内涵和外延［J］．技术经济，2015（9）：38－43．

［43］宋昌耀，罗心然，席强敏，李国平．超大城市生产性服务业空间分工及其效应分析——以北京为例［J］．地理科学，2018，38（12）：2040－2048．

［44］孙久文，姚鹏．京津冀产业空间转移、地区专业化与协同发展——基于新经济地理学的分析框架［J］．南开学报（哲学社会科学版），2015（1）：81－89．

［45］谭峻，苏红友．北京城市功能区土地利用协调度分析［J］．地域研究与开发，2010，29（4）：117－121．

［46］汤尚颖，孔雪．区域空间形态创新理论的发展与前沿［J］．数量经济技术经济研究，2011，28（2）：148－161．

［47］汪江龙．首都城市功能定位与产业发展互动关系研究［J］．北京市经济管理干部学院学报，2011，26（4）：23－27．

［48］王报换．推进北京科技服务业发展［J］．北京观察，2017（9）：46－47．

［49］王滨，崔萍，周琼．北京市六大高端产业功能区评价指标体系研究［C］//北京市第十五次统计科学讨论会获奖论文集．北京：北京市统计学会，2009：14．

［50］王朝阳，夏杰长．制造业与服务业区域融合：对京津冀地区的一项分析［J］．经济与管理研究，2008（10）：75－79．

［51］王江，魏晓欣．建设世界城市背景下北京高端服务业发展探讨［J］．商业时代，2014（10）：137－138．

［52］王卫华，王开泳．北京城市功能区演变与优化调控［J］．中国名城，2014（6）：32－37．

［53］温卫东．"首都经济"的提出与北京产业结构的调整［J］．北京党史，2008（6）：23－25．

［54］吴福象，朱蕾．技术嵌入、产业融合与产业结构转换效应——基于北京与上海六大支柱产业数据的实证分析［J］．上海经济研究，2011（2）：38－44．

［55］吴江．北京金融业一体化发展的研究与策略建议［J］．中国商论，2019（23）：31－35．

［56］席强敏，李国平．北京津冀生产性服务业空间分工特征及溢出效应

[J]．地理学报，2015（12）：1926－1938.

[57] 徐李璐邑．北京文化产业的现状分析与发展建议 [J]．城市学刊，2019，40（5）：80－87.

[58] 闫淑玲．北京商务服务业发展现状与趋势预测 [J]．商业经济研究，2019（18）：157－160.

[59] 叶立梅，崔文．北京产业结构变化趋势分析 [J]．城市问题，2004（5）：35－39.

[60] 原毅军，陈艳莹．中国高端服务业发展研究 [M]．北京：科学出版社，2011.

[61] 张厚明．北京市生产性服务业发展与布局研究 [J]．宏观经济管理，2010（6）：59－61.

[62] 张蕾，申玉铭，柳坤．北京生产性服务业发展与城市经济功能提升 [J]．地理科学进展，2013（12）：1825－1834.

[63] 张燕友．促进北京产业融合发展研究 [J]．经济与管理研究，2007（5）：39－42.

[64] 张芸，梁进社，李育华．产业集聚对大都市区空间结构演变的影响机制——以北京大都市区为例 [J]．地域研究与开发，2009（5）：6－11.

[65] 张耘，冯中越，郭崇义．北京生产性服务业辐射力研究 [J]．北京工商大学学报（社会科学版），2010（1）：75－80.

[66] 赵桂林，郑瑞芳．首都六大高端产业功能区发展情况分析展望 [J]．前线，2016（5）：49－51.

[67] 赵弘，牛艳华．商务服务业空间分布特点及重点集聚区建设——基于北京的研究 [J]．北京工商大学学报（社会科学版），2010（2）：97－101.

[68] 赵群毅，周一星．北京都市区生产者服务业的空间结构：兼与西方主流观点的比较 [J]．城市规划，2007（5）：24－31.

[69] 周茂非．推进北京文化与科技融合发展的思考 [J]．前线，2014（10）：97－99.

[70] 周孝，冯中越．北京生产性服务业集聚与京津冀区域协同发展 [J]．经济与管理研究，2016（2）：44－51.

[71] 周晔．我国产业区域融合发展现状及政策走向 [J]．宏观经济管理，2011（6）：55－57.

[72] 周振华．产业融合：产业发展及经济增长的新动力 [J]．中国工业经济，2003（4）：46－52.

［73］朱晓青，王静静，史菁．北京各功能区产业协调发展研究［J］．北京行政学院学报，2008（2）：62 – 66.

［74］祝尔娟，文魁．推进京津冀区域协同发展的战略思考［J］．前线，2015（5）：23 – 27.

附录一 东城区龙头商务服务业企业现状布局示意图

注：商务服务业细分九大行业各选收入排名前20企业（部门行业限额以上企业总量不足20，则全部选取）。

资料来源：东城区统计局。

附录二　东城区商务服务业空间布局示意图

中关村国家自主创新示范区东城园

王府井商务服务集聚区

东城区商务服务业空间布局示意图

东城区商务服务业发展轴

永外现代商务区

一轴三园区

资料来源：东城区统计局。